Antonio Carluccio's
Italien

Die 125 besten Rezepte
aus allen Regionen

Fotos Alastair Hendy

CHRISTIAN VERLAG

Aus dem Englischen übersetzt von **Susanne Vogel**
Redaktion: **Redaktionsbüro Text-Welten, Elke Homburg**
Korrektur: **Dr. Michael Schenkel**
Umschlaggestaltung: **Horst Bätz**
Satz: **Fotosatz Völkl**, Türkenfeld

Hinweise
Die Mengenangaben in den Rezepten beziehen sich jeweils auf gestrichene Tee- beziehungsweise Esslöffel:
1 TL = 5 ml
1 EL = 15 ml

Verwenden Sie stets frische Kräuter – es sei denn, ein Rezept verlangt ausdrücklich ein getrocknetes Produkt.

Würzen Sie mit Meersalz und frisch gemahlenem schwarzem Pfeffer, sofern nichts anderes angegeben ist.

Ich empfehle Eier von frei laufenden Hühnern. Wo erforderlich, sind genaue Eigrößen angegeben; ansonsten nehmen Sie große Eier.

An erster Stelle möchte ich dieses Buch meinem zehnjährigen Stiefenkel Milton Patrick widmen, von dessen jungem, kreativem Geist ich einfach begeistert bin.

Weiterhin widme ich es in tiefer Dankbarkeit Pellegrino Artusi, einem Feinschmecker des vergangenen Jahrhunderts, der die italienischen Regionen kulinarisch einte.

Copyright © 2005 der deutschsprachigen Ausgabe by
Christian Verlag, München
www.christian-verlag.de

Die Originalausgabe mit dem Titel *Antonio Carluccio's Italia* wurde erstmals 2005 im Verlag Quadrille Publishing Limited, London, veröffentlicht.

Copyright © 2005 für den Text: Antonio Carluccio
Copyright © 2005 für die Fotos: Alastair Hendy
Copyright © 2005 für Layout und Design: Quadrille Publishing Limited

Printed in Italy

Alle deutschsprachigen Rechte vorbehalten.

ISBN 3-88472-677-3

Hinweis
Alle Informationen und Hinweise, die in diesem Buch enthalten sind, wurden vom Autor nach bestem Wissen erarbeitet und von ihm und dem Verlag mit größtmöglicher Sorgfalt überprüft. Unter Berücksichtigung des Produkthaftungsrechts müssen wir allerdings darauf hinweisen, dass inhaltliche Fehler und Auslassungen nicht völlig auszuschließen sind. Für etwaige fehlerhafte Angaben können Autor, Verlag und Verlagsmitarbeiter keinerlei Verpflichtung und Haftung übernehmen. Korrekturhinweise sind jederzeit willkommen und werden gerne berücksichtigt.

Inhalt

EINFÜHRUNG 6

Piemonte e Valle d'Aosta 8

LOMBARDIA 22

Trentino-Alto Adige 38

Friuli-Venezia Giulia 50

Veneto 60

Liguria 74

Emilia-Romagna 86

TOSCANA 102

Umbria 118

Marche 130

LAZIO 142

ABRUZZI e MOLISE 158

CAMPANIA 170

Basilicata 184

Puglia 196

Calabria 210

Sicilia 224

SARDEGNA 238

Basisrezepte 250
Register 252
Bildnachweis 256

Einführung

Seit jeher bin ich von der Vielseitigkeit der italienischen Küche fasziniert, was möglicherweise in meiner Biografie begründet liegt. Mein Vater war nämlich Bahnhofsvorsteher und wurde immer wieder versetzt, weshalb jedes seiner sechs Kinder an einem anderen Ort geboren wurde. So lernte ich schon früh die Kultur und Esstraditionen mehrerer Regionen kennen und schätzen.

Die regionalen Besonderheiten der italienischen Küche sind unter anderem darauf zurückzuführen, dass das Land erst 1861 politisch geeint wurde. Bis dahin hatten hier eigenständige, oft auch miteinander verfeindete Regionen, Staaten und Städte nebeneinander existiert. Diese wichen in ihren Bräuchen, ihrer Mentalität und ihrer Politik teilweise oder sogar grundlegend voneinander ab und unterschieden sich auch in ihren Essgewohnheiten. Letztlich aber ist es die Geographie, die den Kochstil prägt. Naturgemäß spielen Fische und Meeresfrüchte in den Regionen, die an das Meer grenzen (insgesamt hat Italien eine über 2400 km lange Küste), eine ganz andere Rolle als dort, wo kein Zugang zum Meer besteht. Zudem gibt es in Italien fast überall Gebirge – so durchzieht der Apennin wie ein Rückgrat fast das gesamte Land von Piemont bis nach Kalabrien –, und in den Bergen sind die Grundzutaten der Küche ganz andere als in den Ebenen an der Küste. Schließlich begünstigte allein schon die immense Länge des italienischen Stiefels von seinem oberen Rand, den Alpen, bis hinunter zu seiner Spitze die Ausbildung völlig unterschiedlicher Kochstile: Deutsche Anklänge entdeckt man in der Küche des Nordens, die an kaltes Wetter angepasst ist und viel Butter verwendet; im sonnendurchglühten Süden hingegen, wo vor allem Olivenöl verwendet wird, ist sie unverkennbar mediterran und oft auch an das nahe Griechenland und Nordafrika angelehnt.

Hält man sich vor Augen, dass das französische Haus Savoyen im frühen 19. Jahrhundert zeitweise die Regionen Piemont, Sardinien, Sizilien und Kampanien sowie das Gebiet zwischen Nizza und Genua regierte, wundert man sich über die Parallelen zwischen dem Pesto aus Genua und dem provenzalischen Pistou nicht mehr. Die Frage, welches von beiden zuerst da war, ist ein Dauerthema, aber für mich steht fest: Die italienische Basilikumpaste ist das Original! Die Verwendung von Kapern, Pinienkernen, Trockenfrüchten und Couscous im Süden des Landes und insbesondere in Sizilien verweist auf die arabischen Küchen. Diese Zutaten sind eine Hinterlassenschaft der Sarazenen, die hier im 9. Jahrhundert regierten.

Zu den politischen und geographischen Faktoren und den Einflüssen von außen kommt als weiteres prägendes Element ein Hang der Italiener zum Lokalpatriotismus. Der Heimatort, seine Kirche und seine Menschen sind den Italienern immer heilig gewesen, sie wurden gegen Angriffe von außen vehement verteidigt. Dieses Engagement für die Heimat ging auf die lokale Küche über. Nun können sich die Italiener ohnehin für das Thema »Essen« leidenschaftlich begeistern, und ich bin da kein bisschen anders. Viele unserer Gespräche drehen sich ums Essen, um Zutaten und Rezepte. Dabei geht durchaus schon einmal das Temperament mit uns durch, wenn Uneinigkeit herrscht. Und die ist keineswegs selten, da nicht nur die jeweiligen Regionen, sondern auch Städte und Dörfer, ja selbst Familien ihre Art der Zubereitung eines bestimmten Gerichtes als einzig wahre verteidigen. Andererseits werden zunehmend auch Erzeugnisse des Südens und des Nordens fantasievoll kombiniert, und heraus kommen dabei wundervolle Neukreationen unverkennbar italienischen Stils. Obwohl also immer wieder die Grenzen zwischen den insgesamt zwanzig Regionen aufgehoben werden, ist deren jeweils einzigartiges kulinarisches Erbe sicherlich nicht gefährdet – dazu ist es zu tief verankert.

Piemonte e Valle d'Aosta

Geographisch, geschichtlich und auch kulinarisch haben Piemont und das Aostatal vieles gemeinsam. An der Grenze zur Schweiz beziehungsweise zu Frankreich gelegen, sind beide Regionen von den Alpen geprägt. Die Küche ist gehaltvoll und deftig, aber auch erfreulich abwechslungsreich. So lassen sich die kalten Winter gut überstehen. Ich mag diese Gegend sehr, zumal ich dort aufgewachsen bin.

Als ich sieben Monate alt war, kam mein Vater zu dem Schluss, dass der industrialisierte Norden des Landes unserer großen Familie mehr Zukunftssicherheit bieten könne als der sonnige Süden. Zunächst zogen wir nach Castelnuovo Belbo, einem Ort in der Hügellandschaft des Monferrato, das bekannt ist für seine weitläufigen Rebenkulturen, Gemüse- und Obstplantagen. Später siedelten wir um nach Borgofranco d'Ivrea an der Grenze zwischen Piemont und dem Aostatal. Dort verlebte ich glückliche Jahre, bis ich auf eigenen Füßen stehen konnte.

Mit meinen Freunden durchstreifte ich stundenlang die Hügel und Berge rings um Borgofranco. Oft nahmen wir zu unseren Ausflügen eine *merenda* mit. Ein solcher Imbiss bestand zum Beispiel aus Cacciatorino (eine kleine luftgetrocknete Schweinswurst), außerdem natürlich einem Stück Brot, Käse und Obst und vielleicht auch etwas Schokolade. Gelegentlich genehmigten wir uns, wenn wir genügend Geld in der Tasche hatten, in einer Bar oder Trattoria eines kleinen Ortes einen Imbiss mit Brot, Butter und Sardellen, eine Suppe oder sogar einen Teller dampfend heißer Polenta mit Pilzen. Auf unseren damaligen Exkursionen entwickelte ich eine Leidenschaft, die mich bis heute umtreibt: Ich sammelte Maronen, Pilze, Wildkräuter und dergleichen mehr und kehrte mit meinen Funden stolz nach Hause zurück. Meine Mutter bereitete dann aus diesen im Grunde einfachen Zutaten nahrhafte und köstliche Gerichte zu, wie ich sie bis heute außerordentlich schätze.

Viele weitere schöne Erinnerungen sind für mich mit Piemont und dem Aostatal verknüpft. So war ich als Kind fasziniert von all den Festungsbauten. Fast jedes Städtchen hier hat, einst von einem Herzog oder lokalen Machthaber zum Schutz vor Angreifern in strategisch günstiger Hügellage erbaut, sein *castello* oder seine *fortezza*. Viele dieser Bauten sind gut erhalten und dienen heute als Veranstaltungsorte für Theateraufführungen und andere Festivitäten.

Kulinarische Traditionen und Spezialitäten

Wenn ich in Piemont und im Aostatal unterwegs bin, scheint mir vieles noch so, wie ich es aus meinen Kindertagen kenne. Auf üppigen Bergwiesen grasen friedlich Kühe, malerisch überziehen Rebzeilen die Hänge, und in der fruchtbaren Ebene des Po, der auf dem Weg von den Alpen zum Adriatischen Meer die Lombardei und Venetien durchfließt, breiten sich riesige Reis- und Maisfelder aus. In Piemont gibt es immer noch zahlreiche Kleinbetriebe, die Käse (siehe Seite 15), Fleisch, Gemüse, Obst und Wein von hervorragender Qualität erzeugen. Jede Stadt und fast jeder Ort veranstalten Wochenmärkte, auf denen man die Spezialitäten aus der Umgebung und natürlich der jeweiligen Saison kaufen kann. Viele der Standbetreiber haben nur ein bescheidenes Angebot – vielleicht einen Korb voller Eier und ein paar Kisten mit Zucchini oder auch eine Auswahl gebündelter Kräuter wie Petersilie und Basilikum.

Vor einigen Jahren rief der Piemontese Carlo Petrini »Slow Food« als Gegeninitiative zum Fast-Food-Boom und den damit verbundenen negativen Begleiterscheinungen ins Leben: Abkehr von altbewährten Landwirtschaftsformen und Produktionsmethoden zulasten der Umwelt, Aussterben lokaler Erzeuger in einer zunehmend profitorientierten Welt und letztlich dem Verlust der Esskultur. Neben diversen anderen Events rund ums Genießen organisiert »Slow Food« an jedem zweiten Oktober in Turin den *salone del gusto*. Die Gelegenheit, traditionelle Erzeugnisse nicht nur aus Piemont, sondern aus ganz Italien und auch anderen Ländern zu kosten, wird – wie auch das Rahmenprogramm – von zahlreichen Besuchern aus aller Welt wahrgenommen.

Insalata di carne cruda   Piemonteser »Tatar«

Für 4 Personen

400 g rohes Rind- oder Kalbfleisch (Rumpsteak oder Filet)
Saft von 1 Zitrone
1 Knoblauchzehe, zerdrückt
3 EL Olivenöl
Salz und Pfeffer
2–3 EL glatte Petersilie, sehr fein gehackt
Einige Trüffelscheiben (nach Belieben)

In allen guten Trattorien und Restaurants des Monferrato, südöstlich von Turin, gehört diese Spezialität zum festen Vorspeisenangebot. Sie wird erst einige Stunden oder höchstens einen Tag im Voraus zubereitet, und zwar nur aus Sanato, dem Fleisch eines noch nicht entwöhnten Kalbs, das sich durch eine appetitliche rosa Farbe, einen exquisiten Geschmack und eine wundervoll zarte Konsistenz auszeichnet. Die Piemontesen lieben ihre Variante des Tatars und knabbern dazu bevorzugt die knusprigen Brotstangen, die ursprünglich aus Turin stammen und als Grissini bekannt sind. Manchmal wird der Insalata di carne cruda zusätzlich mit Trüffelscheiben garniert.

Das Fleisch fein zerkleinern – die perfekte Konsistenz erhält es, wann man es *a punta di coltello,* also mit der Spitze eines sehr scharfen Messers, hackt.

In einer Schüssel mit dem Zitronensaft, dem Knoblauch, dem Öl sowie Salz und Pfeffer nach Geschmack gründlich vermengen. Zugedeckt über Nacht in den Kühlschrank stellen (durch die Zitrone färbt sich das Fleisch zwar gräulich, aber sein Aroma wiegt diesen kleinen Schönheitsfehler allemal auf).

Kurz vor dem Servieren die Petersilie untermischen. Das »Tatar« auf einzelnen Tellern anrichten und nach Belieben mit frisch gehobelter Trüffel verfeinern. Mit Toastbrot oder Grissini servieren.

Für 10–12 Personen

600 g Schweineschwarte ohne Fett
Cayennepfeffer
Muskatnuss, frisch gerieben
Glatte Petersilie, fein gehackt
Rosmarin, fein gehackt
Salz und Pfeffer
2 rohe oder vorgekochte Cotechino-Würste (je 300 g)
4 Stangen Bleichsellerie, in Stücke geschnitten
2 große Zwiebeln, davon 1 mit 4–5 Gewürznelken gespickt
Einige schwarze Pfefferkörner
4 Lorbeerblätter
1,5 kg Rinderbrust
1 gepökelte Kalbszunge (etwa 600–800 g)
1 kg Kalbsbrust
1 Suppenhuhn (etwa 1,5–2 kg)

Il gran bollito misto Gemischtes Siedfleisch

Auch in anderen Regionen ist das Gericht ein beliebtes Winteressen. Typisch für Piemont ist folgendes Rezept, eine festliche Variante mit mindestens fünf Fleischsorten. Dazu gibt es traditionell mehrere Saucen: Salsa verde (siehe unten), Salsa rossa (aus Tomaten und Zwiebeln), Salsa bianca (auf der Grundlage von Zwiebeln) und Mostarda di Cremona, Senffrüchte (Abbildung Seite 90).

Das Schwartenstück auf der Innenseite mit Cayennepfeffer, Muskatnuss, Petersilie und Rosmarin sowie Salz und Pfeffer bestreuen. Aufrollen, mit Küchengarn zusammenbinden und mit den rohen Würsten in einem Topf mit kaltem Wasser bedecken. Einmal aufkochen und dann etwa 3 Stunden leise köcheln lassen. (Vorgekochte Würste erst 30 Minuten vor Ende der Garzeit in den Topf geben.)

Gleichzeitig in einem großen Topf Wasser mit etwas Salz, 3 Selleriestangen, der gespickten Zwiebel, den Pfefferkörnern und den Lorbeerblättern zum Kochen bringen. Das Rindfleisch zufügen und 30 Minuten im köchelnden Sud garen.

Die Zunge und die Kalbsbrust zufügen und 2 Stunden mitgaren, dabei die Brühe regelmäßig abschäumen. Nach Bedarf weiteres Wasser hinzugeben – das Fleisch muss immer bedeckt sein. (Falls Sie keinen ausreichend großen Topf besitzen, verteilen Sie das Gemüse, die Gewürze und das Fleisch auf zwei Töpfe.)

Das Huhn mit dem restlichen Sellerie und der zweiten Zwiebel in einem separaten Topf mit Wasser bedecken. In 1–1½ Stunden (je nach Alter des Tieres) garen.

Wenn alle Fleischsorten butterzart sind, die Stücke aus der Brühe nehmen. Aufschneiden – die Zunge zuvor enthäuten und säubern –, auf einer großen Platte anrichten und heiß servieren. Dazu Salsa verde, Mostarda di Cremona und etwas von der Rindfleisch- oder Hühnerbrühe reichen.

Für 4–6 Personen

1 weiches Weißmehlbrötchen
Etwas Weißweinessig
8 Sardellenfilets in Salz, abgespült und abgetropft
25 g Kapern in Salz, abgespült und abgetropft
1 Knoblauchzehe, geschält
1 großes Bund glatte Petersilie
Natives Olivenöl extra

Salsa verde Grüne Sauce

Für die Sauce kursieren verschiedene Rezeptvarianten, die manchmal auch gehackten Chili verwenden. Außer zum Bollito misto passt die Piemonteser Sauce noch zu vielen anderen deftigen Gerichten.

Das Brötchen zerpflücken. Die Stückchen mit Essig bedecken, einige Minuten einweichen und anschließend ausdrücken. Im Mixer zu feinen Bröckchen zerkleinern.

Die Sardellen, die Kapern, den Knoblauch und die Petersilie sehr fein hacken – verwenden Sie dafür nicht den Mixer, sondern ein Messer – und mit dem Brot vermengen. Mit Olivenöl geschmeidig rühren, wobei die Sauce aber nicht zu flüssig geraten darf. Mit Brot oder Grissini als Antipasto oder aber als Beigabe zu Fleischgerichten servieren.

Die Einflüsse des benachbarten Frankreich sind hier im Nordosten des Landes deutlich zu spüren. Im Aostatal hört man neben Italienisch auch Französisch, aber ebenso Dialekte, auf die sich Auswärtige keinen Reim machen können. Piemont bildete einst den Kern des Herzogtums Savoyen und späteren Königreichs Sardinien; Turin, heute die Hauptstadt der Region, war damals die Kapitale Savoyens. Aus jener Zeit datiert die ausgeprägte Vorliebe der piemontesischen Küche für Sahne und Butter. Sie zeigt sich unter anderem in manchen der üppigen Gebäckspezialitäten und Süßspeisen, die in den Cafés im historischen Zentrum Turins serviert werden.

Französische Einflüsse werden auch in den Antipasti Piemonts erkennbar. Zu einer Auswahl könnte etwa fein aufgeschnittene Salami gehören – die Region ist berühmt für ihre Salamiversionen aus Gans und dem Fleisch junger Esel –, ergänzt durch Schinken oder Violini (gepökelte und luftgetrocknete Ziegen- oder Gamskeule). Typisch für das Aostatal ist Mucetta (luftgetrocknetes Gamsfleisch). Dazu gibt es meist als Appetithappen sauer eingelegte Pilze, Artischocken oder Ähnliches. Weitere gängige Vorspeisen sind Cipolle ripiene (gefüllte Zwiebeln), während ein Salat aus Ovoli (Kaiserlingen), Steinpilzen oder weißen Trüffeln zu den gesuchten Delikatessen der besonderen Art zählt.

Aufgrund seiner Lage im Landesinneren kennt Piemont wenige Fischgerichte. Dafür konnten sich Sardellen schon vor Jahrhunderten, als Händler aus Ligurien durch die Region reisten, einen festen Platz in der hiesigen Küche erobern. Mit dem Knoblauch, der hier seit jeher als »des Bauern Apotheker« gilt, verschmelzen sie zu einem echten piemontesischen Klassiker: der Bagna cauda (siehe Seite 17), übersetzt »heißes Bad«. Man genießt diese pikante Sauce warm mit rohem Gemüse aus der Gegend, außerdem Brot – oft den aus Turin stammenden Grissini – und reichlich Wein.

Piemont hat auch herrliche Süßspeisen zu bieten, darunter die berühmte Zabaglione, gefüllte oder in Barolo gedünstete Pfirsiche und Birnen, ein Kompott aus heimischen Maronen und die Marrons glacés aus der Umgebung von Turin. Über die Landesgrenze hinaus ist diese Stadt längst auch für ihre Giandujotti bekannt, ein zart schmelzendes Konfekt aus Schokolade und Haselnusscreme.

Sobald der letzte Schnee geschmolzen ist, werden Kühe, Schafe und Ziegen in die Gebirgstäler Piemonts und des Aostatals getrieben. Das saftige Gras und die vielen Kräuter auf den Weiden verleihen der Milch eine besondere Qualität, und so entstehen hier exquisite Käsespezialitäten (siehe rechts), die man meist zum Abschluss eines Essens, manchmal aber auch als Vorspeise genießt.

Viele Piemonteser Städte und Orte huldigen mit einer *sagra* einem bestimmten Erzeugnis aus ihrer Umgebung. In Biella und Ivrea etwa wird bei der Fagiolata di carnevale in riesigen Kesseln die typische Suppe aus Bohnen und Schweinefleisch gekocht. Im Frühjahr dreht sich bei einem solchen Volksfest in Cabiano alles um den Spargel, während im Sommer in Canale und Carmagnola die Pfirsiche beziehungsweise Paprikaschoten einen Tag lang im Mittelpunkt stehen. In Alba ist im Oktober ein viel besuchtes Fest den weißen Trüffeln gewidmet, und bis Dezember finden hier wöchentliche Trüffelmärkte statt. Am ersten Novembersonntag spielen in Nomagloi Maronen die Hauptrolle, und ebenfalls im November ist der lokal angebaute Kohl das Thema einer *sagra* in Montalto.

Käse aus Piemont und dem Aostatal

Bra Der halbfeste Käse wird aus teilentrahmter Kuhmilch in der Piemonteser Stadt Cuneo hergestellt. Neben einer jungen gibt es eine gereifte, zum Reiben geeignete Variante.

Bris Verschiedene Käsesorten werden klein geschnitten und in Grappa fermentiert. Brôs, Brüs und Brussu sind weitere Namen dieser Spezialität, die man auf Brot oder Polenta isst.

Caprini Aus beiden Regionen kommen diverse Ziegenkäse, darunter eine Variante in Blockform aus dem Aostatal, der Caprino Piemontese, der Sora aus Cuneo sowie der ganz frisch verkaufte Caprino di Remella.

Castelmagno Bei Cuneo, im Südwesten Piemonts, wird dieser halbfeste Blauschimmelkäse aus Kuh- und Schafmilch produziert.

Fontina Ausschließlich im Aostatal, nahe der Grenze zu Frankreich, und nur aus Rohmilch von der Kuh wird dieser Halbhartkäse mit mindestens 45 % Fett i. Tr. erzeugt. Er schmeckt gut zu Früchten und schmilzt schön. Die runden Laibe sind bis zu 18 kg schwer. Aus pasteurisierter Milch entsteht der Fontal.

Murazzano Der fette Tafelkäse, der in der Gegend von Cuneo (Piemont) aus Schafmilch entsteht, eignet sich auch gut für Saucen.

Pagliarina Nahe Turin liegt die Heimat dieses schmackhaften, fetten Weichkäses aus Kuhmilch. Er ist benannt nach der kleinen Matte aus Stroh – *paglia* –, auf der er kurz reift.

Ricotta Er ist gewissermaßen ein Nebenprodukt der Käseherstellung und in den meisten Regionen Italiens verbreitet. Von Fall zu Fall entsteht er aus Schaf-, Ziegen- oder Kuhkäsemolke. Ricotta wird als milder Frischkäse, aber auch gesalzen und gereift angeboten.

Robiola Meist basiert dieser weiche, frische und rindenlose Käse, eine Spezialität aus Cocconato, auf Kuhmilch. Es gibt aber auch Versionen aus Schaf- und/oder Ziegenmilch. Mit zunehmender Reife wird Robiola trockener und fester.

Toma Bis nach Ligurien im Süden von Piemont erstreckt sich die Heimat dieses Kuhmilchkäses. Ganz jung kennt man ihn als Tometta. Ebenfalls frisch und oft mit aromatischen Zutaten – auch mit Trüffeln – in Öl eingelegt heißt er Tomina.

Bagna cauda — Knoblauch-Sardellen-Sauce

Für 6 Personen und mehr

- 16 Knoblauchzehen, geschält
- Milch nach Bedarf
- 300 g Sardellenfilets in Salz, abgespült, oder 30 Sardellenfilets in Öl, abgetropft
- 300 g Butter, in Stücke geschnitten
- 200 ml natives Olivenöl extra
- 100 ml Crème double
- Verschiedene rohe Gemüsesorten (siehe Rezepteinleitung), in mundgerechte Stücke geteilt
- Etwas verquirltes Ei (nach Belieben)

Knoblauch steht in der piemontesischen Küche hoch im Kurs, und auch Sardellen sind hier sehr beliebt. Beide Zutaten verbinden sich in der Bagna cauda zu einer herzhaften Sauce, in die man rohes Gemüse tunkt. Mein Rezept ist milder als andere, denn es hält sich beim Knoblauch etwas zurück.

Das Gemüse sollte absolut frisch und zart sein, ansonsten haben Sie freie Wahl. Geeignet sind etwa Bleichsellerie, Topinamburs, zarte Artischocken, Karden, gelbe oder rote Paprikaschoten, Gurke, Fenchel, Spargel und Radicchio.

Die Knoblauchzehen in einem kleinen Topf mit Milch bedecken und bei sehr niedriger Temperatur weich garen. Vom Herd nehmen und den Knoblauch in der Milch zu einem cremigen Püree zerdrücken. Die Sardellen zufügen und bei schwacher Hitze rühren, bis sie zerfallen und die Zutaten gut vermischt sind. Langsam die Butter und das Olivenöl einrühren. Zuletzt die Crème double unterziehen.

Die Sauce in einen kleinen Fonduetopf füllen und auf einem Rechaud in der Tischmitte warm stellen (Sie können natürlich auch jedem Gast seine eigene Portion in einer kleinen, feuerfesten Becherportion servieren, die Sie über einem Teelicht warm halten). Die Rohkost auf einer Platte servieren. Die Gäste nehmen sich von den Gemüsestücken und tunken sie in die Bagna cauda. Dazu isst man Brot. In den letzten Rest der Sauce kann man etwas verquirltes Ei einrühren und stocken lassen – köstlich!

Tajarin all'albese — Pasta nach Art von Alba

Für 4–6 Personen

- 600 g Tagliatelle mit Ei (siehe Seite 251)
- Salz und Pfeffer
- 50 g Parmesan, frisch gerieben
- Weiße Trüffeln, fein gehobelt (nach Belieben)

Für die Sauce:

- 80 g Butter
- 50 ml Olivenöl
- 1 Zwiebel, fein gehackt
- 400 g Hühnerleber, gesäubert und fein gehackt
- 2 reife Tomaten, enthäutet, Samen entfernt und gewürfelt
- 80 ml trockener Weißwein

Dieses Gericht ist in ganz Piemont sehr populär. Hausgemachter Nudelteig wird zu dünnen Blättern ausgerollt und mit einem Messer in schmale Streifen geschnitten. Ersatzweise können Sie fertig gekaufte frische oder getrocknete Tagliolini (feine Bandnudeln aus Weizenmehl und Eiern) verwenden. Dass die Sauce aus Hühnerlebern häufig mit weißer Trüffel veredelt wird, überrascht im Grunde nicht. Schließlich ist Alba der Hauptumschlagplatz des »Diamanten der Küche«.

Für die Sauce die Butter mit dem Olivenöl in einer Pfanne zerlassen und die Zwiebel darin hellgelb schwitzen. Das Fleisch zufügen und 8 Minuten braten. Die Tomaten und den Wein einrühren. Einmal aufkochen und dann einige Minuten köcheln lassen, bis die Mischung eine saucenartige Konsistenz annimmt. Mit Salz und Pfeffer abschmecken.

Inzwischen die Pasta in reichlich sprudelndem Salzwasser al dente kochen und gleich abseihen. Mit der Sauce sowie dem Parmesan vermischen und sofort servieren. Wenn Sie sich und Ihren Gästen etwas Besonderes gönnen möchten, bestreuen Sie das Gericht zuvor mit Trüffelscheiben.

Agnolotti in tovagliolo — Ravioli ohne Sauce

Ungewöhnlich, aber äußerst interessant ist die Art und Weise, wie Ravioli – die hier Agnolotti heißen – von den Piemontesen serviert werden. Ich lernte sie in Cocconato in der Provinz Asti kennen, wo man sich dank etlicher kleiner Erzeuger kulinarischer Köstlichkeiten aufs Genießen versteht. In seiner Trattoria del Ponte serviert Fabrizio die Agnolotti einfach in einer weißen Stoffserviette. Eine Sauce würde von der delikaten Füllung nur ablenken, in der man übrigens ursprünglich Bratenreste verwertete.

Für 4 Personen

- **1 Rezept Nudelteig (siehe Seite 251)**
- **2 l Gemüsebrühe (siehe Seite 251)**
- **Einige Tropfen Öl**

Für die Füllung:

- **2 EL Olivenöl**
- **100 g Kalbfleisch, gewürfelt**
- **100 g Schweinefleisch, gewürfelt**
- **100 g Kaninchenfleisch, gewürfelt**
- **80 g Mischung aus Bleichsellerie, Möhre und Zwiebel, fein gewürfelt**
- **30 g Spinat oder Mangold**
- **2 EL frischer Ricotta**
- **1 Ei**
- **20 g Parmesan, frisch gerieben**
- **Muskatnuss, frisch gerieben**
- **Salz und Pfeffer**

Für die Füllung das Olivenöl in einem großen Topf erhitzen. Das Fleisch mit den Gemüsewürfeln unter ständigem Rühren gleichmäßig goldbraun anbraten. Bei niedriger Temperatur weiterbraten und dabei gelegentlich rühren, bis das Fleisch nach etwa 45 Minuten beinahe gar ist.

Inzwischen den Spinat oder Mangold in etwas Wasser gar dünsten. Abseihen, ausdrücken und fein hacken. Zum Fleisch geben und weiterrühren, bis die Mischung ziemlich trocken ist. Vom Herd nehmen, abkühlen lassen und durch den Fleischwolf drehen oder im Mixer fein hacken. Den Ricotta, das Ei, den Parmesan und die Muskatnuss gründlich untermengen. Die Mischung mit Salz und Pfeffer abschmecken.

Den Nudelteig etwa 1,5 mm dick zu langen, schmalen Blättern ausrollen. Mit einem gewellten Teigrädchen 5 cm breite Streifen ausschneiden und diese quer auf die Arbeitsplatte legen. Entlang der Mittellinie in Abständen von 2 cm haselnussgroße Bällchen der Füllung setzen. Den Teig rings um die Füllungen leicht mit Wasser bestreichen. Die untere Teighälfte über die Füllungen schlagen. Nun die beiden Teiglagen zwischen den Füllungen und dann an den Kanten behutsam, aber sorgfältig zusammendrücken. Die Agnolotti mit dem Teigrädchen zwischen den Füllungen auseinander schneiden.

In einem großen Topf die Brühe zum Kochen bringen. Die Agnolotti hineingeben – einige Tropfen Öl verhindern, dass sie miteinander verkleben – und in 6–7 Minuten eben al dente garen. Abseihen und sofort servieren – ohne Sauce der pure Genuss!

Hinweis: Man kann die Agnolotti gut im Voraus herstellen. Sie werden gleich eingefroren, damit die Füllung nicht austritt, und später unaufgetaut in 10–12 Minuten gegart.

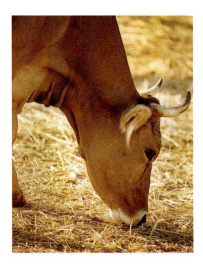

Crema alla panna Panna cotta aus dem Aostatal

In Aosta behauptet man, dieses Rezept stamme aus Savoyen. Vermutlich handelt es sich um eine Variante der französischen Crème Caramel. Allerdings enthält diese Eier, während bei der Panna cotta etwas Gelatine für die nötige Bindekraft sorgt.

Alle Zutaten außer der Gelatine in einem Topf ganz langsam fast zum Kochen bringen.

Inzwischen die Gelatineblätter in etwas warmem Wasser einweichen. Herausnehmen, ausdrücken und in die beinahe kochende Sahnemischung geben. Mit einem Holzlöffel rühren, bis die Gelatine aufgelöst ist. Den Topfinhalt in acht kleine Becherformen verteilen.

Abkühlen und anschließend im Kühlschrank fest werden lassen. Vor dem Servieren die Creme auf einzelne Dessertteller stürzen (reibungslos klappt dies, wenn Sie die Formen einige Sekunden etwa bis zur Hälfte in heißes Wasser tauchen). Nach Belieben garnieren – etwa mit kandierten Früchten oder auch mit Frucht- oder Karamellsauce.

Für 8 Personen

- 750 ml Sahne
- 200 ml Vollmilch
- 250 g extrafeiner Zucker
- Mark von 1 Vanilleschote
- Einige Tropfen Vanillearoma
- 2 EL Pfirsichlikör oder dunkler Rum
- 3 Blatt Gelatine

Zabaione Weinschaum

Angeblich ist diese klassische piemontesische Süßspeise nach San Giovanni di Baglion, dem Schutzpatron der Patissiers, benannt. Sie schmeckt himmlisch und ist denkbar einfach in der Zubereitung. Das nachfolgende Rezept, eines der ältesten, geht auf einen Koch von Karl Emanuel I., Herzog von Savoyen-Sardinien, zurück.

Das Eigelb und den Zucker möglichst in einer Kupferschüssel mit rundem Boden mit einem Schneebesen cremig aufschlagen. Den Wein und den Zimt gründlich einrühren.

Die Schüssel in einen Topf mit leicht sprudelndem Wasser einhängen und bei niedriger Temperatur weiterschlagen, bis ein sehr dicker, beinahe schon fester Schaum entsteht.

In Gläser füllen und entweder noch warm oder gekühlt servieren. Gut passen dazu feine Plätzchen.

Für 6–8 Personen

- 12 Eigelb
- 180 g extrafeiner Zucker
- 100 ml gereifter Madeira oder Marsala oder auch Moscato Passito di Pantelleria
- 1 Prise Zimtpulver

Regionale Erzeugnisse

Zu den wichtigsten regionalen Erzeugnissen gehören Käse, Wein, Rindfleisch, Produkte aus Schweinefleisch, Gemüse, Früchte und Nüsse, Reis, Pilze und insbesondere Trüffeln.

KÄSE Die Region bringt einige exquisite Käsesorten hervor (siehe Seite 15).

WEIN Viele der prestigeträchtigsten Weine des Landes stammen aus Piemont. Hier ist die Nebbiolo-Traube die ungekrönte Herrscherin. Südöstlich von Turin bringt sie in der Umgebung von Alba so berühmte DOCG-Gewächse wie den Barolo und den Barbaresco hervor, aber auch einen DOC namens Nebbiolo d'Alba; weiter nördlich keltert man aus ihr den angeblich von Napoleon so geschätzten DOC Carema sowie den DOCG Gattinara. Bekannt ist auch der aus der gleichnamigen Traube gekelterte Barbera, ein hervorragender Begleiter zu Bagna cauda. Diese kräftigen, vollmundigen Tropfen ergänzen die herzhaften Fleisch- und Wildgerichte Piemonts perfekt und halten, wie ich finde, dem Vergleich mit den Roten aus Bordeaux durchaus stand.

Besonders erwähnenswert unter den Weißen sind der Gavi aus dem Südwesten der Region sowie der Arneis und der Erbaluce, beide ebenfalls trocken und ideal zu Antipasti, Fisch und leichten Gerichten. Die wohl berühmtesten Weißen Piemonts aber gehen aus Muskateller-Trauben hervor: der Moscato d'Asti, ein wunderbarer, leicht perlender Dessertwein, und der Asti spumante, ebenfalls sehr beliebt zu Kuchen und Süßspeisen. Außerdem kommt aus Piemont jener weltberühmte Wermutwein, der dort seit 1863 unter dem Namen Martini produziert wird.

Weitere regionale Spezialitäten

Agnolotti con ripieno di riso Eckige Teigtaschen, gefüllt mit Fleisch oder Gemüse und Reis

Batsoa Gekochte, ausgelöste und in Streifen geschnittene Schweinsfüße

Bônet Mit zerstoßenen Mandelmakronen, Kakao und Rum zubereiteter Pudding

Brasato al Barolo Schmorbraten mit Barolo

Caffè valdostana Gesüßter Kaffee, aromatisiert mit Zitronenschale und Grappa

Caponet Gebackene Wirsingrouladen

Carbonade Gepökeltes Rindfleisch, mit Zwiebeln in Rotwein geschmort; eine Spezialität aus Brusson

Composta di marroni Maronenkompott

Costoletta alla valdostana Gebratenes und mit Fontina überbackenes Kalbskotelett

Finanziera di pollo *Ragù* aus Hühnerinnereien

Fonduta valdostana con tartufi Käsefondue aus Fontina, mit Trüffeln serviert

Fritto misto alla piemontese Gemischtes Ausgebackenes aus Fleisch, Innereien und Gemüse

Gnocchi alla bava Kartoffelgnocchi mit Käse

Lardo di Arnaz Gepökelter und luftgetrockneter Speck, ähnlich wie Prosciutto verwendet

Lepre in salmi Hasenpfeffer

Lingua in salsa verde Zunge mit grüner Sauce

Monte Bianco Mit Kakao, Vanille und Rum verfeinertes Maronenpüree mit Sahnehaube

Paniscia di novara Bohnensuppe mit Fleisch

Perette al vino In Barolo gedünstete Birnen

Polenta concia Polenta mit Fontina und Butter

Rane in padella Gebratene Frösche

Risotto alla piemontese Risotto mit Trüffeln

Timballo di pere martine Birnenkuchen

Tofeja Eintopf aus Schweinefleisch und Bohnen

Trota al vino In Wein geschmorte Forelle

Vitello tonnato Kalbfleisch mit Thunfischsauce

Zuppa alla valpelleuneentze Brotsuppe mit Kohl und Fontina

RINDFLEISCH Piemonteser Rinder liefern nicht nur gute Milch, sondern auch hervorragendes Fleisch. Fassone del Piemonte heißt die angeblich beste Rasse. Jede Region Italiens kennt ihre typischen Schmorgerichte oder Braten, wobei Piemont mit dem Brasato al Barolo (Schmorbraten mit Barolo) schon eine ganz besondere Delikatesse zu bieten hat. Für Carne all'albese werden Scheiben von feinem rohem Rind- oder Kalbfleisch mit einer Sauce aus Olivenöl, Zitronensaft, Salz und Pfeffer beträufelt und je nach Saison garniert – oft etwa mit gehobelten rohen Steinpilzen oder weißen Trüffeln. Ein berühmtes Gericht aus dem Norden des Landes ist das Bollito misto (siehe Seite 12). Für festliche Anlässe wird in Piemont das Gran bollito – oder Gran bui – aus bis zu sieben verschiedenen Fleischsorten zubereitet, darunter immer auch Rindfleisch. Ein klassisches Rindfleischgericht aus dem Aostatal, das üblicherweise mit Polenta serviert wird, trägt (Frankreich ist eben nicht weit) den Namen Carbonade.

WEITERE FLEISCHERZEUGNISSE Die meisten dieser Spezialitäten kommen aus dem Aostatal. Lardo di Arnad DOC ist gepökelter Speck, der mit Rosmarin bedeckt und mehrere Monate luftgetrocknet wird. Fein aufgeschnitten, genießt man ihn als Antipasto, dicke Scheiben lässt man auf Brotscheiben im Ofen ausbraten. Sugna (Schweineschmalz) wird zum Kochen und zum Konservieren verwendet. Boudin noir, auch Sanguinaccio genannt, ist eine Art frische Blutwurst. Dem Parmaschinken sehr ähnlich ist der Jambon de bosses DOC. Mucetta heißt das luftgetrocknete Fleisch der Gämse, das ebenfalls in dünnen Scheiben serviert wird. Sautissa ist eine Schweinswurst, die man entweder grillt oder in einem *ragù* zu Polenta isst.

LOMBARDIA

Zwischen den Alpen im Norden und dem Po im Süden erstreckt sich die Lombardei, die nicht nur in puncto Bevölkerungsdichte die Statistik des Landes anführt, sondern auch wirtschaftlich eine Spitzenstellung einnimmt. Dennoch ist sie eine außerordentlich attraktive Region mit ihren großen Seen, abwechslungsreichen Agrarlandschaften und einer wundervollen, sehr vielfältigen Küche.

Die Langobarden waren ein germanischer Stamm, der Mitte des 6. Jahrhunderts nach Norditalien vordrang und in der Poebene ein Königreich gründete. Erfolgsstreben und Unternehmergeist gehören nach wie vor zu den prägenden Merkmalen der hiesigen Mentalität – »Lombarde« war zwischen dem 13. und 15. Jahrhundert eine gängige Bezeichnung für Kaufleute aus der Region, die das Privileg besaßen, sich als Geldverleiher zu betätigen, und bis heute haben sich Begriffe wie »Lombardsatz« und »Lombardgeschäft« im Bankwesen gehalten. Mailand, die Hauptstadt der Lombardei mit einer Bevölkerung von inzwischen über neun Millionen, boomt: Es ist das Wirtschafts- und Finanzzentrum Italiens und eine der bedeutendsten Modemetropolen weltweit.

Etwas abseits der Städte wartet die Region mit zahlreichen Naturschönheiten auf, angefangen bei den großen Seen: Lago Maggiore, Lago di Como, Lago d'Iseo und Lago di Garda. Als sich die Gletscher am Ende der letzten Eiszeit zurückzogen, entstand auch neben einer Vielzahl saftig grüner Täler und Hügel die ausgedehnte fruchtbare Ebene des Po. Bereits ab dem 10. Jahrhundert begannen zunächst Mönche (die Region ist reich an mittelalterlichen Klöstern und Kirchen) mit der Trockenlegung des sumpfigen Geländes. Später setzten die adligen Herrscherfamilien – die Gonzaga, Sforza und Visconti – das Werk fort. Angeblich war Leonardo da Vinci, der zwar in der Toskana geboren wurde, aber im späten 15. Jahrhundert von dem Mailänder Herzog Ludovico Sforza zum Berater berufen worden war, an der Planung des Kanalsystems zur Bewässerung beteiligt.

Es überrascht kaum, dass die hiesige Landwirtschaft zu einer der stärksten ganz Italiens avancierte. Hand in Hand mit diesem Aufstieg ging die Entwicklung einer dualen Gesellschaft und letztlich auch einer solchen Küche – einerseits gekennzeichnet von opulenten Gerichten für die Wohlhabenden und andererseits einfacher Kost für die Bauern.

Kulinarische Traditionen und Spezialitäten

Historische Einflüsse und geographische Faktoren haben die lombardische Küche nachhaltig geprägt. Nachdem 1543 Phillipp, der Sohn des spanischen Königs Karl V., zum Herzog von Mailand ernannt worden war, hielten die Spanier noch beinahe zwei Jahrhunderte in der Lombardei das Zepter in der Hand. Sie führten den Safran und den Reisanbau ein, und so verdanken wir ihnen neben anderen Gerichten den Risotto alla milanese (Safranreis). Nach dem Spanischen Erbfolgekrieg übernahmen die Österreicher die Macht in Norditalien und bereicherten die lombardische Küche beispielsweise durch Eintopfgerichte aus Fleisch und Kohl, durch das dem Wiener Schnitzel sehr ähnliche Costoletta alla milanese und durch die berühmten Kuchenbrote. Aus dem benachbarten Piemont, wo das Haus Savoyen herrschte, sickerten schließlich Einflüsse der französischen Küche durch, etwa der regelmäßige Gebrauch von Milchprodukten wie Butter und Sahne.

Auch die Zuwanderer aus dem Süden, die in den letzten 50 Jahren in die Lombardei strömten, haben in der hiesigen Esskultur ihre Spuren hinterlassen. Ein Teil der Produkte, die es heute auf den Mailänder Märkten zu kaufen gibt, wird aus Apulien importiert, und die Gastronomieszene der Hauptstadt hat ein mediterranes Element hinzugewonnen. Überhaupt ist sie insgesamt vielfältiger geworden, und natürlich blieben uns dabei auch die Fast-Food-Tempel nicht erspart. Liebhaber der traditionellen lombardischen Küche kommen eher in der Provinz auf ihre Kosten.

Ausgedehnte Weizen- und Reiskulturen bestimmen ganz wesentlich die Agrarlandschaft der Region, wobei die Hauptanbauzentren in der Lomellina (zwischen Mailand und Pavia) beziehungsweise am Nordufer des Po zwischen Pavia und Mantua liegen. Charakteristisch für die Lombardei ist außerdem Grano saraceno, der Buchweizen. Er wird im Veltlin, nördlich von Mailand, erzeugt. In Kombination mit dem kräftigen Weizenmehl Tipo '00' ist er Bestandteil dunkler Bandnudeln namens Pizzoccheri, die traditionsgemäß mit Wirsing und Kartoffeln (wieder lässt Österreich grüßen) sowie einem gut schmelzenden Käse aus der Region zubereitet werden. Fleischesser genehmigen sich zu diesem herzhaften Gericht gern eine Wurst. Außerdem wird Buchweizen mit Mais zu einer groben Polenta-Variante gemischt, die früher ein Grundnahrungsmittel der bäuerlichen Bevölkerung war. In Brescia und Bergamo wird diese Polenta taragna – benannt nach dem langen Stab oder tarello, mit dem man sie rührt – oft mit gegrillten kleinen Vögeln am Spieß serviert. Sciatt schließlich, auch Frittelle valtellinesi di grano saraceno genannt, sind ausgebackene Buchweizenküchlein mit Füllung.

Reis wird vor allem natürlich für Risottos verwendet, die hier mit den verschiedensten Zutaten angereichert werden: etwa mit Ochsenschwanz, Knochenmark, Kürbis, Schweinswurst, Wachteln, Seefischen und schließlich den Fröschen, die sich in großer Zahl in den Reisfeldern der Poebene tummeln. Ebenso dient Reis als Einlage in den gehaltvollen bäuerlichen Suppen der Region.

Luccio in salsa
Kalter Hecht mit pikanter Sardellensauce

Für 4–6 Personen

- 1 Hecht (etwa 1 kg), ausgenommen, gesäubert und geschuppt
- 1 Möhre, fein gehackt
- 1 Stange Bleichsellerie, fein gehackt
- 1 Zwiebel, fein gehackt
- 1 Knoblauchzehe, fein gehackt
- 2–3 Lorbeerblätter
- 50 ml Weißweinessig
- Salz und Pfeffer

Für die Sauce:
- 8 EL Olivenöl
- 1 kleine Zwiebel, fein gehackt
- 4–5 Sardellenfilets in Salz, abgespült und abgetropft
- 2–3 EL glatte Petersilie, fein gehackt
- 1 Knoblauchzehe, fein gehackt
- 2 EL Kapern in Essig
- 1 kleine eingelegte Pfefferschote, fein gewürfelt
- 40 g fetter oder durchwachsener Speck, in dünne Scheiben geschnitten
- 50 ml trockener Weißwein

Das eher ungewöhnliche Rezept für einen Süßwasserfisch, der kalt serviert wird, stammt aus Mantua. Lago Maggiore, Lago di Como und Lago di Garda, aber auch zahlreiche weniger bekannte Seen und Flüsse der Lombardei liefern delikate Fische in großer Auswahl. Ich habe das Rezept auch schon mit Karpfen und Schleie ausprobiert, und obwohl beide eigentlich leicht schlammig schmecken, fand ich das Resultat sehr gelungen.
In jedem Fall muss das Gericht bereits am Vortag zubereitet werden.

Den Fisch innen und außen abspülen. Gemüse, Knoblauch, Lorbeerblätter und Essig mit 1,5 l Wasser in einen großen, flachen Topf geben. Zum Kochen bringen, salzen und pfeffern und den Fisch einlegen. Im leise simmernden Sud etwa 30 Minuten pochieren (ein größeres Exemplar braucht vielleicht etwas länger) und anschließend im Sud abkühlen lassen.

Für die Sauce das Olivenöl in einem Topf erhitzen und die Zwiebel weich schwitzen. Die übrigen Zutaten dazugeben und die Sauce unter gelegentlichem Rühren 10 Minuten köcheln lassen.

Den völlig erkalteten Fisch aus dem Sud nehmen und auf einem Brett sorgfältig entgräten – die kleinen Gräten lassen sich am besten mit einer Pinzette entfernen. Die Filets enthäuten und auf einer Platte mit der Sauce übergießen. Abkühlen lassen und dann kalt stellen.

Am nächsten Tag mit einem grünen Salat und/oder Kartoffelsalat servieren.

Geographisch bedingt, spielen Meeresfische in der hiesigen Küche eine geringe Rolle. Umso mehr schätzen die Lombarden die Aale aus ihren Flüssen oder auch Hechte, Forellen und Alborelle (Lauben) aus dem Lago di Como oder Lago Maggiore. Für eine lokale Fischspezialität namens Misseltitt lässt man Alborelle und Agoni (Alse) an der Sonne trocknen, bevor man sie grillt.

Die Rinder und Schweine, die in der fruchtbaren Poebene gehalten werden, liefern viel gepriesene Wurstwaren und Schinken (siehe Seite 32), und das frische Fleisch bildet die Grundlage mancher Spezialität. Hierzu zählen das Bollito misto, für das die Lombardei und Piemont gleichermaßen Urheberrechte anmelden, Ossobuco und die Cassoeula oder Cazzoeula, ein Eintopf aus Schweinefleisch und Wirsing (der Name leitet sich von dem spanischen Kochgeschirr, der *cazuela*, ab). Kuh- und Schafmilch werden zu einem verlockenden Käseangebot verarbeitet (siehe Seite 35).

Die Lombardei beliefert in großem Stil den italienischen Früchtemarkt; unter anderem reifen hier Kirschen, Birnen, Feigen und Aprikosen. Eine Besonderheit der Region ist die Mostarda di Cremona, eine Art Kompott aus kandierten Früchten mit pikanter Senfnote (Abbildung Seite 90), das traditionsgemäß zum Bollito misto gereicht wird. Getrocknete Früchte bereichern beispielsweise den Panettone, jenen leichten, lockeren Mailänder Weihnachtskuchen, oder auch das Pane con l'uva, einen Früchtekuchen, den man in Mailand zu Ostern backt. Seit über 100 Jahren werden in Saronno aus Mandeln die famosen Amaretti (Makronen) hergestellt, und ebenfalls dort steht die Wiege des berühmten Likörs Amaretto di Saronno.

Mit zahlreichen Volksfesten feiern die Lombarden zumeist die Traubenlese. Zwischen Anfang September und Mitte Oktober kann man zahlreiche *sagre* besuchen und dabei lokale Delikatessen genießen. Nachfolgend einige Beispiele: im September in Grumello (bei Bergamo), in Broni, Canneto Pavese und Cicognola (bei Pavia) sowie, in der letzten Septemberwoche, in Gussago (bei Brescia); im Oktober in Capriano del Colle (bei Brescia) und in Graffignana (bei Lodi).

Cazzoeula alla milanese — Deftiger Wintereintopf

Für 4–6 Personen

- 2 Schweinsfüße, in Stücke zerteilt und vorgekocht
- 800 g fleischige Rippenstücke vom Schwein
- 4 EL Olivenöl
- 1 große Zwiebel, in Scheiben geschnitten
- 400 g Möhren, geschält und in größere Stücke geschnitten
- 400 g Knollensellerie, geschält und in größere Stücke geschnitten
- 200 g Schweineschwarte ohne Fett, in viereckige Stücke geschnitten
- 200 g kleine Kochwürste aus reinem Schweinefleisch
- Salz und Pfeffer
- 1,5 kg Wirsing, Strunk entfernt, in einzelne Blätter zerteilt
- 3 EL Tomatenmark
- Einige Sellerieblätter

In einem Mailänder Nobelrestaurant dürfte man vergebens nach diesem Eintopf Ausschau halten. Viel eher wird man in einer einfachen Trattoria fündig, denn er gehört zur traditionellen Hausmannskost. Wenn an einem Winterabend der Nebel heraufzieht, weckt dieses Gericht nach einem harten Arbeitstag die Lebensgeister. Hier stelle ich das Mailänder Rezept vor, neben dem jedoch zahlreiche lokale Varianten kursieren.

Die Schweinsfüße und Rippenstücke in einem Topf mit Wasser bedecken. Zum Kochen bringen und 20 Minuten im sprudelnden Wasser garen – so schmilzt das Fett teilweise aus. Abgießen und mit dem Olivenöl, der Zwiebel, den Möhren und dem Sellerie in einen großen Topf geben.

Die Schwartenstücke mit Pfeffer bestreuen, aufrollen, mit Küchengarn umbinden und mit den Würsten in den Topf geben. Alles mit Wasser bedecken, salzen und pfeffern und 2 Stunden leise köcheln lassen. Inzwischen den Wirsing einige Minuten in kochendem Salzwasser blanchieren und abseihen.

Vom Eintopf das Fett abschöpfen. Das Tomatenmark in etwas Wasser auflösen und mit dem Wirsing und den Sellerieblättern untermischen. Die Cazzoeula nach 20 Minuten vom Herd nehmen. Mit Brot, Polenta oder Ofenkartoffeln servieren.

Für 4–6 Personen

- 200 g Kartoffeln, geschält und gewürfelt
- 150 g grüne Bohnen, geputzt und quer halbiert
- 300 g Wirsing oder Spinat, in feine Streifen geschnitten
- Salz und Pfeffer
- 300 g Pizzoccheri (siehe Rezepteinleitung)
- 150 g Bitto-Käse (siehe Seite 35) oder Asiago-Käse, fein gewürfelt
- 100 g Butter
- 3 Knoblauchzehen, in dünne Scheiben geschnitten
- 60 g Parmesan, frisch gerieben

Pizzoccheri della Valtellina

Buchweizennudeln mit Wirsing, grünen Bohnen und Käse

Ihren Ursprung haben die Pizzoccheri, kurze breite Bandnudeln aus einer Mischung von Buchweizen- und Weizenmehl, im Veltlin. Aus diesem Tal nördlich von Mailand stammen auch die berühmte Bresaola (siehe Seite 32), der Bitto-Käse (siehe Seite 35) und mancher vorzügliche Wein. Der zu den Knöterichgewächsen zählende Buchweizen gedeiht selbst unter widrigen Bedingungen und ist eine uralte Kulturpflanze.

Den Backofen auf 200 °C vorheizen. Die Kartoffeln, Bohnen und Wirsingstreifen in kochendem Salzwasser in etwa 15 Minuten zusammen garen. Gleichzeitig in einem zweiten Topf die Pizzoccheri in kochendem Salzwasser al dente garen. Das Gemüse und die Pasta abseihen.

Die Pasta und das Gemüse lagenweise in eine flache, ofenfeste Form füllen, dabei mit den Pizzoccheri beginnen und das Gemüse jeweils mit Käsewürfeln bestreuen. Zuletzt in einem kleinen Topf die Butter mit dem Knoblauch erhitzen, bis sie schäumt, und über den Inhalt der Form träufeln. Mit dem Parmesan bestreuen, Pfeffer darüber mahlen und die Form für 15 Minuten in den Ofen schieben. Alles vor dem Servieren kurz vermengen.

Für 6 Personen

- 6 EL Olivenöl
- 400 g Froschschenkel, ersatzweise Kalbfleisch
- 4 EL trockener Weißwein
- 1,2 l Hühnerbrühe (siehe Seite 250)
- 80 g Butter
- 1 Zwiebel, in dünne Scheiben geschnitten
- 350 g Risottoreis
- 150 g Sauerampfer, geputzt, entstielt und gehackt
- 60 g Parmesan, frisch gerieben
- Salz und Pfeffer

Risotto con acetosa e rane

Risotto mit Sauerampfer und Froschschenkeln

In der Provinz Pavia isst man Froschschenkel mit der größten Selbstverständlichkeit. Als ich mich für Fernsehaufnahmen dort aufhielt, mischte ich versuchsweise Froschfleisch in meinen geliebten Sauerampferrisotto. Das Ergebnis war höchst überzeugend. Wenn Sie nicht in der Lombardei oder in Frankreich leben, müssen Sie sich wohl mit tiefgefrorenen Froschschenkeln begnügen. Mit Kalbfleisch schmeckt das Gericht aber auch ausgezeichnet.

In einer Pfanne 4 Esslöffel Olivenöl erhitzen und die leicht gesalzenen und gepfefferten Froschschenkel (oder Kalbfleisch) in etwa 4–5 Minuten gar braten. Mit dem Wein ablöschen und diesen in 2–3 Minuten verdampfen lassen. Die Froschschenkel (oder Kalbfleisch) kurz abkühlen lassen, dann das Fleisch von den Knochen streifen.

Unterdessen die Brühe erhitzen und warm halten – sie sollte leicht simmern.

In einem mittelgroßen Topf 20 g Butter mit dem restlichen Olivenöl zerlassen und die Zwiebel weich schwitzen. Den Reis zufügen und 1 Minute durchmischen. Jetzt schöpfkellenweise die heiße Brühe dazugeben – der Reis soll nicht ertränkt werden, sondern nur leicht von Flüssigkeit bedeckt sein. Sobald er diese fast völlig aufgesogen hat, gießt man die nächste Kelle hinzu. Zwischendrin immer wieder rühren, damit der Reis nicht ansetzt.

Nach etwa 10 Minuten kommen der Sauerampfer und das Frosch- oder Kalbfleisch hinzu. Wie zuvor weiter Brühe hinzufügen und rühren, bis der Reis al dente ist. Zuletzt die restliche Butter und den Parmesan gründlich unterziehen.

Regionale Erzeugnisse

Die Lombardei ist eine Kornkammer, neben Weizen wird auch Reis angebaut. In der Viehwirtschaft spielen Kühe, aus deren Milch hier exzellente Käse entstehen, eine ebenso herausragende Rolle wie die Schweine als Quelle für frisches Fleisch sowie Wurstwaren und Schinken von bester Qualität.

FLEISCHPRODUKTE Angefangen bei der Bresaola, jenem köstlichen gepökelten und luftgetrockneten Rinderfilet aus dem Veltlin, das man fein aufgeschnitten als Antipasto genießt, hat die Lombardei so manche ausgezeichnete Fleisch- und Wurstspezialität zu bieten. Ebenfalls aus dem Veltlin stammt der Cotechino bianco, eine frische Schweinswurst, die unter anderem Cotica (Schwarte) enthält. Aus Brianza und den Hügeln von Mantua kommen Prosciutto und eine gute Salami. Auch als Crespone bekannt ist die sehr feine Salame Milano. In Pavia stellt man die Salame Varzi aus reinem Schweinefleisch mit einem 30%igen Fettanteil her. Salame d'oca entsteht aus Gänsefleisch in Mortara, einem Städtchen in der Lomellina. Violino di Chiavenna heißt eine Veltliner Spezialität. Um von der gepökelten und luftgetrockneten Ziegen- oder Lammkeule die gewünschten feinen Scheiben abzuschneiden, stützt man sie wie eine Violine auf der Schulter ab, was ihr ihren Namen einbrachte. Am Lago d'Orta erzeugt man aus vornehmlich Schweineleber die Mortadella di fegato, eine weniger bekannte Variante der weltberühmten Bologneser Mortadella, die in Mailand oft kurz und bündig Bologna genannt wird.

KÄSE Die Lombardei ist die Heimat einiger der berühmtesten Käsesorten Italiens (siehe Seite 35). Viele dieser Käse dürfen nur in genau festgelegten Gebieten hergestellt werden, und für ihre Echtheit und Qualität garantiert das Gütesiegel DOC *(denominazione di origine controllata)*. Die Frischkäse der Region, darunter einige exquisite Caprini (Ziegenkäse), schmecken am besten vor Ort, da sie einen Transport und längere Lagerzeiten ohne Einbußen kaum überstehen.

WEIN Im Oltrepò Pavese, übersetzt »von Pavia aus gesehen, auf der anderen Seite des Po«, erstreckt sich das Hauptanbaugebiet der Lombardei. In diesem kleinen, hügeligen Dreieck entstehen neben Rotweinen aus der Barbera-Traube sowie Bonarda auch weiße Rebensäfte, von denen ein Großteil in die italienische Spumante-Produktion fließt. Weitere Weine der Region sind der Franciacorta, der Valcalepio, der Sforzato, der Garda und der Valtellina Superiore – ausnahmslos Rote mit DOCG-Prädikat *(denominazione di origine controllata garantita)*.

Codeghin in camisa — Würste im Fleischmantel

Für 6 Personen

- 2 rohe oder vorgekochte Cotechino-Würste (je 250 g)
- 6 EL Olivenöl
- 1 Knoblauchzehe, in dünne Scheiben geschnitten
- 500 g frische Steinpilze, geputzt und in Scheiben geschnitten
- 1 EL glatte Petersilie, gehackt
- 1 EL Basilikum, gehackt
- Etwa 2,2 kg Kalbfleisch (Brust oder Nierenstück)
- Salz und Pfeffer
- 40 g Butter
- 150 ml Hühnerbrühe (siehe Seite 250)
- 200 ml Weißwein

Aus dem Val Camonica stammen viele kulinarische Klassiker der Lombardei. Bei diesem Gericht verbirgt sich in einem Braten eine herzhafte Überraschung: gebratene Steinpilze und Cotechini. Die italienischen Kochwürste enthalten in der lombardischen Version neben Schweinefleisch auch ein Viertel Rindfleisch. Falls Sie sie nicht frisch bekommen, können Sie ebenso vorgekochte Cotechini verwenden.

Die Würste in einem Topf mit kaltem Wasser bedecken. Zum Kochen bringen und dann auf kleinerer Stufe 3 Stunden – beziehungsweise bei vorgekochten Würsten 20 Minuten – köcheln lassen. Die Cotechini abgießen und etwas abkühlen lassen.

In einer großen Pfanne 4 Esslöffel Olivenöl mit dem Knoblauch erhitzen. Die Pilze darin braten, bis sie weich sind und der austretende Saft verdampft ist. Vom Herd nehmen, die Kräuter untermischen und das Ganze etwa 10 Minuten abkühlen lassen.

Den Backofen auf 180 °C vorheizen. In das Fleisch mit einem scharfen Messer von einer Seite zwischen die Fett- und Faserschichten eine tiefe Tasche schneiden. Innen mit Salz und Pfeffer würzen und die Würste hineinpacken. Die Pilze ebenfalls in die Tasche füllen und dabei rings um die Würste verteilen. Die Öffnung mit Küchengarn zunähen.

Das restliche Olivenöl und die Butter in einer ofenfesten Kasserolle erhitzen und das Fleisch ringsum gleichmäßig braun anbraten. Die Brühe und den Wein dazugießen und den Topf für 1½ Stunden in den Ofen schieben.

Das Fett vom Fond abschöpfen. Das Fleisch aufschneiden und mit dem Fond anrichten.

Käse aus der Lombardei

Bagoss Der halbfette Kuhmilchkäse aus dem Caffaro-Tal in der Provinz Brescia wird jung als Tafelkäse gegessen und in gereiftem Zustand zum Reiben oder für überbackene Toasts verwendet. Er ist auch als Bagosso oder Bagolino bekannt.

Bitto Aus der Provinz Sondrio und aus dem Veltlin kommt dieser teilentrahmte Kuhmilchkäse. Er ist als Reibkäse beliebt und wird gern in den klassischen Auflauf mit Pizzoccheri (siehe Seite 30) gemischt, schmeckt aber auch als Tafelkäse.

Crescenza Heutzutage gibt es diesen Frischkäse aus Kuhvollmilch, der auch als Certosino bekannt ist, ganzjährig zu kaufen. Man genießt ihn gern zum Dessert, und manchmal findet er auch in der Küche Verwendung – zum Beispiel in Ligurien als Füllung für die Focaccia al formaggio (siehe Seite 84).

Dolcelatte Die mildere Version des Gorgonzola wird in Pavia industriell hergestellt und gelangt schon nach zweimonatiger Reifung in den Handel.

Gorgonzola Am Anfang seiner steilen Karriere hieß er einfach Stracchino oder auch Stracchino verde, denn er wurde aus der Milch von Kühen gemacht, die nach dem Abtrieb von den Hochweiden im Herbst müde – *stracche* – waren. Wie die meisten Blauschimmelkäse ließ man ihn ursprünglich in Höhlen reifen, und die dort natürlich vorhandenen Schimmelsporen ließen in dem weißlichen bis blassgelben Teig die typische Äderung entstehen. Schließlich erhielt der Käse den Namen eines der wenigen Orte, in denen er produziert wurde: Gorgonzola. Heute wird er in vielen Regionen der Lombardei verbreitet hergestellt und ganz gezielt mit dem Schimmelpilz geimpft. Er enthält mindestens 48 % Fett i. Tr. und kommt nach drei- bis sechsmonatiger Reifung auf den Markt.

Grana padano Während der echte Parmesan nur in einem genau umgrenzten Gebiet in der Provinz Parma erzeugt werden darf, entsteht sein »kleiner Bruder« auch andernorts in der Poebene und schwerpunktmäßig in der Lombardei. Er reift sechs Monate und hat einen Fettgehalt von etwa 30 % Fett i. Tr. Wie der Parmesan wird er als Reibkäse, zum Kochen und auch als Tafelkäse verwendet.

Mascarpone Einst nur in der südlichen Lombardei hergestellt, wird Mascarpone inzwischen in ganz Italien produziert. Der Frischkäse basiert auf Sahne, die mittels einer Säure zum Gerinnen gebracht wird. Mit einem Anteil von 50 % Fett i. Tr. und mehr veredelt er so manches Dessert.

Panerone Da er vom Geschmack, der Konsistenz und der Form her dem berühmten Edelpilzkäse der Region ähnelt, nennt man ihn auch Gorgonzola bianco. Jedoch fehlt dem Pannarone oder Pannerone – dies weitere Schreibweisen des Namens – die Äderung.

Quartirolo Mich erinnert der Duft dieses halbfesten Schnittkäses immer an Pilze. Er entsteht ausschließlich in der Lombardei aus der Milch von Kühen, die auf Bergweiden besonders würziges Gras und Kräuter zu fressen bekommen. Die Laibe sind viereckig wie beim Taleggio.

Robiola Der Weichkäse aus Kuhmilch, einst ein Exklusivprodukt der Lombardei, wird heute auch in Piemont erzeugt (siehe Seite 15).

Taleggio Angeblich kennt man diesen berühmten Kuhmilchtafelkäse mit 48 % Fett i. Tr. seit dem 11. Jahrhundert. Ursprünglich als Stracchino im Handel und nur im Taleggio-Tal in den italienischen Voralpen hergestellt, entsteht er längst auch andernorts in der Lombardei sowie in Venetien. Die viereckigen Laibe reifen bis zu zehn Wochen.

Torta di San Gaudenzio Gorgonzola, geschichtet mit Mascarpone.

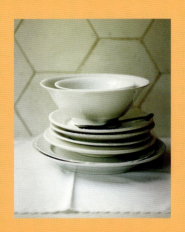

Weitere regionale Spezialitäten

Agnolini dei Gonzaga Kleine hausgemachte Ravioli, gefüllt mit einer Mischung aus gekochtem Kapaun, Hafer, Knochenmark, Ei und Käse

Agoni all comasca Fisch aus dem Lago di Coma, gebraten und mit einer Sauce aus Olivenöl, Zitronensaft und Sardellenfilets angerichtet

Câsonséi Teigtaschen mit einer Füllung aus Salami, Spinat, Eiern, Rosinen, Amaretti, Grana padano und Semmelbröseln

Costoletta alla milanese Kalbskoteletts (früher mit Knochen), in Ei gewendet, mit Semmelbröseln paniert und in Butter gebraten

Mondeghili Altes Mailänder Gericht aus gehackten und gebratenen Resten von Bollito misto

Nervitt Gekochte Kalbsfüße, ausgelöst und angerichtet mit Olivenöl, Kapern und Zwiebeln

Ossobuco Kalbshachsenscheiben, traditionsgemäß mit Gremolata angerichtet und mit Risotto alla milanese serviert

Pan de mei Süßes lombardisches Brot, auch Pan meino genannt

Risotto alla milanese Risotto mit Kalbs- oder Rindermark und Safran, eine traditionelle Beilage zu Ossobuco, aber auch solo ein Genuss

Timballo di piccione Taubenpastete aus Cremona

Tinca all lariana Schleie aus dem Lago d'Iseo, gefüllt mit einer Mischung aus Semmelbröseln, Grana padano und Gewürzen und im Ofen gegart

Trippa alla milanese Deftige Kuttelsuppe, zubereitet mit Möhren, Lauch, Sellerie und Tomaten, Bauchspeck und dicken weißen Bohnen

Valigini Wirsingblätter, gefüllt mit einer Mischung aus Huhn und Kartoffeln (oder Rindfleisch und Gewürzen)

Für 4–6 Personen

250 g Butter, ganz frisch zerlassen
250 g extrafeiner Zucker
4 große Eier, verquirlt
1 TL Vanillearoma
225 g Mehl
2 TL Backpulver
25 g Maisstärke
Außerdem:
300 g Mascarpone
50 g extrafeiner Zucker
Einige Tropfen Vanillearoma
3–4 TL Himbeermarmelade
Puderzucker zum Bestauben

Torta paradiso con mascarpone
Biskuittorte mit Mascarpone

Mascarpone, ein sahniger Frischkäse aus der Lombardei, ist die ideale Füllung für diese wundervoll zarte Biskuittorte.

Den Backofen auf 180 °C vorheizen. Eine Springform von 25 cm Durchmesser mit Backpapier auskleiden und dieses dünn mit Butter bestreichen.

In einer Schüssel die Butter mit dem Zucker vermischen und mit einem Schneebesen schlagen, bis die Mischung hell und cremig ist. Nach und nach die Eier und das Vanillearoma einrühren. Das Mehl mit dem Backpulver und der Maisstärke vermengen. Portionsweise in die Schüssel sieben und behutsam mit dem Schneebesen unterziehen. Den Teig in die vorbereitete Form füllen und 20–25 Minuten backen – er soll eine goldgelbe Kruste haben, aber leichtem Druck nachgeben.

Aus der Form nehmen, auf einem Rost abkühlen lassen und waagerecht durchschneiden, sodass man zwei Böden erhält. Den Mascarpone mit dem Zucker und Vanillearoma glatt rühren. Die Marmelade auf dem Tortenboden verstreichen, die Mascarponecreme darauf geben und mit dem oberen Boden bedecken. Vor dem Servieren mit Puderzucker bestauben. Vorzüglich mundet dazu ein Glas Moscato oder Malvasia.

Trentino-Alto Adige

Im Nordosten Italiens gelegen, ist die Alpenregion eingebettet zwischen Österreich und der Schweiz im Norden, der Lombardei im Westen und Venetien im Osten. Einst waren das Trentino und Südtirol zwei eigenständige Gebiete, und bis heute haben sie sich gewisse kulinarische Eigenheiten bewahrt. Während sich die Küche des Trentino an die Venetiens annähert, werden in Südtirol die österreichischen Einflüsse klar erkennbar.

Die Dolomiten bestimmen das Landschaftsbild des nördlichen Teils der autonomen Region, die auf Italienisch Trentino-Alto Adige heißt. Nach dem Ersten Weltkrieg musste Österreich das südliche Tirol an Italien abtreten. Daher hört man hier sowohl Italienisch als auch Deutsch, die Schulen und Verkehrsschilder sind zweisprachig, und die Küche offenbart viele österreichische und deutsche Einflüsse. Gnocchi – oder eben Knödel – werden mit Südtiroler Speck serviert und dienen als Beilage zu Gerichten aus Schweinefleisch. Brote und süße Zubereitungen verweisen eindeutig auf die österreichische Esskultur. Im Trentino stehen Fisch, Pilze und Polenta ganz oben auf der Speisekarte. Die Region orientiert sich stark an Venetien, doch gehörte sie einst ebenso zur Donaumonarchie, weshalb man immer wieder auf Gegenden stößt, in denen man einen deutschen Dialekt und deutsch gefärbte Esstraditionen pflegt.

Die Region wird vom Fluss Adige (Etsch) zweigeteilt. Dieser verläuft, aus den Alpen hoch im Norden kommend, parallel zum Ostufer des Gardasees, bevor er sich bei Verona nach Osten wendet, um schließlich nördlich des Po in den Golf von Venedig zu münden. Haupterwerbszweig von Trentino-Südtirol ist neben der Waldwirtschaft und dem Fremdenverkehr – im Winter wie im Sommer zieht es vor allem Deutsche und Österreicher hierher – auch die Landwirtschaft. Im südlichen Trentino mit seinen sanfteren Abhängen werden Oliven, Wein, Weizen, Mais, Gemüse und Früchte kultiviert (nahezu die Hälfte der italienischen Äpfel stammt von hier). Dagegen hat sich Südtirol, der gebirgige Norden also, bei Genießern vor allem mit seinen Wildpilzen, Waldbeeren und dem Angebot an verschiedenstem Wild einen Namen gemacht.

Kulinarische Traditionen und Spezialitäten

In der Küche Südtirols spielt Schweinefleisch eine ganz zentrale Rolle. Das beginnt beim Südtiroler Speck (siehe Seite 44), jener gepökelten, geräucherten und luftgetrockneten Spezialität, die wie ein Prosciutto aus anderen Regionen Italiens roh gegessen wird, aber auch an verschiedenen warmen Gerichten beteiligt ist. Weitere konservierte Fleischprodukte sind die Salami aus Wild-, Pferde- und Eselfleisch sowie eine Bresaola namens Mocetta rendenera. Als Hausmannskost ist eine Wurst aus Schweinefleisch und Speiserüben in ganz Südtirol höchst beliebt, die man zu Sauerkraut isst. Aromatische Ingredienzen wie Meerrettich und Kümmel, die häufig Broten, Fleisch- und Gemüsegerichten beigemischt werden, erinnern ebenfalls an die Küche des Nachbarlandes Österreich.

Forellen und Wild werden frisch wie geräuchert gern gegessen. Weitere Favoriten sind Gulasch, Knödel – auf Italienisch Gnocchi oder Canederli –, Strudel und Krapfen. Das Brot enthält häufig Roggen und ist mitunter so hart, dass es zunächst – meist in Suppen – eingeweicht wird. Obwohl jedoch die tirolischen Einflüsse nicht von der Hand zu weisen sind, fühlen sich die Südtiroler nicht als Österreicher. Sie wollen aber auch nicht als Italiener angesehen werden, sondern als eigenständiges Volk.

Das Trentino hat kulinarisch viel mit seinem nördlichen Nachbarn gemeinsam. Wildpilze etwa stehen hier genauso hoch im Kurs. Wenn sie Saison haben, findet man auf manchem Markt bis zu 60 verschiedene Sorten. Sammler aus allen Teilen der Region bringen ihre Funde, um sie von Experten beurteilen zu lassen, die gesundheitlich bedenkliche Exemplare aussortieren. Maronen und Kirschen, Walderdbeeren, Blaubeeren und wilde Himbeeren kommen aus dem Valle Garina. Spezialisiert auf die lokale Küche des Trentino ist das Restaurant Al Borgo in Rovereto, südlich von Trento.

Wegen seiner nahezu 300 Seen und Flüsse wird das Trentino gelegentlich als »Finnland Italiens« bezeichnet. An Süßwasserfischen verschiedenster Art herrscht also kein Mangel, und sie werden hier geräuchert, gegrillt, aus dem Ofen, in Risottos und oft auch zu Polenta gern gegessen. Dennoch schätzen die Trientiner, genau wie ihre Nachbarn in Venetien, ebenso Stoccafisso, an der

Luft gedörrten Fisch (er wird auch als Baccalà bezeichnet, obwohl dieser eigentlich vor dem Trocknen noch gesalzen wird). Da dieser Stoccafisso zuletzt mitunter nur noch 15 Prozent Wasser enthält, muss er vor der Zubereitung ausgiebig gewässert und manchmal auch weich geklopft werden. Kombiniert mit Kartoffelwürfeln oder rohen Artischocken, häufig ergänzt durch Steinpilze, und in Öl und Milch im Ofen gegart, ergibt er köstliche Aufläufe.

Zu Fisch, Fleisch und Wildpilzen isst man gewöhnlich dunkles Roggen- oder Gerstenbrot oder aber Polenta. Letztere ist entweder goldgelb oder auch schwarz (Polenta nera), wenn nämlich das Maismehl mit dunklem Grano saraceno (Buchweizen) gemischt wird. Bedenkt man, dass wir hier in Italien sind, kommt Pasta vergleichsweise wenig vor. Immerhin aber gibt es im Trentino köstliche Ravioli mit Spinatfüllung. Auch Spaghettigerichte und Pizza findet man inzwischen, im Großen und Ganzen aber sind sowohl Südtirol als auch das Trentino ihren kulinarischen Traditionen treu geblieben.

Hier wie dort ist der Wein von großer Bedeutung und wird mit zahlreichen Festen in weiten Teilen der Region fröhlich gefeiert. In vielen Städtchen und Orten Südtirols halten bei solchen Anlässen Trachtengruppen, begleitet von zünftigen Musikkapellen, malerische Umzüge ab. Ein wichtiger Programmpunkt im Kalender von Genießern ist auch das Törggelen, bei dem man ab Ende Oktober den jungen Südtiroler Wein probieren kann. Spezialitäten wie Röstkastanien, Kaminwurzen, Speck und Schüttelbrot, Vinschger und anderes mehr sorgen auf diesen Touren für die notwendige Stärkung.

Das ganze Jahr über finden zahlreiche weitere *sagre* – oder Volksfeste – statt. In Torbole kann man am letzten Sonntag vor dem Aschermittwoch in Bigoli (dicken Spaghetti) mit einer Sauce aus Olivenöl und Aola (eingesalzenem Fisch) schwelgen. In der zweiten Julihälfte stehen in San Martino di Castrozza Salsiccie und Polenta im kulinarischen Mittelpunkt. Etwa zur gleichen Zeit gibt es in Predazzo ein Pilz- und Butterfest, bei dem Schweinebraten, Wurst und Polenta serviert werden, und dasselbe wiederholt sich am ersten Augustsonntag in Bellamonte. Im September veranstaltet Mezza Corona ein Trauben- und Weinfest.

Schwammerlsuppe

Für 4 Personen

- 250 g frische Pfifferlinge, geputzt
- 90 g Butter
- 60 g Weizenmehl
- 1,5 l heiße Hühnerbrühe (siehe Seite 250)
- 1 kleine Zwiebel, fein gehackt
- 1 Knoblauchzehe, fein gehackt
- Salz und Pfeffer
- 1 EL glatte Petersilie, fein gehackt
- 4 EL Sahne

Ich bin geradezu verrückt nach Wildpilzen. Diese Suppe, die in ihrer Südtiroler Heimat auch Zuppa di finferli heißt, erinnert mich an Wien, wo ich zwei Jahre studierte.

Von den Pilzen einige schöne Exemplare zur Garnierung beiseite legen, die übrigen hacken.

In einem Topf 50 g Butter zerlassen. Das Mehl einstreuen und unter ständigem Rühren hellbraun schwitzen. Langsam die Brühe dazugießen und dabei ständig rühren, damit sich keine Klumpen bilden.

Die restliche Butter in einem zweiten Topf zerlassen und die Zwiebel mit dem Knoblauch weich schwitzen. Die gesamten Pilze zufügen und 6–7 Minuten braten. Nach Geschmack salzen und mit der Petersilie bestreuen. Die ganzen Pilze aussortieren und den Rest in die Brühe einrühren. Die Suppe mit Salz und Pfeffer abschmecken und zuletzt mit der Sahne verfeinern.

In vorgewärmte Schalen füllen. Mit den ganzen Pfifferlingen garnieren und mit leicht geröstetem, knusprigem Brot servieren.

Gnocchi di ricotta con sugo di porcini
Ricottaklößchen mit Steinpilzsauce

Für 4 Personen

Für die Klößchen:
- 400 g frischer Ricotta (möglichst aus Schafmilch)
- 180 g Weizenmehl
- 4 EL getrocknete Semmelbrösel (nach Bedarf auch mehr)
- Salz und Pfeffer
- Muskatnuss, frisch gerieben

Für die Sauce:
- 20 g getrocknete Steinpilze
- 70 g Butter
- 1 Knoblauchzehe, zerdrückt
- 200 g frische Steinpilze, in dünne Scheiben geschnitten
- 1 EL zerpflückte Petersilienblätter
- 2 EL trockener Weißwein

Außerdem:
- 50 g Parmesan, frisch gerieben

Oft werden Ricottaklößchen einfach mit zerlassener Butter und geriebenem Parmesan serviert. Im Trentino kombiniert man sie gern mit den einheimischen Wildpilzen.

Für die Klößchen den Ricotta, das Mehl und die Semmelbrösel vermengen; mit Salz, Pfeffer und Muskatnuss abschmecken. Um die Konsistenz der Mischung zu prüfen, eine kleine Kugel formen und in kochendes Salzwasser werfen: Falls das Klößchen zerfällt, etwas mehr Semmelbrösel unter den Teig mengen. Erweist sich die Mischung hingegen als gelungen, 2 cm dicke Rollen formen und in 2–3 cm lange Stücke schneiden. Die Klößchen behutsam über die Wölbung einer Gabel rollen, sodass sie eine geriefte Oberfläche erhalten. Auf einem sauberen Küchentuch zugedeckt 30 Minuten ruhen lassen.

Inzwischen für die Sauce die Steinpilze 20 Minuten in heißem Wasser einweichen. Abseihen – dabei das Einweichwasser auffangen – und hacken. Die Butter in einem Topf zerlassen und den Knoblauch weich schwitzen – er sollte jedoch nicht bräunen. Die frischen und die getrockneten, eingeweichten Steinpilze zufügen und 5–8 Minuten unter häufigem Rühren braten. Mit Salz und Pfeffer würzen und mit der Petersilie bestreuen. Den Wein und das Pilzwasser zufügen (vorsichtig abgießen, damit etwaige Erdpartikel zurückbleiben) und die Flüssigkeit etwas einkochen lassen.

In einem sehr großen Topf reichlich Wasser mit etwas Salz zum Kochen bringen. Die Gnocchi hineingeben und, sobald sie nach 1–2 Minuten an die Oberfläche steigen, mit einer Schaumkelle herausnehmen. Zur Steinpilzsauce geben und durchmischen. Mit dem Parmesan bestreuen und heiß servieren.

Regionale Erzeugnisse

SÜDTIROLER SPECK   Auch in südlicheren Regionen Italiens schätzt man seit einiger Zeit diese Spezialität, die aus der Küche ihrer Heimat nicht wegzudenken ist. Dort bereichert der gepökelte, mit einer Mischung aus Knoblauch, Lorbeerblättern, Wacholderbeeren und Pfeffer eingeriebene und anschließend geräucherte Schinken Eintopfgerichte, Saucen und Gemüsegerichte. Man genießt ihn ebenso als herzhafte Zwischenmahlzeit oder Antipasto – genau wie Prosciutto. Aber mit seiner dezenten Salzigkeit und der milden Rauchnote bietet er eben doch einen ganz eigenen und zudem vergleichsweise preiswerten Genuss. Längst wird Südtiroler Speck industriell hergestellt. Unvergleichlich aber schmeckt er auf einem kleinen Bergbauernhof, behandelt mit einer Gewürzmischung, deren Geheimnis nur die Familie kennt. Im Anschluss wird der Speck in einer hölzernen Schütte abgetropft und dabei immer wieder von Hand gewendet und mit dem austretenden Saft begossen, dann in einem Räucherkamin, befeuert mit lieblich duftendem Holz und Wacholderzweigen, sanft getrocknet und zuletzt gereift.

KÄSE   Außerhalb Italiens sind die Käsespezialitäten der Region weitgehend unbekannt. Bei den Einheimischen beliebt ist der Vezzena, ein Kuhmilchkäse, der dem Asiago aus Venetien ähnelt. Andere Sorten entstehen zumeist in dem Gebiet zwischen Trient und Bozen. Bekannte Namen sind Nostrano, Puzzone (»Stinker«) di Moena, Spressa, Casolet und Poina.

WEINE UND SPIRITUOSEN   Die DOC-Weine Südtirols haben einen erkennbar österreichischen Einschlag. Ihre Trauben reifen auf den zur Etsch und ihrem Nebenfluss Eisack abfallenden Berghängen. In den untersten Regionen werden Rotweintrauben wie Lagrein, Schiava und Cabernet angebaut, weiter oben folgen Chardonnay und Pinot grigio sowie bianco, und in den höchsten Gefilden kommen deutsche Sorten wie Riesling und Silvaner gut zurecht. Aus Chardonnay sowie Pinot bianco, grigio und nero entstehen hier gute Schaumweine.

Manche der DOC-Weine des Trentino ähneln denen Südtirols, während andere typisch italienisch vom Charakter sind. Von den insgesamt 17 verschiedenen sortenreinen Weinen seien der Teroldego Rotaliano und der ebenfalls rote Marzemino di Isera besonders hervorgehoben. Darüber hinaus wird hier ein ansprechender Vin Santo produziert.

Südtirol ist auch für seine Obstbrände, insbesondere aus Birnen, bekannt.

Für 4 Personen

8–12 kleine Kartoffeln, geschält
4 Matjesheringe (nicht zu stark gesalzen), filetiert
1 knackiger grüner Tafelapfel, in feine Spalten geschnitten
1 Zwiebel, in dünne Scheiben geschnitten
8 EL saure Sahne

Hering Hausfrauenart mit saurer Sahne, Zwiebeln und Äpfeln

Während meiner kurzen Studienzeit in Österreich lernte ich so manchen Aspekt der deutschen Mentalität schätzen. Unter anderem gewöhnte ich mir mehr Pünktlichkeit und Genauigkeit an – an beidem hatte es mir als Italiener bis dahin doch etwas gemangelt. Außerdem entdeckte ich einige mir bis dahin völlig unbekannte Genüsse. Das hier vorgestellte Rezept erinnert mich an Hamburg, aber auch im Trentino wird Hering gern gegessen und ähnlich zubereitet. Bei Matjes handelt es sich um junge, fette Heringe, die bis zu einem Jahr in Salzlake eingelegt werden.

Die Kartoffeln in kochendem Salzwasser garen und abgießen.

Die Matjesfilets mit den Apfelspalten und Zwiebelscheiben auf einzelnen Tellern arrangieren. Daneben die heißen Kartoffeln anrichten und jeweils mit einem Klecks saurer Sahne krönen. Ein Gläschen Schnaps rundet das herzhafte Gericht ab.

Für 4 Personen

1 kg Sauerkraut (Konserve)
100 ml Apfelsaft
1 1/2 TL Kümmel
6 schwarze Pfefferkörner
4 Scheiben geräucherter Bauchspeck (insgesamt 150 g)
4 Scheiben Kasseler (insgesamt 200 g)
4 Frankfurter Würstchen
4 Scheiben Blutwurst (nach Belieben)
Olivenöl zum Braten (nach Belieben)

Für die Knödel:
350 g altbackenes Weißbrot, entrindet und fein gewürfelt
200 ml Milch
4 Eier, verquirlt
Etwa 4 große EL Weizenmehl
50 g Südtiroler Speck, fein gewürfelt (nach Belieben)
100 g gute Salami, fein gewürfelt (nach Belieben)
1 EL glatte Petersilie, fein gehackt
1 EL Majoran, fein gehackt
Muskatnuss, frisch gerieben
Salz und Pfeffer

Krauti con speck e canederli
Schlachtplatte mit Knödeln

Zwar erfordert diese üppige Angelegenheit etwas Zeit und Aufwand, dafür ist nach dem Essen auch der hungrigste Gast glücklich und zufrieden. Ursprünglich stammt die Schlachtplatte aus Deutschland und Österreich, aber auch im Elsass, das einst zu Deutschland gehörte, ist sie bis heute sehr beliebt – ihr französischer Name lautet, da das Sauerkraut die Grundlage bildet, Choucroûte garnie (»Sauerkraut mit Garnitur«). In meinen Augen passt das herzhafte, winterliche Gericht ebenso gut nach Norditalien mit seinem rauen Klima. Die Knödel (Canederli) sind nach Tiroler Art mit deftigen Zutaten angereichert und werden oft auch mit einer Tomatensauce serviert. Für eine leichtere Version lassen Sie den Südtiroler Speck und die Salami einfach weg.

Für die Knödel das Brot in einer größeren Schüssel 1 Stunde in Milch und Eiern einweichen.

Das Sauerkraut mit dem Apfelsaft, 100 ml Wasser, dem Kümmel und den Pfefferkörnern in einen Topf füllen. Zugedeckt 1 Stunde sanft garen, dabei nach Bedarf weiteres Wasser hinzugießen.

Ein Drittel des Mehls zu der Brotmischung geben, gefolgt von den Schinken- und Salamiwürfeln – sofern verwendet – und den Kräutern. Alles gründlich vermengen und mit Muskatnuss, Salz und Pfeffer abschmecken. Falls der Teig zum Formen noch nicht fest genug ist, etwas mehr Mehl untermischen. Zu mandarinengroßen Kugeln formen und mit Mehl bestauben.

Inzwischen in einem Topf leicht gesalzenes Wasser zum Kochen bringen. Die Klöße hineingleiten lassen und im leicht köchelnden Wasser garen, bis sie nach etwa 20 Minuten an der Oberfläche schwimmen.

Gleichzeitig Bauchspeck, Kasseler und Würstchen etwa 15–20 Minuten dämpfen, bis alles durch und durch heiß ist. Die Blutwurst – sofern verwendet – in etwas Olivenöl braten.

Auf einzelne Teller jeweils eine Portion Sauerkraut geben. Darauf je eine Scheibe Bauchspeck, Kasseler und eventuell Blutwurst sowie ein Würstchen anrichten. Die Knödel abseihen und zwei davon auf jeden Teller legen. Das Gericht mit Senf servieren.

Für 6 Personen

1 kg Rindfleisch (z. B. Beinfleisch)
80 g fetter Speck, fein gewürfelt, oder durchwachsener Speck, in Streifen geschnitten
4 EL Olivenöl
400 g Zwiebeln, in dickere Scheiben geschnitten
1 Bouquet garni (Rosmarin, Oregano, Lorbeerblätter)
2 EL Tomatenmark
1 EL edelsüßes Paprikapulver (nach Belieben auch mehr)
Salz und Pfeffer

Für die Spätzle:
300 g Weizenmehl
150 ml Milch
3 Eier
1 Prise Salz
50 g Butter, zerlassen

Gulasch mit Spätzle

Das Rindergulasch wurde in Ungarn erfunden, und Spätzle stammen aus dem Schwabenland. Wie beide in diesem Teil Italiens zusammenfanden, weiß ich nicht, aber sie ergänzen sich bestens. Es gibt spezielle Spätzlepressen, -hobel oder -siebe, aber meines Erachtens leistet auch eine grobe Gemüsereibe perfekte Dienste. Alternativ können Sie das Gulasch einfach mit gekochten Kartoffeln servieren.

Das Fleisch sorgfältig von etwaigen Sehnen befreien und in größere Würfel schneiden. In einem großen Topf die Speckwürfel im Olivenöl bei mittlerer Temperatur braun werden lassen, wobei sie auch etwas ausbraten. Die Zwiebeln zufügen und in 5–8 Minuten weich schwitzen. Jetzt das Fleisch mit dem Bouquet garni, dem in etwas Wasser verrührten Tomatenmark, dem Paprikapulver und 1 l Wasser dazugeben. Das Gulasch zugedeckt leise simmernd etwa 1$\frac{1}{2}$ Stunden garen, bis das Fleisch ganz zart ist (eventuell braucht es auch ein wenig länger). Dabei gelegentlich rühren und nach Bedarf etwas mehr Wasser zufügen.

Inzwischen für die Spätzle das Mehl in eine Schüssel häufen. In die Mitte eine Mulde drücken und die Milch, die Eier und das Salz zufügen. Nach und nach das Mehl vom Rand einarbeiten, bis schließlich ein glatter Teig von zäher Konsistenz entsteht. Etwa 1 Stunde beiseite stellen, bis Bläschen an die Oberfläche steigen.

Wenn das Gulasch fertig ist, das Kräuterbündel entfernen und das Gericht mit Salz und Pfeffer abschmecken. In einem großen Topf reichlich Wasser mit etwas Salz zum Kochen bringen. Den Teig mit dem Werkzeug nach Wahl portionsweise über dem Topf zu Spätzle verarbeiten, sodass diese direkt ins kochende Wasser fallen. Wenn sie wieder an die Oberfläche gestiegen sind, was recht schnell geschieht, hebt man sie nach etwa 1 Minute mit einer Schaumkelle heraus und lässt sie auf einem sauberen Küchentuch abtropfen, bis der gesamte Teig verarbeitet ist.

Die Spätzle in einem Topf bei mittlerer Temperatur in der Butter durchwärmen.

Weitere regionale Spezialitäten

Anguilla alla trentina Aal, in Butter angebraten und mit Zwiebeln, Wein und Kräutern geschmort

Chifel Knusprige, mit Kümmel bestreute Brotstangen, die man in Südtirol zu Würstchen isst

Eisacktaler weinsuppe Feine Fleischbrühe, gemischt mit der halben Menge Pinot Grigio und mit Sahne und Parmesan cremig geschlagen; auch Zuppa di vino della Val d'Isarco genannt

Gnocchi di ricotta Ricottaklößchen, serviert mit zerlassener Butter und Käse

Kastanientorte Torte aus pürierten Maronen

Knödel Semmelknödel, auch Canederli oder Gnocchi genannt, manchmal mit Südtiroler Speck, Salami oder Leber gefüllt; man isst sie in Suppen, Eintopfgerichten oder als Beilage

Krapfen Mit Marmelade oder Creme gefüllt

Misto di funghi Geschmorte Wildpilze

Pestolato della val lagarina Brotaufstrich aus Käseresten, die mit Grappa, Weißwein und Pfeffer zu einer Paste zerdrückt wurden

Smacafam Buchweizenpolenta aus dem Trentino, oft mit Luganega-Wurst vermischt und im Ofen gebacken; auch in einer süßen Version beliebt

Strudel Blättriger Teig mit einer Füllung aus Früchten oder Topfen (Quark)

Trota alla trentina In Essig marinierte und dann in einer Zitronen-Rotwein-Sauce pochierte Forelle

Zelten Festlicher Kuchen, gefüllt mit Trockenobst und Nüssen

Für 4 Personen

300 g Himbeeren und Brombeeren, gemischt
Saft von 1 Zitrone
100 g extrafeiner Zucker
Mascarpone zum Servieren (nach Belieben)

Lamponi e more al limone

Gezuckerte Himbeeren und Brombeeren mit Zitronensaft

Schon oft ist mir aufgefallen, dass Italiener Süßes lieben – nicht nur, aber auch zum Essen, das man hier meist mit frischen, reifen Früchten der Saison beschließt. Als ich noch ein Junge war, bekam ich die Verantwortung für unsere Obstpflanzen übertragen und wurde schnell zum Experten. Im Herbst erntete ich köstliche Himbeeren und sammelte dazu wilde Brombeeren. Für dieses Dessert müssen die Früchte perfekt ausgereift und möglichst makellos sein.

Die Beeren in einer Schüssel aus einem säurefesten Material wie Glas oder Porzellan mit dem Zitronensaft beträufeln und den Zucker darüber streuen. Behutsam, aber gründlich durchmischen.

Raumtemperiert servieren und nach Belieben Mascarpone dazu reichen.

Friuli-Venezia Giulia

Von Österreich und dem ehemaligen Jugoslawien, ihren Nachbarn also, hat die kleine Region vieles übernommen. So stellt sich auch die Küche als Melange venezianischer, österreichisch-ungarischer und jugoslawischer Elemente dar. Einfache Speisen wie Suppen, Polenta und Hülsenfrüchte bestimmen den Speiseplan, wobei Friaul mit dem Prosciutto di San Daniele durchaus eine Spezialität für verwöhnte Gaumen zu bieten hat.

Nach Jahrhunderten unter der Herrschaft Österreichs und Venedigs bildete sich die Region in ihrer heutigen Form erst nach dem Zweiten Weltkrieg. Triest ist seit den frühen 1960er-Jahren die Hauptstadt der Region. Friaul erstreckt sich im Norden bis zu den Alpen, Julisch Venetien – oder Venezia Giulia – nimmt hingegen die küstennahe Ebene ein. Da es an Slowenien angrenzt, sprechen viele Bewohner dieser Region Slowenisch. Die Provinz Friuli wurde von Julius Cäsar gegründet – der Name leitet sich vom lateinischen *forum julii* (»Forum des Julius«) ab.

Während in den Alpentälern Vieh gehalten wird, das Fleisch und Milch für die Käseproduktion liefert, erstrecken sich an den unteren Berghängen Wein-, Obst- und Gemüsegärten. In der Ebene im Süden Friauls schließlich wächst auf Feldern, die kein Ende zu nehmen scheinen, goldgelber Mais, aber auch anderes Getreide. An der Küste kommen naturgemäß häufig die Früchte des Meeres auf den Tisch, wobei die Fischeintopfgerichte und Risottos – darunter auch Risotto nero, von Tintenfischtinte schwarz gefärbt – jenen ähneln, die man im benachbarten Venetien sowie weiter südlich in Kroatien zubereitet.

Es mag an den vielfältigen Einflüssen liegen, die im Laufe der Geschichte in dieser Region zusammentrafen, oder auch an der keineswegs einheitlichen Gestalt ihrer Landschaft, dass ihre Menschen so pragmatisch veranlagt und anpassungsfähig sind. Als etwa vor vielen Jahren ein verheerendes Erdbeben Norditalien heimsuchte, bauten die Friauler als Erste ihre Häuser, Höfe und Geschäfte wieder auf und kehrten zu ihrem gewohnten Leben zurück. In den Lokalen wird man herzlich begrüßt und fühlt sich gleich wohl. Wer kein großes Essen möchte, bestellt einfach ein *tajut* – einen Teller mit kleinen Leckerbissen – und dazu vielleicht ein Glas eines der exzellenten lokalen Weine. Anders als etwa in Venedig geht es hier noch sehr traditionell zu.

Kulinarische Traditionen und Spezialitäten

Das bergige Friaul liegt im so genannten »Polenta-, Bohnen- und Risottogürtel«. Die Friauler lieben ihre Polenta wie andere Italiener vielleicht das Brot. Wie in Venedig ist dieser dicke Brei aus Maisgrieß oder grobem Maismehl hier nicht gelb, sondern eher weiß und eine gängige Beilage zu Wild, Schweinefleisch, Salami und Wildpilzen. Bohnen werden viel in den Karnischen Alpen hoch im Norden gezogen und mit Polenta aufgetischt, aber auch in Suppen verwendet.

Die bekannteste Suppe ist die Jota, in die traditionell Bohnen, Polenta und Broade (sauer vergorene weiße Rüben) hineinkommen. Moderne Versionen, darunter eine aus Triest, ersetzen die Polenta durch Kartoffelpüree und die Broade durch Sauerkraut; manchmal enthalten sie auch eingeweichte Schwarte und Kasseler. Mit ihrer eintopfartigen Konsistenz ist die Jota ein ideales Wintergericht. Im Winter bläst an der Küste der Bora, jener trockene und frische Fallwind, oft so heftig, dass in Triest an den Häusern Seile zum Festhalten gespannt sind.

Für die Broade, eine ganz eigene Spezialität, werden weiße Rüben in Traubenmost oder Grappa sauer vergoren, anschließend in Streifen geschnitten und mit Zwiebeln und Petersilie in Schweineschmalz gebraten. Die Broade gehört nicht nur in die Jota, sondern wird auch zu deftigen Fleischgerichten wie Bollito misto serviert. Als beliebter Ersatz dient heutzutage, wie gesagt, Sauerkraut, das häufig auch eine typische friaulische Wurst namens Musetto (siehe Seite 54) begleitet. Dass das in Friaul sehr geschätzte Roggenbrot nicht selten mit Kümmel oder Fenchelsamen aromatisiert ist, lässt sich ebenso wie die Verwendung pikanter Gewürze in der Musetto damit erklären, dass Friaul zeitweilig unter der Herrschaft Venedigs stand – damals ein bedeutender Handelsplatz für Spezereien. Für Italien ungewöhnliche Würzbeigaben werden auch zu Fleisch sowie manchem Wild gereicht: Meerrettich etwa zu Lamm und Senf zu Schinken.

Unterschiedliche kulinarische Einflüsse verschmelzen in Triest und anderen Städten. In einem der Bierkeller Triests kann man sich ein Gulasch, ob aus Fleisch oder Fisch, mit Sauerkraut als Beilage schmecken lassen. Beliebt sind auch Knödel, ein Vermächtnis der Habsburger. In ihrer einfachsten Form besteht ihr Teig aus Brot, Milch, Eiern und etwas Mehl oder aber aus Kartoffeln. Üppigere Versionen enthalten zusätzlich fein gewürfelten San-Daniele-Schinken oder – noch authentischer – Südtiroler Speck. Man isst diese Canederli, wie sie auf Italienisch heißen, zu Fleisch oder Fleischsaucen. Außerdem gibt es süße Knödel mit fruchtiger Füllung (siehe Seite 58).

Pasta findet man kaum in der Region. Eine delikate Ausnahme bilden jedoch die Cialzons, eine Spezialität aus den Dörfern in den Karnischen Alpen, die an die lombardischen Câsonséi und die Casonziei Venetiens erinnert: Die großen, halbmondförmigen Teigtaschen mit gewelltem Rand sind gefüllt mit einer Mischung aus Spinat, Rosinen, kandierter Zitrusfruchtschale, Zimt und Schokolade. Sie werden mit zerlassener Butter beträufelt und mit Zucker und weiterem Zimt bestreut.

In den an Wien erinnernden Kaffeehäusern Triests bekommt man süße Köstlichkeiten mit unverkennbar österreichisch-ungarischem Anstrich: verschiedene Strudel, eine italienische Version des Gugelhupfs und nicht zuletzt Gubana, einst ein Osterkuchen, der aber heute das ganze Jahr über gegessen wird. Blätterteig bildet seine Hülle, eine Mischung aus Walnüssen, getrockneten Feigen, Rosinen, Backpflaumen, Pinienkernen, Orangeat und Zitronat sowie Schokoladenstückchen die Füllung. In den *pasticcerie* von Udine und Gorizia wird das strudelartige Gebilde in Scheiben geschnitten und mit Grappa aus der Umgebung beträufelt. Auch aus Maronen backt man Kuchen.

Die Feste Friauls drehen sich meist um den Wein, wobei jedoch stets ein reiches Angebot an gutem Essen und lokalen Spezialitäten für die nötige Grundlage sorgt. So ziemlich jede Stadt und Ortschaft feiert hier irgendwann zwischen März und September eine *sagra*.

Jota Triestina — Bohnen-Sauerkraut-Suppe

Für 4 Personen

- 250 g getrocknete Cannellini-Bohnen, über Nacht in kaltem Wasser eingeweicht
- 1 l Hühner- oder Gemüsebrühe (siehe Seite 250/251)
- 2 große Kartoffeln, geschält und gewürfelt
- 2 Knoblauchzehen, zerdrückt
- Salz und Pfeffer
- 250 g Sauerkraut (Konserve)
- 2 Lorbeerblätter
- 6 EL Olivenöl
- 150 g Südtiroler Speck (möglichst nicht zu mager), in Scheiben geschnitten und gewürfelt
- 1 EL Weizenmehl

Von der *cucina povera*, der Küche der »armen Leute« oder vielmehr der hungrigen Bauern, schaffte es die Suppe auf die Speisekarte nobler Restaurants. Falls die Zeit fehlt, um getrocknete Bohnen einzuweichen und ausgiebig zu kochen, besorgen Sie zwei 400-g-Dosen, möglichst mit Cannellini-Bohnen. Diese einfach abtropfen lassen, abspülen und zusammen mit den Kartoffeln 30 Minuten garen.

Die eingeweichten Bohnen abseihen. Mit der Brühe in einen Topf füllen, zum Kochen bringen und bei verminderter Temperatur 1$^{1}/_{2}$ Stunden köcheln lassen. Die Kartoffeln mit der Hälfte des Knoblauchs zufügen, salzen und pfeffern und alles noch 30 Minuten garen.

Inzwischen in einem zweiten Topf das Sauerkraut mit den Lorbeerblättern mit Wasser bedecken und 20–30 Minuten garen. Abseihen, gut abtropfen lassen und zur Bohnen-Kartoffel-Mischung geben.

Das Olivenöl in einem Topf erhitzen und den Speck mit dem restlichen Knoblauch einige Minuten braten. Das Mehl und dann 2 Esslöffel der Flüssigkeit aus dem Suppentopf einrühren. Die Mischung in die Suppe geben und diese noch 30 Minuten köcheln lassen. Unmittelbar vor dem Servieren großzügig Pfeffer darüber mahlen.

Regionale Erzeugnisse

PROSCIUTTO DI SAN DANIELE Beinahe so begehrt wie der Parmaschinken ist der DOP-Schinken *(denominazione di origine protetta)* aus San Daniele (Provinz Udine). Es heißt, die dortige Höhenluft unterstütze die Entwicklung des milden, zarten Aromas besonders. Ein vergleichsweise sparsamer Einsatz von Salz tut ein Übriges. Speziell gezüchtete schwarze Schweine liefern die schlanken Schlegel, deren Qualität nach mindestens zwölfmonatiger Reifung ein Brandsiegel des Schutzkonsortiums bestätigt.

KÄSE Bereits seit dem 13. Jahrhundert wird im Roccolone-Tal der Montasio hergestellt. Dieser Halbhartkäse (DOP) ist rahmgelb und kompakt, jedoch von zahlreichen kleinen Löchern durchsetzt. Er wird frisch, aber auch gereift angeboten und ist, wenn er nach über zwölfmonatiger Lagerung eine pikante Note gewonnen hat, ideal als Reibkäse (etwa zu friaulischer Polenta). Eine rein lokale Spezialität ist der Anucia, ein gesalzener Ricotta, der wenige Tage nach der Herstellung genussreif ist.

MUSETTO Fleisch vom Maul *(muso)* des Schweins wird mit Pfeffer, Nelken, Muskatnuss, Zimt, Peperoncino (Chili) und Koriander gewürzt und in Naturdarm gefüllt. Die Wurst muss nur kurz reifen und wird wie die Cotechino-Würste aus Piemont gekocht, allerdings bevorzugt zu Sauerkraut oder geschmortem Rotkohl serviert. Am besten schmeckt angeblich Musetto aus dem Fleisch der Schweine, die auch den San-Daniele-Schinken liefern.

WEINE UND SPIRITUOSEN In der von Sand- und Kiesböden beherrschten Schwemmlandebene südlich von Udine erstreckt sich der größte DOC-Bereich der Region: Grave del Friuli. Im Rotweinbereich dominiert hier Merlot, bei den Weißen hingegen Tocai friulano. Die prestigeträchtigsten Etiketten der Region kommen aus den Bereichen Collio und Colli Orientali, nahe der Grenze zu Slowenien gelegen. Frische Weißweine machen den Löwenanteil der Produktion aus; das Spektrum der angebauten Reben umfasst neben Verduzzo und Malvasia, beides »Lokalmatadore«, etwa auch Traminer und Riesling renano sowie die aus Frankreich stammenden Pinot grigio und bianco. Traminer Aromatico DOC ist ein grünlich funkelnder, goldgelber Tropfen, den man hier gern als Aperitif genießt. In und um Triest ist eine friaulische Version des Sliwowitz sehr beliebt, und in der gesamten Region wird Grappa erzeugt.

Arrosto di capriolo al pino
Rehbraten mit Kiefernnadeln

Für 6 Personen

- 1 Rehfilet oder ausgelöste Keule (etwa 1 kg)
- 4 EL Olivenöl
- 50 g Butter
- 6 EL saure Sahne

Für die Marinade:
- 1 l kräftiger Rotwein
- 500 ml Hühnerbrühe (siehe Seite 250)
- 2 Stangen Bleichsellerie
- 2 große Möhren, geschält
- 1 Bouquet garni (Rosmarin, Lorbeerblätter, Majoran, Salbei)
- 1 Prise Muskatnuss, frisch gemahlen
- 1 Prise Zimt, frisch gemahlen
- 1 kleine Hand voll frische, zarte Kiefernnadeln
- 1 Zitrone
- Salz und Pfeffer

Sicherlich ungewöhnlich, aber unbedingt probierenswert sind Kiefernnadeln als aromatische Zutat in einer Wildmarinade. Als Beilage passen zu diesem typisch deutschen Gericht Knödel oder Spätzle (siehe Seite 46 und 48), aber ebenso Polenta oder Kartoffelpüree.

Für die Marinade den Wein und die Brühe mit dem Gemüse, dem Bouquet garni, den Gewürzen und den Kiefernnadeln in einen Topf geben. Die Zitrone auspressen und den Saft zusammen mit den Schalenhälften ebenfalls in den Topf geben. Salzen und pfeffern, zum Kochen bringen und dann 5 Minuten köcheln lassen. Die Marinade völlig erkalten lassen. Das Fleisch einlegen und an einem kühlen Ort 24 Stunden marinieren, dabei gelegentlich wenden.

Den Backofen auf 220 °C vorheizen. Das Fleisch aus der Marinade nehmen und abtropfen lassen; die Flüssigkeit durchseihen und beiseite stellen. In einem Bräter das Olivenöl bei mittlerer Temperatur erhitzen und das Fleisch in 8–10 Minuten ringsum anbraten. 8 Esslöffel der Marinade und die Butter zufügen und umrühren. Den Braten in den Ofen schieben und 20–25 Minuten garen, dabei gelegentlich mit weiterer Marinade begießen. (Je nach der Dicke des Fleischstücks und falls Sie es stärker durchgebraten wünschen, verlängern Sie eventuell die Garzeit.)

Den Braten auf einer vorgewärmten Platte etwa 15 Minuten ruhen lassen. Die saure Sahne in den Fond im Bräter einrühren und die Sauce nochmals richtig erhitzen. Den Braten aufschneiden und mit der Sauce servieren. Ein paar Kiefernnadeln machen sich als Tellerschmuck ausgezeichnet.

Seppiette o calamari ripieni di granchio
Kleine Tintenfische mit Krebsfleischfüllung

Für 4 Personen

- **1 gekochter mittelgroßer Krebs, gesäubert**
- **16 kleine Sepien oder Kalmare, gesäubert (die Fangarme abgetrennt, die Körperbeutel aber unversehrt)**
- **5 EL Olivenöl**
- **1 Zwiebel, fein gehackt**
- **1 EL Weizenmehl**
- **4 EL Milch**
- **2 Eigelb**
- **50 g Butter**
- **Salz und Pfeffer**
- **4 EL trockener Weißwein**
- **1 EL glatte Petersilie, fein gehackt**

Fleisch, auch Wild, und Bohnen gehören zu den Grundbausteinen der deftigen, bäuerlich gefärbten Küche Friauls. An der Küste jedoch dominiert Fisch. Dieses herzhafte Gericht aus Grado wird traditionell mit gebratener oder gegrillter Polenta serviert.

Das Krebsfleisch auslösen und beiseite stellen. Die Körperbeutel der Tintenfische innen und außen abspülen und mit den Fangarmen beiseite stellen. Das Olivenöl in einem Topf erhitzen und die Zwiebel weich schwitzen. Nun erst das Mehl und dann die Milch einrühren und die Tintenfische in der Sauce garen – kleinere Exemplare benötigen 10–12, größere 12–18 Minuten.

Die Tintenfische aus der Sauce nehmen. Die Arme sehr fein hacken und in einer Schüssel mit dem Krebsfleisch, den Eigelben und der Butter gründlich vermengen. Die Mischung salzen und pfeffern und in die Körperbeutel füllen.

Den Wein und etwas Wasser in die Sauce einrühren, die schön sämig sein sollte. Die gefüllten Tintenfische einlegen und noch 10 Minuten sanft garen. Mit Salz und Pfeffer abschmecken, mit der Petersilie bestreuen und mit Polenta servieren.

Für 4 Personen

- 500 g Filets von verschiedenen weißfleischigen Fischen wie Seeteufel, Seezunge und Heilbutt
- 200 g frische, fleischige Miesmuscheln
- 2 EL kräftiges italienisches Weizenmehl (Tipo '00')
- 2 EL edelsüßes Paprikapulver
- 6 EL Olivenöl
- 200 g reife Tomaten, gewürfelt
- 200 g Zwiebeln, geschält und gewürfelt
- 200 g rote Paprikaschoten, Samen und Scheidewände entfernt, gewürfelt
- Salz und Pfeffer
- 300 ml Fischfond (siehe Seite 250)
- 20 g glatte Petersilie, gehackt
- Etwas natives Olivenöl extra zum Servieren

Gulasch di pesce Fischgulasch

Die Art der Zubereitung stammt aus Ungarn und gelangte während der k. u. k. Monarchie nach Friaul. Die Hauptzutat – zartfleischiger Fisch – kommt aus dem Adriatischen Meer. In meinem Londoner Restaurant ist dieses Gulasch ein Bestseller.

Die Fischfilets in größere Vierecke schneiden. Die Muscheln abbürsten, entbarten und geöffnete Exemplare, die sich bei Berührung nicht schließen, aussortieren.

Das Mehl mit dem Paprikapulver vermischen und die Fischstücke damit bestauben. Das Olivenöl in einer Pfanne erhitzen. Den Fisch anbraten, bis er etwas Farbe annimmt, und in einen großen Topf oder eine Kasserolle geben. Die Muscheln, die Tomaten-, Zwiebel- und Paprikawürfel und etwas Salz zufügen. Die Brühe dazugießen und erhitzen, bis sie simmert. Das Gulasch auf kleiner Stufe köcheln lassen, bis der Fisch nach etwa 15 Minuten gar ist.

Mit Salz und Pfeffer abschmecken und noch ungeöffnete Muscheln wegwerfen. Das Gulasch vor dem Servieren mit der Petersilie bestreuen und mit etwas Olivenöl beträufeln.

Weitere regionale Spezialitäten

Broade In Traubenmost oder Grappa fermentierte weiße Rüben; auch als Brovade bekannt

Cevapcici Ex-Jugoslawien bereicherte die friaulische Küche um die gegrillten Schweinswürste

Cialzons Gebratene oder gekochte Teigtaschen, mit Spinat und süßen Gewürzen gefüllt

Frico Mit Zwiebel in Schmalz und Butter knusprig gebratener Käse

Gubana Blätterteigstrudel, gefüllt mit Nüssen, Trockenfrüchten und Schokolade

Knödeln Aus Mehl- oder Kartoffelteig in herzhaften wie auch süßen Varianten zubereitet

Lasagna ai semi di papavero Teigblätter, geschichtet mit Fleisch, Mohnsamen und Zucker; auch typisch für Wien

Liptauer condito Ungarischer Käse, mit Butter, Gewürzen, Sardellen, Lauch und Zwiebeln

Lumache alla friulana In Rotweinsauce mit Knoblauch und Petersilie gegarte Schnecken

Paparot Sämige Suppe aus püriertem Spinat, Butter, Knoblauch und Mehl

Sanguinaccio alla boema Böhmische Blutwurst, erst gekocht und dann gebraten

FRIAUL-JULISCH VENETIEN

Ergibt 8 große Knödel

- 8 reife Pflaumen (insgesamt etwa 500 g), entsteint
- 8 Zuckerwürfel
- 2 EL getrocknete Semmelbrösel
- 50 g Butter
- 1 kräftige Prise Zimtpulver
- Puderzucker zum Bestauben

Für den Teig:
- 500 g mehlige Kartoffeln
- 4 EL extrafeiner Zucker
- 100 g Weizenmehl
- 1 Eigelb
- 1 Prise Salz

Canederli con prugne Zwetschgenknödel

Ursprünglich stammt diese im Grenzgebiet zu Slowenien beliebte Zubereitung aus Österreich. Auch mit frischen Aprikosen und Backpflaumen sind mir die Knödel schon vorzüglich gelungen. Servieren Sie sie zum Dessert oder als süße Zwischenmahlzeit.

Für den Teig die Kartoffeln ungeschält in Salzwasser gar kochen, abgießen und pellen. Über einer Schüssel durch ein Sieb streichen oder fein zerstampfen. Zucker, Mehl, Eigelb und Salz zufügen und alles zu einem glatten, geschmeidigen Teig verarbeiten.

Ein Achtel des Teigs auf der Handfläche flach drücken. Eine Pflaume in die Mitte setzen und einen Zuckerwürfel hineinschieben. Den Teig so um die Pflaume legen, dass sie völlig umschlossen ist, und alle Nahtstellen sorgfältig versiegeln. Auf diese Weise sieben weitere Knödel formen.

In einem großen Topf Wasser zum Kochen bringen. 3 oder 4 der Knödel hineingleiten lassen und garen, bis sie nach einigen Minuten an die Oberfläche steigen. Mit einer Schaumkelle herausnehmen und warm stellen, bis die übrigen Knödel fertig sind.

Die Semmelbrösel in der Butter goldbraun braten und nach Geschmack mit Zimt würzen. Über die Knödel streuen, diese rasch noch mit Puderzucker bestauben und heiß servieren.

Für 6–8 Personen

- 100 g Rosinen
- 100 ml dunkler Rum
- 40 g Butter, gewürfelt und raumtemperiert, dazu mehr für das Blech
- 140 g einfache Kekse (nach Belieben auch aus Vollkornmehl)
- 70 g Pinienkerne, geröstet
- 70 g Walnusshälften, geröstet
- 70 g blanchierte Mandeln, geröstet
- 80 g gute Bitterschokolade, fein gehackt
- 60 g Zitronat und Orangeat, gemischt
- Abgeriebene Schale und Saft von 1 Zitrone
- 1 Ei, verquirlt
- 500 g fertig gekaufter Blätterteig
- Mehl zum Bestauben
- 3–4 EL Puderzucker

Presniz

Blätterteigstrudel mit Rumrosinen, kandierten Früchten und Nüssen

Traditionsgemäß wird der zu einem Kranz geformte Strudel, der vermutlich ursprünglich aus dem ehemaligen Jugoslawien stammt, zum Osterfest gebacken. Vor allem bei Verwendung von fertig gekauftem Blätterteig ist er leicht herzustellen.

Die Rosinen 1–2 Stunden im Rum einweichen. Den Backofen auf 180 °C vorheizen und ein Backblech mit Butter einfetten. Die Rosinen abgießen, dabei den Rum auffangen.

Die Kekse im Mörser zerstoßen und in einer Schüssel mit der Butter gründlich vermengen. Die Rosinen, Pinienkerne, Walnüsse, Mandeln und Schokolade, das Zitronat und Orangeat sowie die Schale und den Saft der Zitrone untermischen. Das Ei und zuletzt so viel Rum dazugeben, dass eine feuchte Mischung entsteht.

Den Teig auf der leicht bemehlten Arbeitsfläche etwa 2 mm dick zu einem Rechteck von 60 x 40 cm ausrollen. Darauf die Füllung der Länge nach in der Mitte verteilen. Die Teigränder mit Wasser bestreichen. Den Teig von einer Seite über die Füllung klappen, sodass diese umschlossen ist, und aufrollen. Die Teigränder zusammendrücken und die Rolle zu einem Kranz formen. Auf das vorbereitete Blech legen und 50 Minuten backen.

Vorsichtig auf ein Drahtgitter legen, abkühlen lassen und nach Belieben warm oder kalt, großzügig mit Puderzucker bestaubt, servieren. Wundervoll schmeckt dazu ein Glas Picolit oder Torcolato.

Veneto

Die Region erstreckt sich von den Dolomiten im Norden bis zur Adria im Süden. Dort liegt Venedig, das einst nicht nur den Gewürzhandel im Mittelmeer beherrschte. Die kosmopolitische Vergangenheit der vormals einflussreichsten Seemacht der Welt spiegelt sich in der Küche der gesamten Region. Tatsächlich hat Venetien wohl neben der Toskana wesentlich zur Entwicklung der *cucina italiana* beigetragen, die wir heute so schätzen.

Unter den drei norditalienischen Regionen, die unter dem Namen Le Tre Venezie (»die drei Venetien«) zusammengefasst werden, ist Venetien die größte (die beiden anderen sind Friaul-Julisch Venetien und Trentino-Südtirol). »La Serenissima«, Hauptstadt und Herzstück der Region, ist auf über 100 Inseln erbaut, die oft nur durch Kanäle voneinander getrennt und durch etwa 400 Brücken miteinander verbunden sind. Venedig mag heute von Hochwasser bedroht sein und Gefahr laufen, endgültig zu versinken, einst war es die bedeutendste Stadt Italiens.

Seine Anfänge gehen zurück auf das 5. Jahrhundert, als Flüchtlinge vom Festland auf den Inseln in der Lagune vor einfallenden Barbaren Zuflucht suchten. Vom Festland durch eine breite Wasserfläche getrennt, waren die ersten Venezianer gegen Eindringlinge geschützt. Nicht zuletzt dank seiner strategisch günstigen Lage am Kreuzungspunkt zwischen Europa und dem Orient stieg Venedig zu einer unabhängigen Republik und dominierenden Seemacht auf. Als seine politische und wirtschaftliche Stärke im 16. Jahrhundert infolge der Entdeckung des Seeweges nach Indien bröckelte, avancierte es zu einem bedeutenden Kunstzentrum: Insbesondere in der Renaissance entstanden in Venedig herausragende Werke der Architektur, Musik, Malerei und Skulptur. Die Venezianer machten die übrige Welt mit der Gabel und der Serviette vertraut, und das Glas von der Laguneninsel Murano verlieh den Festtafeln neuen Glanz.

Venedig ist gewiss einzigartig, aber Venetien hat noch viele andere schöne Seiten. In Verona kommt, wer sich für Architektur, Kunst und Theater interessiert, aus dem Staunen kaum heraus, und in seinem Ristorante 12 Apostoli tischt Giorgio Gioco, der meine Leidenschaft für Pilze teilt, die herrlichsten Speisen auf. In der nördlich gelegenen Provinz Vicenza liegen die meisten jener Villen, die Palladio in Venetien erbaute, und auch hier kommen die kulinarischen Freuden nicht zu kurz.

Kulinarische Traditionen und Spezialitäten

Venetien gehört auch zum »Polenta-, Bohnen- und Risottogürtel«, der quer durch Norditalien verläuft und in seinem Namen drei wesentliche Bestandteile der regionalen Küche nennt. Allerdings sind auch Fisch und Meeresfrüchte aus der Adria sehr beliebt, ergänzt durch Süßwasserfische aus den zahlreichen Flüssen und Seen der Region. In den Wäldern findet man Pilze, Trüffeln, Maronen und Beeren in Hülle und Fülle. Ein Charakteristikum der Küche Venetiens ist die besondere Verwendung von Gewürzen, die zurückgeht auf jene Zeiten, als Venedig mit Spezereien erfolgreich Handel trieb.

Polenta aus Mais setzte sich zunächst in den nördlichen Gebieten Venetiens und Friauls durch. Zuvor hatte man für das Grundnahrungsmittel Brei Dinkel, Hirse, Maronen und in Notzeiten auch Eicheln gemahlen. Die venezianische Küche favorisiert eine Maissorte, die eine fast weiße Polenta ergibt, klassische Beilage zu kleinen Garnelen aus der Lagune, Messerscheiden oder Baccalà (siehe Seite 67).

Risottos kommen in der gesamten Region in zahlreichen Variationen auf den Tisch. Neben Fischrisottos ist Venedig auch bekannt für Risi e bisi, ein Gericht, das den jungen, zarten Erbsen aus Lumignano zu besonderer Geltung verhilft. Im Gegensatz zu den Risottos anderer Provenienz sind die Venedigs flüssiger. Außerdem werden sie, genau wie in der Lombardei, zuletzt mit Butter verfeinert. Die bevorzugte Reissorte für einen nach allen Regeln der Kunst zubereiteten Risotto ist Vialone nano mit kurzem, rundlichem Korn. Den Zusatz *alla pilota* erhielt ein für Mantua typischer Risotto mit Wurstbrät zu Ehren des Reisbauern, auf Italienisch *pilota*. Eine Spezialität aus Treviso, nördlich von Venedig, ist der mit Aal und Garnelen zubereitete Risotto al tajo.

Pasta besitzt generell in Venetien keinen hohen Stellenwert. Dennoch verfügt der Norden mit den Casonziei – den lombardischen Casonsei sehr ähnlichen Teigtaschen mit einer Füllung aus Kürbis, Spinat und Schinken – ebenso über eine Spezialität wie Venedig mit seinen Bigoli in salsa: Dafür wird ein Nudelteig aus Weizenvollkornmehl mithilfe des *bigolaro,* einer speziellen Presse, zu dicken Spaghetti verarbeitet, die man mit einer Sardellensauce genießt.

Dem Fischliebhaber bietet ein Besuch des Marktes an der Rialto-Brücke in Venedig ein eindrucksvolles Erlebnis. Dicht an dicht präsentieren die Händler die Delikatessen der jeweiligen Saison. Da gibt es Seeteufel, nur eben so groß wie ein Daumen, winzige Tintenfische (Sepia), Garnelen, Krebse, Venusmuscheln, Miesmuscheln und vieles andere mehr. Letztere – hier heißen sie Muscoli oder Peoci – werden an Tauen in der Lagune gezüchtet und in Suppen, in Risottos oder zu Pasta gegessen. Seppie oder Seppioline liefern die entscheidende Zutat für verschiedene Gerichte, die durch die Tinte eine schwarze Farbe erhalten: Polenta e seppie, Tagliatelle al nero con seppie oder auch den klassischen Risotto nero con seppie. Fisch wird oft *in saor* serviert, also gebraten und dann in einer Essigmarinade eingelegt.

Für 4 Personen

8 große Stücke von einem frischen Aal (je etwa 110 g), gesäubert, aber nicht enthäutet
20–30 Lorbeerblätter
Salz und Pfeffer
Zitronenspalten zum Servieren

Bisato sul'ara Aal mit Lorbeer aus dem Ofen

Traditionsgemäß wird dieses typisch venezianische Gericht am Weihnachtsabend aufgetischt. Es stammt aus dem Comacchio-Tal südlich von Chioggia, wo es wundervolle, fette Aale gibt. Außer einem stattlichen Aal und etwas Salz und Pfeffer erfordert das Rezept lediglich Lorbeerblätter – und Ofenhitze, die dafür sorgt, dass der Fisch im eigenen Fett perfekt gart. Als Beilage empfehle ich Rote-Bete-Salat.

Den Backofen auf 200 °C vorheizen. Einen Bräter mit den Lorbeerblättern auslegen, die Aalstücke darauf verteilen und einfach in 30–35 Minuten im Ofen garen. Das austretende Fett und die Lorbeeraromen geben dem Gericht genügend Geschmack.

Mit Salz und Pfeffer würzen und, von Zitronenspalten begleitet, servieren.

Für einen Streifzug durch die venezianische Küche empfehle ich den Besuch einiger typischer Bars. Bestellen Sie einen *ombra* (ein Gläschen Weißwein) und dazu eine Auswahl der *cicheti* – leckere Kleinigkeiten, vergleichbar den Tapas –, die der Wirt an diesem Tag vorbereitet hat. Anlässlich der Festa del Redentore, des wichtigsten Festtags in Venedig, bekommt man häufig Seppioline alla brace. Ich liebe diese Tintenfischchen vom Holzkohlengrill.

Fleischgerichte spielen eine geringere Rolle, doch ist das Bollito misto recht beliebt, und überall in Venetien bekommt man Innereien in vielfältigen Zubereitungen. Längst ist das Carpaccio, eine Komposition aus hauchdünnen, rohen Rindfleischscheiben und pikant abgeschmeckter Mayonnaise, die wir Arrigo Cipriani von Harry's Bar in Venedig verdanken, weltweit in aller Munde. Dagegen haben die aus Kalbs- und Schweinsfüßen zubereiteten und als *cicheti* servierten Nervetti unter Nichtitalienern wohl weniger Anhänger.

In ganz Venetien kommt Wild auf den Tisch. Ein berühmtes Gericht aus der malerischen Stadt Treviso ist die Sopa coada, eine ausgiebig gekochte, dicke Taubensuppe. Federwild und insbesondere Perlhuhn wird gern mit Peverada angerichtet, einer Pfeffersauce, die an Venedigs glorreiche Vergangenheit als Gewürzhandelsplatz erinnert.

Für die gesamte Region typisch sind außerdem Salamis aus Schweine- wie auch Pferdefleisch. Sfilacci, eine Spezialität aus Padua, entstehen aus gepökeltem, getrocknetem und geräuchertem Pferdefleisch. Bondole, eine geräucherte Wurst, die gekocht vorzüglich schmeckt, wird aus Schweinefleisch und Speck hergestellt. Ein regionales Gericht aus Badia Polesine ist Stracotto d'asino (Schmorbraten vom Esel), das mit Polenta serviert wird.

In der Provinz Rovigo wird etwas Pecorino erzeugt. Auf Kuhmilch basiert hingegen der Asiago, der von den Hochebenen bei Vicenza kommt und sowohl als harter Reibkäse als auch als weicherer Tafelkäse erhältlich ist. Zu den lokalen Käsespezialitäten aus der nördlichen Provinz Belluno zählen Nostrano di malga, Comelico, Carnia dolce und Puira, ein geräucherter Ricotta. Dazu essen die Einheimischen Puccia, ein vor allem mit Kümmel gewürztes Brot aus Roggenmehl und Weizenkörnern.

Obst und Gemüse gedeihen überall in Venetien. Omnipräsent ist Radicchio in drei Formen: die lang gestreckten, schlanken Rosetten aus Treviso; der eher kugelige, gestreifte Radicchio aus Castelfranco und der uns besonders vertraute Radicchio di Chioggia, der kompakte Köpfe bildet. Alle drei werden in der lokalen Küche viel verwendet, ob in Risottos, Salaten oder Suppen und sogar in Kombination mit Süßwasserfisch. Überzeugende Kostproben bekommt man in den zahlreichen Trattorien der Region, vor allem um Montello nahe Castelfranco. In der Nordprovinz Belluno genießt man die dort heimischen Bohnen von Lamon zu Wild, das in den Wäldern zahlreich erlegt wird, oder auch zu Forelle aus den Flüssen der Umgebung. Pilze und Trüffeln finden sich reichlich in der gesamten Region, insbesondere bei

Padua und in der Provinz Vicenza, die auch für den saftigen Spargel aus Bassano bekannt ist. In Monselice (Provinz Padua) reifen vorzügliche Pfirsiche, und die Feigen aus Teolo sind berühmt.

Im Norden der Region haben sich die beiden Städtchen Conegliano und Belluno mit ihrem köstlichen Eis einen Namen gemacht. Eine weitere süße Versuchung ist das Tiramisu, das in den 1970er-Jahren von Alfredo Beltrame, dem Besitzer des Restaurants El Toulá in Treviso, erfunden wurde.

Bei einem Besuch dieser Stadt sollten Sie unbedingt den Fragolino kosten, einen Wein aus Trauben mit unverkennbarem Erdbeeraroma. Aus Bassano del Grappa (Provinz Vicenza) kommt, wie der Name schon besagt, vorzüglicher Grappa, während in den Gemeinden Valdobbiadene und Conegliano (Provinz Treviso) aus der Prosecco-Traube ein Tropfen entsteht, der längst weit über die Landesgrenzen hinaus zum Kultgetränk geworden ist.

Das größte Fest in Venedig ist – neben der Biennale – der Karneval, der die Stadt im Februar oder März für ein paar Tage ausgelassen feiern lässt. Verona organisiert im April eine renommierte Weinmesse, und das ganze Jahr über finden überall in Venetien Trauben- und Weinfeste statt. Zahlreich sind die *sagre* (Volksfeste), die allerorten in der Region deren Spezialitäten – etwa die Pfirsiche, Erdbeeren, Kirschen, Maronen, Gnocchi, Risottos, Gerichte mit Fisch oder Schnecken oder auch Ente – in den Blickpunkt rücken.

Pesce in saor Süßsauer eingelegte Sardinen

Für 6 Personen

800 g frische Sardinen, geschuppt und gesäubert
Weizenmehl
Olivenöl zum Braten
500 g Zwiebeln, in Scheiben geschnitten
50 g Pinienkerne
50 g Sultaninen
50 g extrafeiner Zucker
50 ml Weißweinessig
Pfeffer

Die Fische werden erst gebraten und dann eingelegt, was ursprünglich der Konservierung eines reichen Fangs diente. Nicht nur Sardinen oder Seezungen bereiten die Venezianer nach diesem Rezept zu, sondern ebenso Süßwasserfische wie Forelle. Sie sollten auf jeden Fall einen Tag lang marinieren, damit sich die Aromen voll entwickeln.

Die vorbereiteten Fische in Mehl wenden. Reichlich Öl in einer Pfanne erhitzen und die Fische von beiden Seiten knusprig und goldbraun braten. Auf Küchenpapier gut abtropfen lassen und nebeneinander in eine flache Form legen.

Die Zwiebeln in derselben Pfanne bei sanfter Hitze weich dünsten, dabei nach Bedarf noch etwas Öl hinzufügen. Die Pinienkerne, die Sultaninen und den Zucker gründlich untermischen. Zuletzt den Essig dazugießen und etwas verdampfen lassen.

Die Fische mit der süßsauren Mischung übergießen, abkühlen lassen und dann für mindestens 24 Stunden kalt stellen. Vor dem Servieren schwarzen Pfeffer darüber mahlen.

Für 6 Personen

- 1 Stockfisch (ungesalzen luftgetrockneter Kabeljau) von etwa 1 kg
- 1 1/2 TL Muskatnuss, frisch gerieben
- Salz und Pfeffer
- 300 ml natives Olivenöl extra
- 1 EL glatte Petersilie, sehr fein gehackt

Für die Polenta:

- 300 g Instant-Polenta
- 1,5 l Wasser
- 1 Prise Salz
- 50 g Butter
- 50 g Parmesan, frisch gerieben

Baccalà mantecato — Stockfischpüree nach Art von Vicenza

Dem Gericht aus Vicenza begegnet man überall in Venetien. Hier wird Stoccafisso – also der ungesalzen luftgetrocknete Stockfisch – verwirrenderweise Baccalà genannt, unter dem man überall sonst in Italien den gesalzenen und luftgetrockneten Klippfisch versteht. Zu diesem Stockfischpüree gibt es Polenta. Erstaunlich ist, dass trotz der Fülle an frischen Fischen haltbar gemachter Kabeljau aus Norwegen in vielen Regionen Italiens als Delikatesse gilt.

Den Stockfisch kräftig mit einem Fleischklopfer bearbeiten, um die Fasern mürbe zu machen. Mit kaltem Wasser bedecken und 48 Stunden einweichen.

Abgießen und in einem Topf mit frischem Wasser bedecken. Zum Kochen bringen, 10 Minuten garen und wieder abgießen. Die Haut abziehen und beiseite legen, die Flossen und alle Gräten entfernen. Den Fisch mit einer Gabel in lange, faserige Stücke zerteilen. Zusammen mit der Haut in einen Dämpfeinsatz füllen und 1 1/2 Stunden dämpfen.

Die gelatineartige Haut über einer Schüssel durch ein Sieb streichen. Den Fisch zerpflücken, in die Schüssel geben und das Ganze mit der Muskatnuss sowie Salz und Pfeffer würzen. Energisch mit einem Holzlöffel schlagen und dabei gelegentlich in feinem Strahl – ähnlich wie bei der Mayonnaiseherstellung – Olivenöl dazugießen. Während Sie weiter schlagen und rühren, wird die Masse allmählich luftiger und heller.

Parallel dazu die Polenta mit dem Wasser und dem Salz in einem Topf erhitzen und dabei ständig rühren. Sobald die Polenta eingedickt und gar ist (beachten Sie auch die Angaben auf der Packung), die Butter und den Parmesan unterziehen.

Nachdem das gesamte Öl in das Stockfischpüree eingerührt ist, dieses im Topf unter Rühren einige Minuten durchwärmen und zuletzt die Petersilie untermischen. Mit der Polenta servieren.

Weitere regionale Spezialitäten

Anatra col pien lessa Ausgelöste und gefüllte Ente wird 2 Stunden im Ganzen gekocht. Die Brühe und Innereien verwendet man für Bigoli co' l'anara (siehe unten). Beide Gerichte sind mit dem Fest der Madonna del Rosario verbunden

Baccalà alla vicentina Gekochter und pürierter Stockfisch, mit Olivenöl, Knoblauch und Milch vermischt und gebacken

Bigoli co' l'anara Dicke Spaghetti, in Entenbrühe gekocht und mit einer Sauce aus Entenlebern (siehe Anatra col pien lessa, oben) serviert

Bigoli in salsa Dicke Spaghetti mit Zwiebel-Sardellen-Sauce; Spezialität aus Venedig

Carpaccio Hauchfeine Scheiben von rohem Rinderfilet, beträufelt mit etwas Mayonnaise, die mit Zitronensaft und Tabasco abgeschmeckt wurde

Faraona con la peverada Gebratenes Perlhuhn in kräftig gepfefferter Sauce

Moleche alla muranese Softshell Crabs in reichlich Öl gebraten

Nervetti Kalbs- oder Schweinshachsenknorpel werden gekocht, in Scheiben geschnitten und angemacht; ein beliebter Snack

Polenta e osei Federwild, mit fettem Speck (Lardo) auf Spieße gesteckt und langsam gegrillt; mit Polenta serviert

Pridole sulla grena Gegrillte Lammkoteletts

Risi e bisi Risotto mit jungen Erbsen, durchwachsenem Speck und Zwiebeln

Tiramisù Bekannte Süßspeise aus in Espresso getränkten Löffelbiskuits und Mascarponecreme, bestaubt mit herbem Kakaopulver

Pasta e fagioli — Nudel-Bohnen-Suppe

Für 6 Personen

- 300 g frische Borlotti-Bohnen oder 200 g getrocknete Bohnen, über Nacht in kaltem Wasser eingeweicht und abgetropft
- 6 EL Olivenöl
- 1 Zwiebel, fein gehackt
- 1 l Hühner- oder Gemüsebrühe (siehe Seite 250/251)
- 2 Basilikumblätter
- 1 Rosmarinzweig
- 1 frischer roter Peperoncino, gehackt (nach Belieben)
- 1 EL Tomatenmark
- Salz und Pfeffer
- 150 g Tubetti (kleine Röhrennudeln)
- 4 EL natives Olivenöl extra zum Servieren

Alle Regionalküchen des Landes kennen diesen Klassiker der bäuerlichen Küche. Aber in Venetien, im Trentino und in Südtirol hat er eine Art Kultstatus und wird selbst in Nobelrestaurants angeboten. Das Gericht ist ein Prüfstein für jeden Koch: Gerade weil es so simpel ist, muss es perfekt geraten.

Die Bohnen in einem hitzebeständigen Tontopf oder einem normalen großen Topf mit kaltem Wasser bedecken. Zum Kochen bringen und anschließend frische Bohnen in 1 Stunde – beziehungsweise getrocknete Bohnen in $1^{1}/_{2}$–2 Stunden – weich köcheln lassen. Kein Salz verwenden, da sie sonst hart bleiben. Die Bohnen abseihen. Die Hälfte im Mixer oder mit einem Passiergerät pürieren und wieder mit den ganzen Bohnen vermischen.

Das Olivenöl in einem Topf erhitzen und die Zwiebel weich schwitzen. Die Brühe mit dem Basilikum, dem Rosmarin, dem Peperoncino (sofern verwendet), dem Tomatenmark und den Bohnen zufügen. Salzen und pfeffern und zum Kochen bringen. Die Pasta untermischen und in 7–8 Minuten al dente garen.

Die Suppe 30 Minuten ruhen lassen, sodass die Aromen schön verschmelzen. Vor dem Servieren nach Belieben nochmals erhitzen – allerdings werden in Italien Suppen oft nur warm und im Sommer sogar kalt aufgetragen. Über jede Portion zuletzt noch etwas erstklassiges Olivenöl träufeln.

Risotto primavera — Risotto mit Frühlingsgemüse

Für 4 Personen

- 1 Zwiebel, fein gehackt
- 4 junge Möhren, sehr fein gewürfelt
- 2 Stangen Bleichsellerie, sehr fein gewürfelt
- 50 g zarte Erbsen, enthülst
- 100 g grüne Bohnen, in Stücke geschnitten
- 2 Artischockenherzen, sehr fein gewürfelt
- 12 Spargelspitzen
- 50 g Hopfensprossen (nach Belieben)
- 2 l Hühner- oder Gemüsebrühe (siehe Seite 250/251)
- 100 g Butter
- 400 g Risottoreis
- Salz und Pfeffer
- 60 g Parmesan, frisch gerieben

Ich hatte die ursprüngliche Heimat des Risotto immer in der Lombardei vermutet, aber tatsächlich liegt sie in Venetien. Dort werden Risottos in Hunderten Varianten zubereitet. Ganz oben auf der Beliebtheitsskala steht Risotto mit Radicchio oder auch mit Tintenfischchen (Sepia). Hier kommt zartes Frühlingsgemüse zum Zuge, darunter Bruscandoli (Hopfensprossen), die an Spargel erinnern.

Die Brühe in einem Topf erhitzen und warm halten – sie sollte leicht simmern.

In einem großen Topf 50 g Butter zerlassen und die Zwiebel weich schwitzen. Die Möhren und den Sellerie 5 Minuten mitdünsten. Dann die Erbsen, Bohnen und Artischocken kurz untermischen. Den Reis einstreuen und rühren, bis die Körner gleichmäßig mit Butter überzogen sind.

Jetzt schöpfkellenweise die heiße Brühe dazugeben – mit der nächsten Zugabe stets warten, bis der Reis die Flüssigkeit im Topf fast völlig aufgenommen hat. Nach 10 Minuten die Spargelspitzen und Hopfensprossen (sofern verwendet) untermischen. Danach weiter Brühe zufügen und rühren, bis der Reis nach etwa 20 Minuten al dente ist. Jetzt sind auch die übrigen Zutaten gar.

Den Risotto vom Herd nehmen. Salzen und pfeffern und die restliche Butter sowie den Parmesan kräftig unterrühren. Heiß servieren.

VENETIEN 69

Regionale Erzeugnisse

FLEISCHPRODUKTE Venetien hat mehrere gute Wurstspezialitäten zu bieten. Die Soppressa, eine dicke Salami aus grob zerkleinertem Schweinefleisch (Schulter, Nacken und Oberschale) und bis zu 35 Prozent Fett, stammt ursprünglich aus dem Valpolicella-Tal nördlich von Verona, wird aber heute in der gesamten Region hergestellt. Aus dem Polesine, einem Gebiet im Süden der Region, kommt die Bondiola. Sie enthält grob zerkleinertes Schweine- und Rindfleisch, aromatisiert mit Rotwein, und wird in Ochsendarm, Schweinsblase oder Truthahnkropf gefüllt. Sehr verbreitet sind in Venetien Cotechino und Luganega, die traditionsgemäß mit Linsen serviert werden, wobei Cotechino auch ein fester Bestandteil des Bollito misto (siehe Seite 12) ist.

WEIN Fast 20 Prozent des italienischen Weins entsteht in Venetien (siehe rechte Seite). Die Rebflächen nehmen einen beträchtlichen Teil der Region ein: Ein breiter Streifen erstreckt sich in Richtung des nordwestlich gelegenen Gardasees, und ein weiteres Anbaugebiet dehnt sich zu beiden Seiten des Flusses Piave nördlich und östlich von Venedig aus.

GRAPPA Hierfür werden hauptsächlich in Venetien und in Piemont die bei der Weißweinbereitung nach dem Keltern verbleibenden Rückstände der Trauben destilliert. Grappa ist also ein Tresterschnaps. Hochwertige Erzeugnisse spiegeln die Merkmale der jeweiligen Ursprungstraube, und durch den Zusatz von Kräutern, Radicchiowurzeln oder Honig ergeben sich weitere Geschmacksvarianten. Am wirkungsvollsten entfaltet er seine belebenden Eigenschaften wohl in einer Tasse Espresso – also als Caffè corretto.

Weine aus Venetien

Amarone della Valpolicella Die gleichen Trauben, die auch dem Valpolicella zugrunde liegen, werden zunächst getrocknet und dann ganz langsam vergoren. Heraus kommt ein alkoholstarker und süßer Wein mit zugleich trockenherber Note (amaro bedeutet »bitter«). Ältere Jahrgänge erscheinen unter dem Namen Recioto della Valpolicella Amarone im Handel. Recioto della Valpolicella Amabile ist eine süße Variante.

Bardolino DOC Neben den für den Valpolicella vorgeschriebenen Rebsorten enthält dieser Wein vom Ostufer des Gardasees oft zusätzlich etwas Negara. Er ist ein hellrubinroter, leichter Tropfen, der jung getrunken werden sollte. Als Rosé-Version gibt es den Bardolino Chiaretto.

Bianco di Custoza DOC Im Südosten des Gardasees entsteht gewissermaßen »Tür an Tür« mit dem Bardolino dieser Weißwein, der von vielen höher als der Soave eingestuft wird. Er enthält die gleichen Trauben wie dieser (Garganega und Trebbiano) und zusätzlich oft noch Tokai, Malvasia oder Riesling.

Gambellara DOC Dieser Weißwein wird im Nachbargebiet des Soave aus denselben Traubensorten gekeltert. Die Appellation bringt auch einen Gambellara Recioto und einen Vin Santo hervor.

Prosecco di Conegliano/Valdobbiadene DOC Die Trauben für dieses äußerst beliebte »Sprudelgetränk« reifen in den Hügeln des Conegliano-Valdobbiadene-Gebiets zwischen den Gemeinden Treviso und Belluno. Die Prosecco-Rebe liefert hier aber nicht nur den Stoff für Spumante und Frizzante, sondern ebenso für einen stillen Wein. Alle drei Stile kommen in süßen oder auch trockenen Versionen in den Handel. Mit seinem sanften Perlenspiel ist der Prosecco die Seele des Bellini, jenes legendären Cocktails mit frischem Pfirsichsaft, aber er eignet sich ebenso für den Tintoretto (mit Granatapfelsaft), den Rossini (mit zerdrückten Erdbeeren) oder den Mimosa (mit Orangensaft).

Soave DOC Das Ursprungsgebiet dieses sehr populären Weißweins ist überraschend klein. Bereitet aus Garganega und Trebbiano, erweist er sich im besten Fall als frischer, lebendiger Tropfen. Die Trauben wachsen wie für den nebenan erzeugten Valpolicella zumeist in der Ebene, die qualitativ überlegenen Classico-Versionen reifen in den Hanglagen.

Recioto di Soave DOC Die Trauben für den Soave lässt man entweder direkt am Stock oder unter kontrollierten Bedingungen trocknen, um den natürlichen Zuckergehalt der Früchte zu konzentrieren. Das Ergebnis ist ein vollmundiger, honigsüßer Weißwein.

Valpolicella DOC Ein leiser Mandelhauch begleitet den rubinroten Tropfen, der jung getrunken wird und gut mit dunklem Fleisch harmoniert. Der traditionsreiche Wein wird in 19 Gemeinden in der Provinz Verona aus Corvina veronese, Rondinella und Molinara gekeltert.

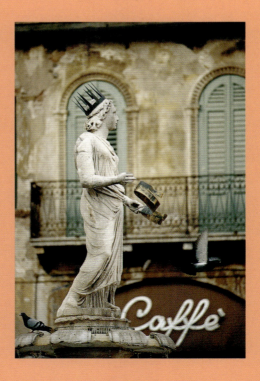

Für 6 Personen

- 1 Huhn aus Freilandhaltung (etwa 1,5 kg)
- 100 g Luganega (frische Schweinswurst)
- 50 g Schweineschmalz, in kleine Stücke geschnitten
- 2 EL Olivenöl
- 1 Zwiebel, fein gehackt
- 2 Stangen Bleichsellerie, gewürfelt
- 2 Möhren, gewürfelt
- 1 Knoblauchzehe, in Scheiben geschnitten
- 1 kleiner Rosmarinzweig
- Frisch abgeriebene Schale und Saft von 1 Zitrone
- Etwa 20 große grüne Oliven
- 50 ml trockener Weißwein
- Etwa 100 ml Hühnerbrühe (siehe Seite 250)
- Salz und Pfeffer
- 2 EL Grappa

Pollo alla buranea — Huhn nach Art von Burano

Während die Männer von Burano auf Fischfang sind, fertigen ihre Frauen die berühmten *merletti* (Klöppelarbeiten), die sie an Touristen verkaufen. Angeblich sind die Häuser auf der kleinen Insel in der Lagune von Venedig so auffällig bunt gestrichen, damit die Männer nach einer Zechtour mit ihren Freunden wieder sicher nach Hause finden – im Rausch würden sie die Farbe zweifellos besser erkennen als die Hausnummer. Bei einem Besuch von Burano sollten Sie auf jeden Fall in der Trattoria dei Pescatori einkehren, wo noch eine echte *mamma* am Herd steht.

Das Huhn in 12 Stücke zerlegen. Die Wurst enthäuten und in Stücke pflücken. Das Schmalz mit dem Olivenöl in einer Kasserolle zerlassen. Die Hühnerteile und Wurststücke, das Gemüse, den Knoblauch, den Rosmarin und die Zitronenschale dazugeben und unter ständigem Rühren einige Minuten braten, bis das Fleisch etwas Farbe angenommen hat.

Die Oliven, den Wein, die Brühe sowie etwas Salz und Pfeffer zufügen. Einen Deckel auflegen und das Gericht bei sanfter Hitze 1 Stunde schmoren, bis das Hühnerfleisch gar ist – dabei nach Bedarf weitere Brühe oder mehr Wasser hinzugießen.

Kurz vor dem Servieren den Zitronensaft und Grappa einrühren. Dazu passen gekochte Kartoffeln oder auch Spätzle (siehe Seite 48).

Fegato alla veneziana — Kalbsleber mit Zwiebeln

Für 4 Personen

- 6 EL Olivenöl
- 350 g weiße Zwiebeln, in dünne Scheiben geschnitten
- 600 g Kalbsleber, küchenfertig vorbereitet und in dünne Scheiben geschnitten
- Weizenmehl zum Bestauben
- 50 g Butter
- 2 EL Weißweinessig
- Salz und Pfeffer

Der Klassiker aus Venedig, der rund um den Globus auf den Speisekarten italienischer Restaurants auftaucht, darf natürlich auch hier nicht fehlen.

Das Olivenöl in einem Topf erhitzen und die Zwiebeln bei sehr niedriger Temperatur in etwa 20 Minuten weich dünsten, wobei sie jedoch keine Farbe annehmen sollen.

Die Leberscheiben mit Mehl bestauben. In einer großen Pfanne die Butter zerlassen und die Leber von beiden Seiten nur etwa 1 Minute braten, bis sie den gewünschten Gargrad erreicht hat. Auf die Zwiebeln legen und warm stellen.

Den Bratensatz mit dem Essig lösen. Die Mischung über das Fleisch und die Zwiebeln träufeln, durchmischen und zuletzt nach Geschmack salzen und pfeffern. Mit Kartoffelpüree oder gekochten Kartoffeln und Spinat servieren.

Lingua in salsa — Kalbszunge mit Sardellensauce

Für 4–6 Personen

- 1 Kalbszunge (etwa 700–800 g)
- Salz und Pfeffer
- 2 Lorbeerblätter
- 1 Hand voll Petersilienstängel
- 4 Salbeiblätter
- Weizenmehl zum Bestauben
- 3 EL Olivenöl
- 30 g Butter

Für die Sauce:
- 6 Sardellenfilets in Öl
- 2 EL Kapern in Salz, abgespült und gehackt
- 100 ml trockener Weißwein

So wie man in spanischen Lokalen Tapas bekommt, bieten die kleinen Bars in Venedig *cicheti* an, zu denen häufig diese beliebte Zubereitung gehört.

Die Zunge in einem Topf mit Wasser bedecken, leicht salzen und die Kräuter zufügen. Zum Kochen bringen und 30–40 Minuten köchelnd garen. Aus dem Wasser nehmen, etwas abkühlen lassen und enthäuten. In 1 cm dicke Scheiben schneiden und mit Mehl bestauben.

In einer Pfanne das Olivenöl mit der Butter erhitzen und die Zungenscheiben portionsweise von beiden Seiten goldbraun braten. Auf Küchenpapier abtropfen lassen und auf einer Servierplatte arrangieren.

Für die Sauce die Sardellenfilets, die Kapern und den Wein zum Fond in die Pfanne geben. Bei niedriger Temperatur rühren, bis die Sauce richtig durchgewärmt ist und sich die Aromen schön vermischt haben. Mit Salz und Pfeffer abschmecken und über das Fleisch gießen. Nach Belieben heiß oder kalt servieren.

Liguria

Eingezwängt zwischen dem Apennin und dem Tyrrhenischen Meer, erstreckt sich die Region wie eine schmale Mondsichel von Ventimiglia an der Grenze zu Frankreich bis nach La Spezia, wo bald die Toskana beginnt. Zweifellos hat Ligurien landschaftlich viel zu bieten, für Landwirtschaft indes ist hier nicht viel Platz. Die Ligurer haben jedoch gelernt, aus ihrem Grund und Boden das Maximum herauszuholen.

Oft wird den Ligurern eine gewisse Knauserigkeit vorgeworfen. Meiner Ansicht nach war es jedoch die Gestalt der Landschaft, die diesen Wesenszug in ihnen gefördert hat: Sie mussten mit den begrenzten Ressourcen immer schon sparsam umgehen. Der wohl berühmteste Ligurer war Christoph Kolumbus, der aus Genua stammte. Die heutige Hauptstadt der Region war, wie auch Pisa, Amalfi und Venedig, im 14. Jahrhundert eine einflussreiche Seehandelsmacht, und die Ligurer segelten über alle Weltmeere. Wer zu Hause blieb, legte ebenfalls nicht die Hände in den Schoß.

Um auf dem steilen Terrain etwas anbauen zu können, wurden mühselig Terrassen angelegt – teils auch auf Felsvorsprüngen, die beinahe wie Balkone über dem Meer zu schweben scheinen. Das schönste Beispiel dieser Terrassenkultur findet sich in der Hügellandschaft der Cinque Terre, gleich nördlich von La Spezia. Ursprünglich waren die fünf malerischen kleinen Orte nur mit dem Schiff zu erreichen, inzwischen gibt es aber auch eine Straße. Die Bauern, die hier Wein und Oliven anbauen, müssen auf maschinelle Hilfen verzichten, denn Traktoren lassen sich in dem unwegsamen Gelände nicht einsetzen.

Der Sommer ist die beste Zeit, um Ligurien zu besuchen – insbesondere den farbenfrohen Küstenabschnitt im Westen, der wegen des hier intensiv betriebenen Blumenanbaus als Riviera dei Fiori bekannt ist. Hier liegen einige der legendärsten Ferienorte Italiens wie beispielsweise San Remo. Es lohnt sich, die Gegend auf kleineren Straßen zu erkunden. So hat man mehr Muße, um die schönen Ausblicke zu genießen, und kann charmante Orte mit Trattorien entdecken, in denen man garantiert kein Touristenmenü serviert bekommt, sondern lokale Speisen und Weine. Falls Sie in Genua sind, schauen Sie im Restaurant Zeffirino vorbei, wo mein Freund Gianpaolo Belloni Ihnen Gutes auftischen wird.

Kulinarische Traditionen und Spezialitäten

Ligurien war nicht völlig gefeit gegen Einflüsse von außen. Diese aber kamen, da der Apennin einst einen fast unüberwindlichen Schutzwall bildete, vornehmlich aus dem Süden. Aus anderen Regionen übernommen wurden der Pecorino aus Sardinien und die Pinienkerne aus Pisa – zwei wesentliche Ingredienzen des Pesto alla genovese. Sarazenische Einflüsse zeigen sich unter anderem in den Namen bestimmter Zubereitungen: So nennt man die hauchfeinen Pastablätter in Anlehnung an die arabische Bezeichnung für »Seidentaschentuch« Manilli de sea. Auch das nahe Frankreich hat die kulinarischen Traditionen mitgeprägt. Das Pesto alla genovese ähnelt sehr dem provenzalischen Pistou – die Diskussionen darüber, welches denn nun das Original sei, wollen nicht verstummen. Die ligurische Minestrone con pesto findet jenseits der Landesgrenze die Antwort in der Soupe au pistou. Unverkennbare Parallelen bestehen auch zwischen der Focaccia und der Fougasse (pizzaartige Hefeteigfladen) sowie zwischen Panissa und Socca, beides dünne Fladen aus Kichererbsenmehl. Eine Focaccia, belegt mit Sardellen und Zwiebeln, heißt in Ligurien Pissaladeira, Pissalandrea oder Pissadella und wird in identischer Form in der Provence als Pissaladière angeboten.

In den ligurischen Wäldern finden sich Wildpilze in Hülle und Fülle. Zwischen den Olivenbäumen und Rebstöcken, die die Hügel besetzen, wie auch auf dem schmalen Küstenstreifen gedeihen Kräuter und Blattgemüse, die in der ligurischen Küche fantasievoll verwendet werden: Borretsch, Mangold, Spinat, Löwenzahn und weitere Arten mehr, die man hier kurz und bündig als *erbette* zusammenfasst. Solch wildes »Grünzeug« bildet, gemischt mit Parmesan, die Füllung der Pansôti al preboggion, einer lokalen Variante der Ravioli. Nicht zu vergessen natürlich das in Ligurien besonders aromatische und für das berühmte Pesto unverzichtbare Basilikum.

Polpette di borraggine Borretschküchlein

Ergibt 12 Stück

- 300 g Kalbsbries, gesäubert
- Salz und Pfeffer
- 400 g Borretschblätter
- Olivenöl zum Braten
- 4 Eier
- 50 g junger Pecorino, frisch gerieben
- 100 g frische Semmelbrösel
- Muskatnuss, frisch gerieben
- Weizenmehl
- Zitronenspalten zum Servieren

Wie einfallsreich die ligurische Küche die einheimischen Wildkräuter nutzt, beweist dieses schlichte und zugleich raffinierte Rezept: Borretsch und Kalbsbries ergänzen sich in ihren unterschiedlichen Geschmacksrichtungen und Texturen wundervoll. Anstelle von Borretsch können Sie Cavolo nero (Schwarzkohl) verwenden – die Blätter werden einfach 10–12 Minuten gekocht.

Das Kalbsbries 10 Minuten in kochendem Salzwasser garen, sodass es schön weiß wird. Gleichzeitig den Borretsch in einem zweiten Topf in kochendem Salzwasser in 8–10 Minuten garen. Abseihen, gut abtropfen lassen, kräftig ausdrücken und hacken.

Das Bries gut abtropfen lassen und in kleine Stücke schneiden. Salzen und pfeffern und in etwas Olivenöl einige Minuten unter häufigem Rühren braten.

In einer Schüssel 3 Eier verquirlen und Borretsch, Bries und Käse untermischen. Das Ganze mit den Semmelbröseln binden und mit Muskatnuss, Salz und Pfeffer würzen. 12 Bällchen formen und zu runden oder ovalen Küchlein flach drücken. Das vierte Ei in einer Schüssel verquirlen.

Eine Pfanne gut 1 cm hoch mit Olivenöl füllen und erhitzen. Die Küchlein erst in Mehl und dann im verquirlten Ei wenden, sodass sie gleichmäßig überzogen sind. Im heißen Öl goldbraun und knusprig braten. Auf Küchenpapier abtropfen lassen und mit Zitronenspalten servieren.

Jede der vier Provinzen Liguriens – Imperia, Savona, Genua und La Spezia – offenbart kulinarische Eigenheiten. Selbst ein Klassiker wie das Pesto erfährt außerhalb seiner Heimat Genua Veränderungen. In La Spezia mildert man seine herbe Note durch Zugabe von Prescinsoeua, einer Art Sauermilch. Am häufigsten wird die Basilikumpaste mit Pasta serviert – schließlich kontrollierte Genua einst den Getreidehandel im Mittelmeerraum, was die verlockende Auswahl an Pasta in Ligurien erklärt. Typisch sind Agnolotti (Ravioli), die münzenförmigen Corzetti, Trofie (einzeln gerollte, schraubenförmige Nudeln), Piccagge (1 cm breite Bandnudeln) und Manilli de sea (Pastablätter).

Wohl aus Zeiten, in denen viele Ligurer zur See fuhren, rührt die ausgeprägte Vorliebe für Baccalà und Stoccafisso, getrockneten Kabeljau. Aber natürlich gibt es auch viel frischen Fisch, etwa in Form eines traditionellen Cacciucco (Fischtopf). Miesmuscheln aus Aquakulturen werden mit delikaten Füllungen serviert – köstlich schmecken sie im Restaurant San Giovanni, das meine Freundin Pinuccia in Casarza Ligure betreibt. Viele andere Muschelarten kamen früher aus der Bucht von La Spezia frisch auf den ligurischen Tisch, darunter die exquisiten Datteri di mare (Meerdatteln). Allerdings wurden die Bestände rücksichtslos ausgebeutet und brauchen daher jetzt eine Schonzeit.

Für den Rebenanbau ist das unwegsame Gelände nicht ideal. Zu den wenigen ligurischen Tropfen, die man außerhalb der Region kennt, gehören der Vermentino und der Pigato DOC (beide weiß) sowie der Rossese di Dolceacqua und der Dolcetto. Aus den Cinque Terre kommen neben Weißen gleichen Namens mit DOC-Prädikat und dem Sciacchetrà, einem honigduftigen Passito, etliche weniger renommierte Weine, die zu den lokalen Spezialitäten vorzüglich munden.

Der Sommer ist in Ligurien Festspielzeit. Im Mai kommt in Camogli bei der *sagra del pesce* eine mehrere Meter große Pfanne zum Einsatz, in der tonnenweise Fisch gebraten wird. Im selben Monat gibt es in Deiva Marina bei La Spezia eine *sagra dell'acciuga,* ein Artischockenfest, in Recco bei Genua die *sagra della focaccia* und in Mioglia (Provinz Savona) eine *sagra,* bei der Salami und Dicke Bohnen im Mittelpunkt stehen. Erdbeeren bilden das Hauptthema eines Volksfestes, das im Juni in Morialdo stattfindet. Im Juli veranstalten Arnasco bei Savona eine *sagra dell'olio* und Cantone, ein Ort bei Genua, die *polentata di Sant'Anna,* ein Polentafest.

Manilli de sea — Feine Teigblätter mit Pesto

Für 4 Personen

- 350 g ganz frische Teigblätter, nur 1 mm dick und 15–20 cm lang (siehe Seite 251)
- Salz
- Etwas Olivenöl (nach Belieben)

Für das Pesto:
- 80 g Basilikumblätter
- 2 Knoblauchzehen
- 30 g Pinienkerne
- 60 g Parmesan, frisch gerieben
- 10 g grobes Meersalz
- 100 ml Olivenöl

Lange waren Stracci (»Fetzen«) meine bevorzugte Pastasorte für die klassische ligurische Basilikumsauce. Sie entstehen, indem man Teigblätter unregelmäßig zerschneidet. Dann lernte ich die Mandilli de sea kennen. Wie ihr Name – »Seidentaschentücher« – andeutet, sind sie hauchdünn, und sie sollten ganz frisch gemacht sein. Man stellt die Nudelmaschine auf den kleinsten Walzenabstand ein und schneidet die Streifen in 15–20 cm lange Stücke.

Das Basilikum, den Knoblauch und die Pinienkerne mit dem Parmesan und Salz im Mörser zu einer glatten Paste verarbeiten. Langsam das Olivenöl einrühren.

Die Teigblätter eines nach dem anderen in einen großen Topf mit kochendem Salzwasser gleiten lassen – einige Tropfen Öl verhindern, dass sie miteinander verkleben. Die Pasta al dente garen. Dies dauert, da die Blätter so frisch und dünn sind, nur 2–3 Minuten. Mit einer Schaumkelle aus dem Wasser fischen und gut abtropfen lassen.

Auf vorgewärmte Teller verteilen und jeweils mit einem Viertel des Pestos behutsam vermischen. Sofort servieren.

Insalata di gianchetti — Salat von winzigen Fischen

Für 6 Personen

300 g Gianchetti (sehr kleine, junge Fische)
Salz und Pfeffer
Saft von ½ Zitrone
3 EL Olivenöl
1 EL Schnittlauch, fein gehackt
Zitronenspalten zum Servieren

Obwohl es eigentlich wie eine Sünde erscheint, den gerade erst geschlüpften Nachwuchs von Sardinen, Sardellen und anderen »Winzlingen« zu verspeisen, gehören diese Fischchen in vielen Küstenregionen Italiens nun einmal zu den traditionellen Spezialitäten. In der hier beschriebenen Zubereitung ergeben sie eine delikate Vorspeise oder auch eine leckere Zutat für eine Frittata (siehe Seite 83).

Die Fischchen waschen und abtropfen lassen. In einen Topf mit leicht gesalzenem kochendem Wasser geben. Nach höchstens 1 Minute abseihen und gut abtropfen lassen.

Noch warm mit dem Zitronensaft und Olivenöl vermischen. Salzen und pfeffern und den Schnittlauch untermischen. Mit Zitronenspalten und geröstetem Brot servieren.

Weitere regionale Spezialitäten

Antipasti di mare Vorspeise aus gemischten Fischen und Meeresfrüchten

Boghe in scabecio Marinierter und anschließend gebratener Fisch

Cappon magro Gekochtes Gemüse auf Brot und serviert mit Sardellensauce

Coniglio in umido Geschmortes Kaninchen mit schwarzen Oliven, Pinienkernen und Rosmarin

Fricassea d'agnello e carciofi Lammfrikassee mit Artischocken, dessen Sauce zuletzt mit einem mit Zitronensaft verquirlten Eigelb gebunden wird; griechischen Ursprungs

Frisceu Kleine Fischkrapfen

Minestrone alla genovese Minestrone mit frischem Pesto

Pansôti al preboggion Teigtaschen, gefüllt mit Wildkräutern und Parmesan, meist mit Walnusssauce serviert

Picagge tagliatelle Breite Bandnudeln mit Fleisch- oder Steinpilzsauce

Ravioli di Genova/San Remo Angerichtet mit Fleisch oder Fleischsauce Bologneser Art

Riso e preboggion Gekochte Wildkräuter, gemischt mit gekochtem Reis, Olivenöl und Pesto

Stocco alla genovese Stockfischeintopf mit Taggiasca-Oliven

Torta pasqualina Herzhafte Ostertorte, gefüllt mit Blattgemüse wie Borretsch oder Artischocken

Trenette/trofie al pesto Pasta mit frischem Pesto – bei einem Besuch Liguriens ein Muss

---

Für 4 Personen

600 g frische Steinpilze oder andere Wildpilze, geputzt
8 EL Olivenöl
2 Knoblauchzehen, fein gehackt
Salz und Pfeffer
2 EL Oregano, gehackt
1 Spritzer Zitronensaft

Funghi al funghetto Gebratene Pilze

In den waldigen Hügeln im ligurischen Hinterland findet man Wildpilze in faszinierender Vielfalt. Regelmäßig machen sich die Einheimischen auf die Suche nach diesen Schätzen, um sie dann nach dem hier vorgestellten Rezept zu verarbeiten, das im lokalen Dialekt Funzi al funzetto heißt. Ganz ähnlichen Zubereitungen begegnet man überall in Italien, wo Steinpilze wachsen. Die Toskaner würzen sie mit *nepitella*, einer Art wilder Minze, während die Piemontesen Petersilie verwenden und die ligurische Küche Oregano favorisiert. Die gebratenen Pilze sind eine wunderbare Vorspeise oder ein Imbiss zu Brot oder auf Crostini, schmecken aber ebenso als Beilage zu einem Hauptgericht aus Fisch oder Fleisch.

Die Pilze in Scheiben schneiden. In einer Pfanne mit hohem Rand das Olivenöl erhitzen und die Pilze mit dem Knoblauch bei hoher Temperatur braten, bis sie weich werden; dabei mit etwas Salz und Pfeffer würzen.

Den Oregano und etwas Zitronensaft untermischen und die Pilze sofort servieren.

Frittata di carciofi e funghi

Artischocken-Pilz-Omelett

Für 4–6 Personen

- 20 g getrocknete Steinpilze
- 1 frisches Brötchen
- Etwas Milch
- 50 ml Olivenöl
- 8 frische kleine Artischockenherzen, in dünne Scheiben geschnitten
- 300 g Champignons, in dünne Scheiben geschnitten
- 2 Knoblauchzehen, sehr fein gehackt
- Salz und Pfeffer
- 10 Eier
- 1 EL Majoran, fein gehackt
- 1 EL Oregano, fein gehackt
- 60 g Parmesan, frisch gerieben

Von A wie Artischocken bis Z wie Zucchini wächst in Ligurien trotz der begrenzten Anbauflächen alles, was man sich als Genießer wünschen kann. Zudem ist die Region ein wahres Dorado für Sammler von Wildpilzen. Aus einfachen Zutaten entsteht hier eines jener ungekünstelten Gerichte, wie ich sie besonders mag. Dazu noch ein frischer Salat, und schon ist eine kleine, feine Mahlzeit komplett.

Die Steinpilze 20 Minuten in heißem Wasser einweichen, danach abseihen und hacken. Das Brötchen in der Milch einweichen, ausdrücken und fein zerpflücken.

Die Hälfte des Olivenöls in einer großen, beschichteten Pfanne erhitzen. Die Artischocken und die Champignons mit dem Knoblauch weich dünsten; zuletzt salzen und pfeffern.

Die Eier in einer Schüssel verquirlen. Die Kräuter, Brotbrösel und den Parmesan gründlich untermischen, gefolgt von den Steinpilzen und der Artischocken-Champignon-Mischung.

Das restliche Olivenöl in der Pfanne erhitzen. Die Eimischung dazugießen und bei niedriger Temperatur langsam garen, bis sie nach etwa 8–9 Minuten unten und am Rand gestockt ist. Einen Teller oder einen großen, flachen Deckel über die Pfanne legen, diese mit einem Schwung umdrehen und das Omelett zurück in die Pfanne gleiten lassen. Von der zweiten Seite wie zuvor in etwa 7–8 Minuten fertig garen. Auf einem Brett anrichten und wie eine Torte aufschneiden.

Regionale Erzeugnisse

Die bedeutendsten Erzeugnisse Liguriens sind Olivenöl sowie Kräuter und Gemüse – insbesondere die weißen Bohnen aus Pigna und Conio bei Imperia, aber ebenso vorzügliche Artischocken. Auch die Früchte und Samen, etwa Pfirsiche, Maronen und Walnüsse, sind von hervorragender Qualität. Zudem hat Ligurien Pilze und Trüffeln, exzellente Produkte aus Schweinefleisch und eine Hand voll Käsesorten zu bieten.

OLIVENÖL Viele halten das ligurische *olio extra vergine di oliva* für das beste des Mittelmeerraums. Sein gegenüber dem nativen Olivenöl extra aus der Toskana feinerer, weniger fruchtiger Geschmack rührt vielleicht daher, dass die Olivenbäume in Ligurien auf Terrassen in luftigen Höhen wachsen. Für die Zubereitung von Mayonnaise, die kein kräftiges Aroma verträgt, eignet sich das Olivenöl Liguriens ebenso wie zur geschmacklichen Abrundung von Gerichten mit Fisch und Meeresfrüchten. Nicht zuletzt bildet es die Grundzutat des echten Pesto alla genovese. Es wird aus den kleinen Taggiasca-Oliven gepresst, die überall in Ligurien reifen.

BASILIKUM In Italien findet man zwei Basilikumformen – eine mit großen, die andere mit kleinen Blättern. Letztere besitzt ein delikates, zugleich aber fast minzeartiges Aroma. Sie ist typisch für Ligurien und wird in großem Stil in Prà für die Produktion des Pestos angebaut.

KÄSE Hier hat Ligurien im Vergleich zu anderen Regionen Italiens weniger zu bieten. Allerdings kann das Polcevera-Tal eine ansehnliche Produktion vorweisen, und bei Rezzoaglio, oberhalb von Chiavari, entsteht der schmackhafte Santo Stefano d'Aveto. Wie in Piemont werden kleine Ziegen- und auch andere Käse manchmal unter Zugabe von Peperoncino in Essig und Öl eingelegt, und ebenfalls wie in der Alpenregion wird in Ligurien Tomino erzeugt. Auch ein Teil des in Ligurien – unter anderem als Zutat im Pesto – verbrauchten Pecorinos stammt aus der Region selbst, das Gros wird jedoch nach wie vor aus Sardinien importiert.

FLADEN UND KUCHEN Die Focaccia, ein mit gutem Olivenöl hergestelltes und beträufeltes Fladenbrot, ist inzwischen weit über die Grenzen Italiens hinaus bekannt. Sie kann beispielsweise mit grobem Salz und Rosmarin bestreut oder auch, quasi als ligurische Variante der Pizza, mit Sardellen und Zwiebeln belegt werden (siehe Seite 76). Eine Spezialität aus der kleinen Küstenstadt Camogli und mein absoluter Favorit ist die Focaccia al formaggio, bestehend aus zwei hauchdünnen Teiglagen mit geschmolzenem Creszenza (siehe Seite 35) dazwischen. In Ligurien wie auch in Piemont ist die Farinata zu Hause, ein dünner Fladen aus Kichererbsenmehl, gutem Olivenöl, Wasser und Salz. Von der Konsistenz und den aromatischen Zutaten fast mit einem Christstollen zu vergleichen ist das Pandolce, das man zu Weihnachten backt (siehe rechts).

Pandolce genovese — Genueser Hefekuchen

Für 6 Personen

- 125 g Butter, zerlassen, dazu mehr für die Form
- 50 g Frischhefe
- 500 g kräftiges italienisches Weizenmehl (Tipo '00')
- 2 EL Milch
- 150 g extrafeiner Zucker
- 1 Prise Salz
- 25 g Orangeat
- 25 g Zitronat
- 50 g Sultaninen
- 50 g Rosinen
- 150 g Pinienkerne
- 25 g Fenchelsamen
- 2 EL Marsala
- 200 ml Orangenblütenwasser

Im Grunde ähnelt das Pandolce dem Mailänder Weihnachtskuchen namens Panettone. Allerdings trocknet dieser schnell aus, während die ligurische Version reichhaltiger ist und sich länger aufbewahren lässt. Meist wird Pandolce mit Moscato spumante serviert, einem süßen Schaumwein aus Piemont, manchmal auch mit einem der ligurischen Dessertweine wie dem Moscadello aus Ventimiglia oder einem Passito (Wein aus rosinierten Trauben).

Eine runde, hohe Kuchenform von 20 cm Durchmesser mit Butter ausstreichen. Die Hefe in eine Tasse bröckeln und mit 50 g Mehl und der Milch verrühren – sie soll sich komplett auflösen. Bei Raumtemperatur etwa 30–40 Minuten stehen lassen, bis sie leicht schäumt.

Das restliche Mehl auf ein Backbrett häufen und in die Mitte eine Mulde drücken. Die zerlassene Butter, den Zucker, das Salz, das Orangeat und Zitronat, die Sultaninen, die Rosinen, die Pinienkerne und die Fenchelsamen sowie zum Schluss die Hefemischung hineingeben. Die Zutaten in der Mulde gut vermengen, zuletzt den Marsala und das Orangenblütenwasser untermischen.

Nach und nach gründlich das Mehl einarbeiten und den Teig anschließend kneten, bis er glatt und geschmeidig ist – das dauert etwa eine $1/2$ Stunde! Bei Bedarf fügen Sie noch etwas Wasser hinzu. Den Teig zu einer Kugel formen und in die vorbereitete Form geben. Locker mit einem Küchentuch abdecken und an einem warmen Ort in etwa 2 Stunden aufgehen lassen, bis er sich verdoppelt hat.

Rechtzeitig den Backofen auf 180 °C vorheizen. Den Teig mit einem sehr scharfen Messer oben kreuzförmig tief einschneiden und die Form in den Ofen schieben. Nach 40 Minuten die Temperatur auf 150 °C herunterschalten und den Kuchen weitere 20 Minuten backen. In der Form auskühlen lassen und vor dem Servieren in Scheiben schneiden.

Emilia-Romagna

Der Apennin, die Poebene und die Adria bilden die natürlichen Grenzen der Region, die für ihre herzhafte und gehaltvolle Küche bekannt ist. Zwei ihrer kulinarischen Glanzstücke sind der Prosciutto und der Parmigiano, auch der Balsamico aus Modena ist längst in aller Munde, und die Emilianer behaupten, die besten Nudeln Italiens herzustellen. Weitere namhafte Produkte wie etwa Mortadella, Zampone, Coppa und Pancetta, aber auch berühmte Gerichte kommen aus Bologna und anderen Städten der Region.

Ich habe diese Region oft besucht und kenne sie inzwischen gut, trotzdem gibt es für mich immer wieder Neues zu entdecken. Letztes Jahr fuhr ich mit Alastair, dem Fotografen, von Ligurien über den Apennin in die Emilia-Romagna, als ich plötzlich ein Schild erblickte, das den Beginn der berühmten *strada dei funghi* ankündigte. Mein Herz hüpfte vor Freude, denn die Gegend um Borgotaro ist für Pilzsammler ein wahres Paradies. Die Fahrt führte uns weiter nach Soragna und Busseto, woher einige Stars der italienischen Opernwelt stammen, darunter Giuseppe Verdi und Luciano Pavarotti.

Während wir uns der Stadt Parma näherten, wechselten sich beidseits der Straße weite Felder mit Pflanzungen von Maulbeerbäumen ab, Zeugen einer einst hier florierenden Seidenindustrie. Wir sahen malerische größere und kleinere Gehöfte mit gepflegten Gemüsegärten, die, so schätze ich, häufig von den Großeltern bestellt werden. Diese leben in Italien oft noch bei ihren Familien und sind diejenigen, die Zeit für diese Arbeiten haben. Einen solchen Großvater lernten wir persönlich kennen (sein Foto ist links zu sehen), und er zeigte uns voller Stolz seinen Keller mit den köstlichsten Vorräten – Salamis, Schinken, Culatello und Coppa, Parmesan, Wein und hausgemachte Konserven.

Früher war die Emilia-Romagna zweigeteilt. Die im Norden an die Poebene heranreichende Emilia war immer die reichere der beiden Regionen, während die Romagna zwar eine lange Küste, aber ansonsten weitgehend hügeliges Gelände aufweist. Die Menschen hier sind – oder waren zumindest – weniger wohlhabend, sind dafür temperamentvoller. Diese Unterschiede spiegeln sich auch in der Küche: In der Emilia ist sie fein und üppig, und es wird viel Gebrauch von Butter gemacht, in der Romagna wird bäuerlich-herzhaft und mit Olivenöl gekocht. Heute ist die Emilia-Romagna mit vielfältigen Erzeugnissen am Markt präsent und belebt damit nicht nur den kulinarischen Sektor, sondern auch die Wirtschaft.

Kulinarische Traditionen und Spezialitäten

Parmigiano und Prosciutto di Parma (siehe Seite 97) gehören zu den Erzeugnissen, die Italienliebhabern mit Sinn für gutes Essen wohl mit als Erstes in den Sinn kommen, und beide bilden eine Art Symbiose: Die Schweine, die die vorzüglichen Parmaschinken liefern, werden häufig mit Eicheln und regelmäßig mit der Molke gefüttert, die bei der Parmesanherstellung abfällt. Überall in der Provinz Parma sieht man riesige Hallen, die auch »Kathedralen« genannt werden. Dort hängen und reifen mitunter bis zu 50 000 der prächtigen Schinkenkeulen gleichzeitig. Ebenso reifen hier unzählige Käselaibe, die alle zwei Tage umgedreht werden müssen, um einseitige Salzansammlungen zu vermeiden. In Langhirano gibt es spezielle Schinkenlagerhäuser, deren große Fenster sich automatisch morgens öffnen und abends schließen – so ist für ein optimales Reifungsklima gesorgt.

Noch für andere Delikatessen aus Schweinefleisch ist die Emilia-Romagna bekannt (siehe Seite 95). Hierzu zählen etwa die aus Bologna stammende Mortadella, der Zampone aus Modena, der gern mit Sauerkraut oder Linsen und dazu mit Salsa verde und einer Mostarda aus der Gegend serviert wird, oder auch Salamis, Coppa und Pancetta aus Piacenza.

Zampone di capodanno
Silvesteressen mit Schweinsfüßen

Für 6 Personen

- 2 Zamponi (gefüllte Schweinsfüße) von jeweils etwa 800 g (frisch oder vorgekocht)
- 200 g getrocknete Cannellini-Bohnen, über Nacht eingeweicht
- 8 EL Olivenöl
- 1 Möhre, gewürfelt
- 1 Stange Bleichsellerie, gewürfelt
- 2 Knoblauchzehen, in Scheiben geschnitten
- 1 Tomate, gewürfelt
- 250 g Castelluccio-Linsen, ersatzweise herkömmliche braune Linsen
- 2 EL Tomatenmark
- 500 ml Hühnerbrühe oder Gemüsebrühe (siehe Seite 250/251)
- Salz und Pfeffer
- Blättchen von 1 kleinen, zarten Rosmarinzweig
- 600 g Spinat, gewaschen
- 75 g Butter

An Silvester wird dieses Gericht überall in Italien in regionalen Variationen aufgetischt. Man kann es gut vorbereiten und muss es für den großen Moment nur aufwärmen.

Frische Zamponi 3 Stunden in kochendem Wasser zugedeckt garen; für vorgekochte Zamponi müssen Sie nur 20 Minuten einkalkulieren.

Die Bohnen abseihen und in reichlich Wasser (ohne Zugabe von Salz) in $1^{1}/_{2}$ Stunden gar kochen.

In einem Topf 6 Esslöffel Öl erhitzen und die Möhre, den Sellerie, den Knoblauch und die Tomate bei niedriger Temperatur weich dünsten. Die Linsen, das Tomatenmark und die Brühe zufügen. Das Ganze erhitzen, bis es simmert, und etwa 20 Minuten köcheln lassen, bis die Linsen gar sind und kaum noch Flüssigkeit im Topf ist. Mit Salz und Pfeffer abschmecken und warm stellen.

Die fertig gegarten Bohnen abseihen und die restlichen 2 Esslöffel Olivenöl, die Rosmarinblättchen sowie Salz und Pfeffer nach Geschmack untermischen. Warm stellen. Die fertig gegarten Schweinsfüße abgießen und enthäuten. Den Spinat kurz in ganz wenig Salzwasser garen, bis er eben zusammenfällt. Abseihen, gut abtropfen lassen und mit der Butter verfeinern.

Die Schweinsfüße in 12 dicke Scheiben schneiden. Auf vorgewärmte Teller jeweils eine Portion Linsen häufen; daneben einen großen Löffel Bohnen, etwas Spinat und zwei Scheiben Zampone anrichten.

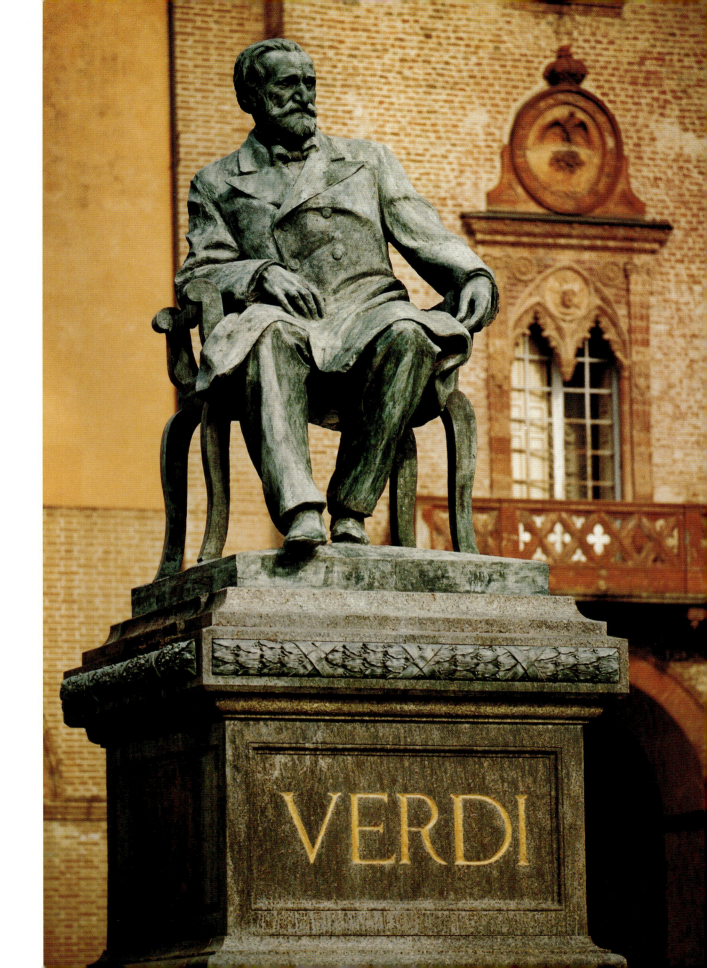

Bologna, die Hauptstadt der Emilia-Romagna, ist bekannt für ihre Eierteigwaren, seien dies gefüllte Tortellini, Cappelletti, Anolini und Ravioli oder auch Tagliatelle, Lasagne und Cannelloni. Gerichte, die den Zusatz *alla bolognese* tragen, kommen stets von hier, allen voran das *ragù* di carne alla bolognese. Eine Pastaspezialität aus Ferrara ist die Pastete namens Pasticcio alla ferrarese. Tortelli di zucca (Ravioli mit Kürbisfüllung) bringt man zwar zunächst mit der Lombardei in Verbindung, aber auch die Version aus Reggio Emilia, deren Füllung mit zerkrümelten Amaretti und einer pikanten Mostarda angereichert ist, schmeckt exquisit. Bei der Mostarda handelt es sich um ein fruchtiges Relish, das auch andere typische Gerichte der Region begleitet. Von Fall zu Fall wird es etwa aus Birnen, Pfirsichen, Pflaumen oder auch Äpfeln (Abbildung links) sowie gutem Traubenmost hergestellt. In Forlì und Cesana werden handgemachte Tagliatelle mit einer Wild-, Wildschwein- oder Kalbfleischsauce serviert. Eine weitere Spezialität dieser Gegend sind die Passatelli, die mich an Spätzle erinnern: Ein mit Parmesan angereicherter Teig wird direkt über einem Topf mit heißer Brühe durch eine spezielle gelochte Platte oder auch eine Rohkostreibe gedrückt. Die Provinz steuert zwei entscheidende Requisiten zur Pastaküche bei: erstens den fast immer unverzichtbaren Parmesan und zweitens Tomatenkonserven, die hier in großem Stil produziert werden und die Grundlage vieler Saucen bilden.

In den vielen Gewässern der Emilia-Romagna tummeln sich Fische wie Forellen, Schleien, Karpfen und Aale. Südlich der Pomündung liegt in einer von Flüssen, Seen und Salzwiesen beherrschten Landschaft die Stadt Comacchio auf einer kleinen Gruppe von Inseln, die durch Brücken verbunden sind. Hier bietet die lokale Küche Zubereitungen mit Süßwasserfischen, Aal und Fröschen. Dagegen werden die Speisekarten Riminis dominiert von Gerichten mit Meeresfrüchten wie dem Brodetto di pesce (Fischeintopf). Dieser wird zwar überall an Italiens Küsten aufgetischt, ist hier aber besonders schmackhaft. In Häfen wie Cattolica ist gegrillter Fisch, gehüllt in eine Piadina, ein populärer Imbiss.

Reggio Emilia hat herrliche Braten aus Kalb-, Rind- und Schweinefleisch zu bieten (das überaus zarte Kalbfleisch stammt von einer einheimischen Rinderrasse namens Bianca Romagnola). Überall in der Region erfreuen sich darüber hinaus Truthahn, Huhn und Kaninchen und speziell in der Romagna Lammfleisch großer Beliebtheit. In Ferrara erinnern Zubereitungen wie Prosciutto d'oca (geräucherte Gans) oder auch Polpettone di tacchino, ein gekochter Truthahnrollbraten, an die große jüdische Gemeinde, die einst hier lebte. Schließlich wird auch Wild gern gegessen, das in den Bergen und Hügeln reichlich vorkommt, genau wie Pilze, Wildspargel, Maronen und Beeren. Fast jede Ortschaft in den Colli Bolognese und Modenesi lockt Feinschmecker außer mit Wildpilzen auch mit kostbaren weißen Trüffeln; um Forlì und Cesena wachsen dagegen hauptsächlich ihre schwarzen Pendants. In Borgotaro (Provinz Parma) hat sich das Sammeln, Einlegen und Trocknen der begehrten Leckerbissen zu einem florierenden Wirtschaftszweig entwickelt. Als »Stadt der Schnecken« hat sich dagegen Bobbio in der Provinz Piacenza einen Namen gemacht, wo als lokale Spezialität Bracettone – eine Mischung aus Schnecken und weißer Trüffel mit Kartoffelpüree als Beilage – aufgetischt wird.

Für 4 Personen

- 1 kg gründlich gesäuberte (aber nicht gebleichte) Kutteln (Blätter- und/oder Netzmagen, auf Italienisch Millefoglie und/oder Reticulo)
- 2 l Hühnerbrühe (siehe Seite 250)
- 50 g Schweineschmalz
- 50 g Butter
- 1 Möhre, sehr fein gewürfelt
- 1 Zwiebel, sehr fein gehackt
- 6 Lorbeerblätter
- 6 Salbeiblätter
- 1 EL Tomatenmark
- 1 EL glatte Petersilie, sehr fein gehackt
- Salz und Pfeffer
- 60 g Parmesan, frisch gerieben

Trippa alla parmigiana Kutteln mit Parmesan

Überall in Italien werden Kutteln auf immer wieder andere Art zubereitet, wobei mir diese Version, eine von vielen, die in Italien kursieren, ganz besonders gefällt. Zum ersten Mal probierte ich das Gericht in der Trattoria La Buca in Zibello, und ich war ganz begeistert von seiner so einfachen und dabei überaus köstlichen Art. Ich widme dieses Rezept all jenen, die meine Vorliebe für Trippa teilen.

Die Kutteln in feine Streifen schneiden. Die Brühe in einem großen Topf zum Kochen bringen und die Kutteln 2 Stunden köchelnd garen, bis sie weich sind. Abseihen und dabei etwa 150 ml der Brühe auffangen.

Das Schmalz mit der Butter in einem Topf zerlassen. Die Möhre und die Zwiebel mit den Lorbeer- und Salbeiblättern darin zügig weich dünsten. Die Brühe mit dem Tomatenmark zufügen, zum Kochen bringen und die Kutteln hineingeben. Zugedeckt noch 15 Minuten bei niedriger Temperatur garen.

Die Petersilie untermischen. Das Gericht mit Salz und Pfeffer abschmecken, mit dem Parmesan bestreuen und servieren.

Die verschiedensten Arten von Obst und Gemüse werden in der Ebene angebaut, darunter Zwiebeln, Möhren, Blattgemüse, Bohnen und Tomaten. Was Reggio Emilia seine Borrettana ist, eine kleine und flache, sehr aromatische Zwiebel, ist Castelguelfo bei Bologna seine Cipolla di medicina, die schon seit dem Mittelalter ihrer geschmacklichen und bekömmlichen Eigenschaften wegen geschätzt wird. Die Provinz Modena ist bekannt für ihre vorzüglichen Kirschen (speziell die aus Vignola), Melonen, Wassermelonen, Wildpilze – und exquisiten Schnecken.

Überall in der Region findet man knusprige Weizenbrötchen in der Form eines doppelten Hörnchens. Daher werden sie hier Coppiette genannt. Besonders typisch für die Romagna ist die Piadina, ein ungesäuerter Fladen ähnlich dem jüdischen Pane azzimo. Gefüllt mit Frischkäse oder auch mit Wurst oder Schinken aus der Gegend wird er häufig an Straßenständen angeboten. In Bologna gibt es ein dickeres focacciaartiges Brot, gewürzt mit Schmalz oder gepökeltem fettem Speck. Eine typische Variante namens La torta con i ciccioli können Sie in der Osteria del Morasole in San Giovanni di Persiceto kosten.

Von Modena aus startete der Aceto Balsamico (siehe Seite 97) seinen kulinarischen Siegeszug um die Welt, und ich werde niemals meinen Besuch in der *acetiera* von Signora Giacobazzi in Nanantola vergessen. Täglich sah sie nach ihren Fässern und tätschelte sie jedes Mal liebevoll, um sicherzustellen, dass ihr Aceto Balsamico in Ruhe reifte.

Nicht minder köstlich ist der Walnusslikör aus Modena. Zwar wird er auch andernorts in Italien hergestellt, doch sollen die Nüsse aus dieser Gegend, die um den Johannistag, also um den 23. Juni herum, geerntet werden, besonders gut sein. Viele Modenesen setzen den Likör noch selbst zu Hause an, und es existiert sogar ein Verein der Nocino-Hersteller, der jedes Jahr das beste Erzeugnis prämiert. Ich war selbst einmal als Preisrichter dabei.

Nähert man sich den Hügeln, erblickt man Reben an Reben. Sie liefern die Trauben für den Lambrusco. Noch eine Reihe anderer bemerkenswerter Tropfen entsteht in der Region (siehe Seite 97), insbesondere nahe der Grenze zu Piemont und der Lombardei.

Wein ist auch oft das Thema der *sagre,* die im Verlauf des Jahres zahlreich in der Emilia-Romagna stattfinden. Eine Ausnahme bildet das Bruschetta-Fest, zu dem Predappio Alta (Provinz Forlì) am zweiten Maisonntag lädt. Am ersten Sonntag im Juli lockt Medolla bei Modena mit einer Ausstellung von Weinen, insbesondere von Lambrusco, und im September steht in Sasso Morelli (Provinz Bologna) ein Kelterwettbewerb auf dem Programm. Im November kostet man beim »Bacchanal« in Imola nahe Bologna Weine und Spezialitäten.

Weitere regionale Spezialitäten

Brodetto di pesce Ein Eintopf, bereitet aus mindestens vier Fischarten und Tomaten

Cannelloni Gefüllte Pastarollen, mit Tomaten, Béchamelsauce und Parmesan gebacken

Erbazzone Frittata mit Blattgemüse

Fritto misto Ausgebackene Häppchen

Funghi sott'olio In Öl eingelegte Pilze

La torta con i ciccioli Focacciaähnliches Brot mit Grieben

Lasagne Überbackener Auflauf

Mistigriglia Gemischtes Grillfleisch

Passatelli Parmesanklößchen in Brühe

Piadina Ungesäuertes Brot, gefüllt mit Prosciutto, Käse oder Salat; beliebter Snack

Schiacciata Fladenbrot ähnlich der Focaccia

Stracotto alla parmigiana Ausgiebig geschmorter Schweinebraten

Tigella Geröstetes ungesäuertes Brot mit gewürzter Schinkenpaste

Tortelli alle erbette Ravioli mit Kräutern

Tortelli di zucca Ravioli mit Kürbisfüllung, zerstoßenen Amaretti und Mostarda

Tortellini al ragù Pasta mit Fleischsauce

Zuppa inglese Süßspeise mit Biskuit und Creme

Schweinefleischprodukte aus der Emilia-Romagna

Coppa Für die Spezialität aus Piacenza wird Schweinskamm gepökelt, in Form gebunden und mindestens 6 Monate luftgetrocknet. Die großen Speckstücke täuschen: Der Fettanteil liegt nur bei etwa 40 Prozent.

Cotechino In der Emilia-Romagna findet man besonders köstliche Exemplare dieser landesweit hergestellten Schweinskochwurst. Gewöhnlich wird sie mit Linsen oder Sauerkraut serviert.

Culatello Aus dem Kern der Schweinskeule wird ein rundes bis birnenförmiges Stück herausgeschnitten, gepökelt und, mit Naturdarm umhüllt, 18 Monate luftgereift. Dabei verliert »das kleine Hinterteil« (ital. *culo* = Hintern) bis zu 40 Prozent Gewicht und gewinnt ein tiefes Aroma. Wie beim Parmaschinken wird der Reifezustand mit einem angespitzten Schienbeinknochen vom Pferd geprüft: Der Duft, der beim Herausziehen daran haftet, gibt dem Experten Auskunft über die Qualität.

Felino Traditionsgemäß werden in dieser unregelmäßig geformten und drei Monate gereiften Salami die Reststücke verwertet, die bei der Herstellung von Parmaschinken abfallen.

Mortadella Mit einem Gewicht von 5 bis 15 kg ist sie die größte aller italienischen Würste. Hochwertige Erzeugnisse basieren heute auf fein gehacktem Schweinefleisch, das mit Gewürzen wie Koriandersamen und Pfefferkörnern sowie mit Pistazien gekocht wird. Der Geschmack kommt am besten zur Geltung, wenn Mortadella hauchfein geschnitten ist.

Pancetta In einer Region, in der die Schweinezucht eine große Rolle spielt, darf der gepökelte Bauchspeck nicht fehlen. Es gibt ihn auch geräuchert sowie gewürzt und aufgerollt – in dem Fall wird er wie eine Salami aufgeschnitten.

Prosciutto di Parma Weltweit hat er eine große Fangemeinde. Der aus der Keule geschnittene Schinken wird einen Monat lang

täglich mit Salz eingerieben und dann bis zu 16 Monate an einem luftigen Ort aufgehängt. Während der Reifung verringert sich sein Gewicht um 30 Prozent und mehr. Strenge Vorschriften garantieren gleich bleibend hohe Qualität: Die Schweine bekommen ein bestimmtes Futter (angereichert mit der Molke, die bei der Herstellung von Parmesan abfällt), und das Produktionsgebiet des Parmaschinkens beschränkt sich auf die Emilia-Romagna.

Salama da sugo Diese Wurst ist eine uralte Spezialität aus der Provinz Ferrara. Zunge und Leber vom Schwein werden gehackt, mit einer Gewürzmischung angereichert und in Schweinsblase gefüllt. Anschließend muss die Salama oder Salamina, wie sie ebenfalls kurz und bündig genannt wird, bis zu 6 Monate trocknen. Sie verlangt eine längere Garzeit und wird traditionsgemäß mit Kartoffelpüree serviert. In einer Tomatensauce mitgekocht, verleiht sie dieser eine deftige Note; nach dem Pastagang wird als Hauptgericht die Wurst selbst aufgetischt.

Zampone Aus Modena kommt diese Spezialität, für die Schweinsfüße gekocht, ausgelöst und mit einer Mischung aus Schweinefleisch, -schwarte und -backe gefüllt werden.

Bomba di riso con tartufo — Reisbombe mit Trüffel

Für 6–8 Personen und mehr

20 g getrocknete Steinpilze
2 große Tauben, küchenfertig vorbereitet
Weizenmehl zum Bestauben
50 g Butter
50 ml Olivenöl
1 Zwiebel, fein gehackt
2 EL Petersilie, fein gehackt
Einige Salbeiblätter
1 kleiner Rosmarinzweig
Salz und Pfeffer
Muskatnuss, frisch gerieben
Einige Wacholderbeeren
Etwa 100 ml Hühner- oder Fleischbrühe (siehe Seite 250)
2 EL Saba (siehe Seite 100)
1 TL Trüffelöl

Für die Reismischung:
800 g Risottoreis
100 g Butter
150 g Parmesan, frisch gerieben
2–3 EL Milch
6 Eier, verquirlt
1/2 TL Muskatnuss, gerieben

Außerdem:
100 g Butter
Semmelbrösel zum Bestreuen
50 g Parmesan, frisch gerieben
20 g frische Trüffeln, in feine Scheiben geschnitten

Die Spezialität aus Piacenza gehört zu den wenigen Reisgerichten der Emilia, in der eigentlich Pasta im kulinarischen Mittelpunkt steht. Sie ist ideal für festliche Anlässe: opulent und zeitaufwendig zwar, aber überaus köstlich. Eine von mehreren ähnlichen Zubereitungen ist der neapolitanische Sartù.

Die Steinpilze 20 Minuten in heißem Wasser einweichen. Abseihen – dabei das Einweichwasser auffangen – und fein hacken.

Die Tauben mit Mehl bestauben. Die Butter mit dem Olivenöl in einem großen Topf zerlassen und die Tauben von beiden Seiten braun anbraten. Die Zwiebel mit den Kräutern dazugeben und weich schwitzen. Etwas Salz, Pfeffer und Muskatnuss, die Wacholderbeeren und die Steinpilze zufügen. Die Brühe angießen. Den Topf verschließen und die Tauben etwa 20 Minuten sanft schmoren, bis ihr Fleisch zart ist, dabei nach Bedarf etwas von dem Pilzwasser hinzugießen. Vom Herd nehmen und abkühlen lassen, zuletzt den Salbei und Rosmarin entfernen.

Die Tauben auslösen. Das Fleisch zurück in den Topf geben und durchwärmen. Den Saba und einige Tropfen Trüffelöl dazugeben und das Ganze etwa 10 Minuten köcheln lassen, bis die Sauce deutlich eingedickt ist und die Aromen schön verschmolzen sind.

Den Reis in reichlich Wasser aufsetzen. Inzwischen den Backofen auf 200 °C vorheizen. Den fertig gegarten Reis abseihen, gut abtropfen lassen und, solange er noch warm ist, die Butter und den Parmesan unterziehen. Die Milch, die verquirlten Eier und die Muskatnuss gründlich einrühren.

Eine 25 cm große ofenfeste Puddingform mit 20 g Butter einfetten und gleichmäßig mit Semmelbröseln ausstreuen. Zwei Drittel vom Reis hineingeben. Auf dem Boden und am Rand verteilen, sodass in der Mitte eine tiefe Mulde bleibt, und andrücken. Die Sauce mit dem Taubenfleisch einfüllen, die Trüffelscheiben dazugeben und die Füllung mit dem restlichen Reis bedecken. Mit Semmelbröseln bestreuen und zuletzt die restliche Butter in Flöckchen und den Parmesan darüber verteilen. Die Reisbombe 20 Minuten backen.

Vor dem Servieren noch 10 Minuten ruhen lassen. Mit einem Messer am Rand der Form entlangfahren, die Reisbombe auf eine große Platte stürzen und die Form abnehmen. Für meinen Geschmack bildet ein grüner Salat, angemacht mit Balsamico, die optimale Beilage. *Buon appetito!*

Regionale Erzeugnisse

Nicht nur mit dem Prosciutto di Parma und dem Parmigiano reggiano hat sich die Region einen Namen gemacht, sondern auch mit anderen Produkten aus Schweinefleisch (siehe Seite 95) sowie dem Aceto Balsamico und dem Walnusslikör.

PARMIGIANO REGGIANO   Der »echte Parmesan« ist wohl der bekannteste Käse der Welt. Während sein härtester Konkurrent, der Grana padano, ebenso in Piemont, der Lombardei, Venetien, dem Trentino und Teilen der Romagna hergestellt werden darf, ist das Produktionsgebiet des Parmigiano reggiano auf die Emilia begrenzt. Seinen Namen erhielt er, weil er einst ausschließlich in Reggio Emilia nahe Parma entstand. Er reift normalerweise bis zu zwei Jahre, wobei es auch bis zu fünf Jahre gelagerten Parmesan gibt. Sein Gefüge ist so hart, dass er nicht geschnitten, sondern mit einem kurzen Spezialmesser in Stücke gebrochen wird. Meist wird er gerieben über Pasta- und andere Gerichte gestreut, doch eignet er sich auch als Tafelkäse.

ANDERE KÄSESPEZIALITÄTEN   Hierzu gehören Grana padano, Robiola piccante, der aus Schafmilch bereitete Pecorino dell'Appennino Reggiano und Provolone valpadana DOP, ein halbharter Käse aus Kuhmilch, der in einer milden und einer kräftigen Version angeboten wird.

ACETO BALSAMICO   Modena ist die Heimat des »Königs unter den Essigen«, der inzwischen infolge der rasant gestiegenen Nachfrage industriell produziert wird – ohne den entscheidenden Namenszusatz »tradizionale«. In noch etwa 30, 40 Familien wird er bis heute auf traditionelle Weise hergestellt. Dabei kommen Fässer aus hochwertigen Hölzern (Kirsche, Maulbeer- und Apfelbaum, Eiche und Walnuss) zum Einsatz, die innerhalb der Familien von Generation zu Generation weitergegeben werden. Sie werden mit Saba aus Trebbiano-Trauben gefüllt, der dann auf dem Dachboden, wo er der Sommerhitze im Wechsel mit der winterlichen Kälte ausgesetzt ist, langsam reift. Während sich der Most unter Einwirkung der in den Fässern vorhandenen Essigmutter langsam in Essig verwandelt und dann zunehmend konzentriert, nimmt sein Volumen, da das Holz »atmet« und Flüssigkeit verdunstet, allmählich ab. Daher wählt man beim jährlichen Umfüllen immer kleinere Fassgrößen. Dieses so genannte Solera-Verfahren liegt auch der Sherryherstellung zugrunde. Das Ergebnis ist schließlich ein tiefgoldbraun schimmernder Aceto Balsamico Tradizionale di Modena von sirupartiger Konsistenz. Die besten Balsamessige dürfen 20 Jahre und länger reifen.

WEINE UND NOCINO   Wer kennt ihn nicht, den leicht perlenden Lambrusco, der mit DOC-Siegel, aber auch als *vino da tavola* in den Handel kommt! Er entsteht in der Umgebung von Reggio Emilia und Modena, also in der Emilia. Der andere Teil der Region ist auf dem Markt mit Etiketten vertreten, die den Zusatz »di Romagna« tragen – Albana, Sangiovese und Trebbiano di Romagna.

Modena ist berühmt für seinen Nocino, einen Likör aus unreifen (grünen) Walnüssen. Man lässt sie in einer Mischung aus Weingeist, Zucker und destilliertem Wasser bis zu 40 Tage ziehen. Der fertige Likör ist dunkelbraun und hat einen Alkoholgehalt von 30 bis 40 Volumenprozent.

Für 4 Personen

8 dünne Scheiben Culatello
8 Scheiben Parmaschinken
60 g kalte Butter, zu Löckchen geformt
Für die Pickles:
Gemischtes Gemüse wie Perlzwiebeln, Streifen von roter Paprikaschote, Blumenkohlröschen und Babykarotten
300 ml Weißweinessig
1 EL Zucker
Für die Hefeplätzchen:
250 g Weizenmehl
15 g Frischhefe, zerbröckelt
30 ml Milch
1 EL Olivenöl
Etwa 3 EL lauwarmes Wasser
Schmalz zum Braten

Antipasto di culatello e prosciutto
Aufschnittplatte mit Pickles und gebratenen Hefeplätzchen

Culatello, der luftgetrocknete Kern der Schweinskeule, ist die Spezialität aus Busseto, San Giocondo und Zibello schlechthin. Sie wird gern mit *giardiniera* (Pickles) zu einer Vorspeise kombiniert – ein Standardgericht jeder guten Trattoria in der Emilia-Romagna. Wichtig ist, dass der Culatello hauchfein aufgeschnitten wird, und dies erst kurz vor dem Servieren.

Das Gemüse mit dem Essig und dem Zucker in einen Topf füllen. Mit Wasser bedecken und etwa 20 Minuten garen. In der Flüssigkeit erkalten lassen.

Das Mehl in eine Schüssel füllen. Die Hefe dazugeben, gefolgt von der Milch und dem Olivenöl, und alles vermengen. Dabei so viel Wasser hinzufügen, dass sich ein ziemlich weicher Teig ergibt. An einem warmen Ort etwa 1 Stunde gehen lassen.

Den Teig mit einem Nudelholz 2 mm dick ausrollen und in 5 cm große Quadrate schneiden.

Die Culatello- und Schinkenscheiben mit den Pickles und Butterlöckchen auf einer großen Servierplatte arrangieren.

Reichlich Schmalz in einer großen Pfanne erhitzen und die Teigstücke etwa 3 Minuten braten, bis sie locker aufgehen. Die Hefeplätzchen auf Küchenpapier abtropfen lassen und heiß zum kalten Fleisch servieren.

Für 4 Personen

4–5 EL Sauce von einem Schweine- oder Rinderbraten oder Fond aus dem Glas
200 g getrocknete Semmelbrösel
50 g Parmesan, frisch gerieben, dazu mehr zum Bestreuen
2 Eigelb
Salz und Pfeffer
Muskatnuss, frisch gerieben
200 g Nudelteig mit Ei (siehe Seite 251)
1 l sehr gute Fleischbrühe oder eine Mischung aus Fleisch- und Hühnerbrühe (siehe Seite 250)

Anolini in brodo Kleine Teighütchen in Brühe

In der Emilia weiß jede Hausfrau, wie man Pasta gewissermaßen um den kleinen Finger wickelt und so Anolini herstellt. Für diesen regionalen Klassiker besteht die Füllung einfach aus frisch geriebenem Parmesan und Semmelbröseln, getränkt mit köstlicher Bratensauce. In guten Delikatessengeschäften können Sie Anolini fertig kaufen. Doch Achtung: Manchmal werden die kleinen Teighütchen auch Tortellini genannt.

Die Semmelbrösel in einer Schüssel mit so viel Bratensauce oder Fond vermengen, dass sie gut durchfeuchtet sind. Den Parmesan und die Eigelbe sowie Salz, Pfeffer und Muskatnuss nach Geschmack zufügen und alles vermischen.

Für die Tortellini den Teig sehr dünn ausrollen und kleine Kreise ausstechen. Auf jedes Teigstück seitlich 1 Teelöffel der Füllung setzen. Die freie Teighälfte darüber klappen und die Teigränder sorgfältig zusammendrücken. Die Halbmonde einzeln um die Spitze des Zeigefingers biegen und die Teigenden zusammendrücken. Falls Ihnen dafür die Geduld fehlt, stellen Sie lieber kleine runde Ravioli her.

Die Brühe in einem großen Topf zum Kochen bringen und die Anolini in etwa 3–4 Minuten al dente garen. Die Suppe in vorgewärmte Schalen verteilen und vor dem Servieren mit Parmesan bestreuen.

Tagliatelle al ragù di coniglio
Tagliatelle mit Kaninchensauce

Für 4 Personen

600 g hausgemachte Tagliatelle mit Ei (siehe Seite 251)

Für die Sauce:

20 g getrocknete Steinpilze
1 große Zwiebel, in dünne Scheiben geschnitten
60 g Speck vom Parmaschinken, fein gewürfelt
40 g Butter
500 g ausgelöstes Kaninchenfleisch, fein gehackt
200 ml trockener Weißwein
3 EL Tomatenmark
Salz und Pfeffer

Außerdem:

60 g Parmesan, frisch gerieben

Tagliatelle werden gern mit einem *ragù bolognese* serviert, das in der Emilia-Romagna häufig mit Kaninchenfleisch zubereitet wird. Das nachfolgende Rezept stammt von einer Familie in Parma. Besonders schmackhaft gerät die Sauce mit Wildkaninchen.

Die Steinpilze 20 Minuten in heißem Wasser einweichen. Abseihen – dabei das Einweichwasser auffangen – und hacken.

Die Zwiebelscheiben mit dem Speck und der Butter in einem Topf etwas Farbe annehmen lassen. Das Kaninchenfleisch zufügen und 6–8 Minuten unter ständigem Rühren braten. Den Wein dazugießen und, sobald der Alkohol verdampft ist, das in etwas Wasser verrührte Tomatenmark untermischen. Die Pilze mit dem Wasser dazugeben (dieses so vorsichtig abgießen, dass der Bodensatz zurückbleibt). Das Ganze auf sehr kleiner Stufe 2 Stunden köcheln lassen und erst zum Schluss mit Salz und Pfeffer abschmecken.

Die Pasta in reichlich kochendem Salzwasser al dente garen, abseihen und gut abtropfen lassen. Mit der Fleischsauce vermischen, mit dem Parmesan bestreuen und servieren.

Für 4 Personen

4 Scheiben frische Foie gras (Stopfleber von Gans oder Ente), enthäutet, jeweils 2 cm dick und etwa 50 g schwer

Für die Sauce:
6 EL Saba (siehe Seite 100)
1 EL Balsamico
1 TL Weinbrand
Salz und Pfeffer

Fegato grasso al balsamico
Foie gras mit Balsamico-Sauce

Dieses Rezept kam bei den Gästen meines Restaurants und gerade bei Franzosen, die sich ja mit Foie gras auskennen, unglaublich gut an. Die Fegato grasso wird in der Gegend von Mortara in der Lombardei erzeugt, aus der noch viele andere köstliche Gänsespezialitäten kommen. Dagegen steuert die Emilia den Saba bei, einen stark eingekochten Traubenmost, der die Ausgangsbasis für den berühmten, hier produzierten Aceto Balsamico bildet. In diesem Fall dient er als Grundlage für die Sauce, die schon den alten Römern schmeckte. Saba bekommt man in guten Delikatessengeschäften.

Für die Sauce den Saba erhitzen. Den Balsamico, den Weinbrand und ein wenig Salz und Pfeffer einrühren.

Eine beschichtete Pfanne kräftig erhitzen und die Foie-gras-Scheiben nur ganz kurz von beiden Seiten scharf anbraten – im Kern sollen sie rosa bleiben.

Auf gut vorgewärmten Tellern anrichten und mit der Sauce umgießen. Unverzüglich servieren und dazu frisch geröstetes Brot reichen.

TOSCANA

In der Toskana verläuft die Grenze zwischen der gehaltvolleren Küche Norditaliens und den leichteren, stärker mediterran gefärbten Zubereitungen des Südens. Olivenöl aus der Toskana wird überschwänglich gepriesen, und nirgends in Italien isst man so gutes Rind- und Hühnerfleisch. Pasta spielt eine eher geringe Rolle, umso mehr schätzt man herzhafte Suppen. Das Gemüse ist, genau wie Fisch und Meeresfrüchte, hervorragend.

Im Osten wird die Region beherrscht vom Toskanischen Apennin und seinen hügeligen Ausläufern, während sich in Richtung des Tyrrhenischen Meeres weite Ebenen erstrecken. Ligurien und die Emilia-Romagna begrenzen die Toskana im Norden, die Marken und Umbrien im Osten und Latium im Süden. Die Region ist reich an Geschichte und Kultur. Ab dem 8. Jahrhundert v. Chr. war das damalige Etrurien von den Etruskern bevölkert, denen ab dem 5. Jahrhundert v. Chr. die Römer die Herrschaft streitig machten. Im 15. Jahrhundert war die Toskana Wiege der Renaissance, deren Schönheit Fra Filippo Lippi, Botticelli, Uccello und andere Maler der Nachwelt überlieferten. Unter den Medici errang Florenz, heute die Hauptstadt der Region, eine Vormachtstellung in Italien: Es brachte die wirtschaftliche Dominanz Venedigs ins Wanken und entwickelte sich zu einem Handels- und Bankenzentrum, einer Metropole des geistigen und religiösen Lebens.

Der dem Geschlecht der Medici entstammende Papst Klemens VII. fädelte die Heirat seiner Nichte Katharina von Medici mit dem Herzog von Orléans und späteren französischen König Heinrich II. ein. Als sie nach Frankreich umsiedelte, nahm sie etwa 50 italienische Köche mit, die die französische Küche mit manchen dort unbekannten Zutaten, etwa Artischocken, bereicherten. Vermutlich brachten die Italiener den Franzosen auch die Herstellung von Gebäck sowie von Sorbets und Eiscremes bei, die sie ihrerseits durch die Araber kennen gelernt hatten. Die Toskana hat also der feinen französischen Küche wichtige Impulse vermittelt, was allerdings die Franzosen ungern hören. Bestimmte Requisiten vornehmen höfischen Lebens hielten seinerzeit ebenfalls Einzug in Frankreich, darunter elegante Trinkgläser statt der üblichen derben Kelche, Servietten, Tischtücher und die Gabel, eine venezianische Erfindung. Zuvor hatte selbst der französische Adel mit den Fingern gegessen.

Kulinarische Traditionen und Spezialitäten

Die Toskana ist die einzige Region Italiens, in der Brot ohne Salz hergestellt wird. Ich brauchte ein Weilchen, bis ich mich an dieses Pan sciocco gewöhnt hatte. Dann aber erkannte ich, dass es sich mit den vielen salzigen Salami und anderen aus dem Fleisch von Haus- und Wildschweinen hergestellten Salumi (Wurstwaren) ideal ergänzt. Geröstet als Bruschetta oder Fettunta oder auch in Form der typisch toskanischen Crostini serviert, gleicht es die Würze von Pasteten und Aufstrichen auf Tomatengrundlage oder auch die pfefferwürzige Note des hiesigen Olivenöls perfekt aus. Auch mit süßem Gebäck haben sich die toskanischen Bäcker einen Namen gemacht (siehe Seite 113), bekannt sind vor allem Cantucci und Panforte di Siena.

Dem Brot kommt in der Toskana ein höherer Stellenwert zu als Nudeln, dennoch hat die Region traditionsreiche Pastaspezialitäten zu bieten. Zu ihnen zählen die Pappardelle, breite Bandnudeln, die stets mit einem Wild-*ragù* (meist vom Hasen, vom Wildschwein oder von Ente) kombiniert werden. In der Provinz Siena findet man auf vielen Speisekarten Pinci oder Pici, handgerollte Spaghetti, serviert mit einer Sauce aus Tomaten und Fleisch oder Wurstbrät (Rezept Seite 114). Häufig begegnet man zudem den aus der Emilia-Romagna entlehnten Tortelli oder Tordelli mit einer Füllung aus Ricotta und Spinat.

Brot ist nicht nur eine Beigabe, sondern an manchen berühmten Suppen der Toskana sogar maßgeblich beteiligt – etwa in Form von Crostoni, mit denen Suppenschalen ausgelegt werden, oder sogar als Hauptbestandteil wie in der Pappa al pomodoro (Rezept Seite 112). Diese Suppen ersetzen häufig das Pastagericht, mit dem andernorts in Italien ein Essen meist beginnt, und manchmal sind sie so gehaltvoll, dass sie eine komplette Mahlzeit abgeben. Sehr gern verwendet man Cannellini-Bohnen, ein wichtiges Erzeugnis der Region. Weitere in der Toskana kultivierte Hülsenfrüchte sind Augenbohnen und Kichererbsen, und Insalata di fagioli (Bohnensalat) ist ein sehr populäres Gericht. Für einen Klassiker namens Fagioli al fiasco werden weiße Bohnen mit Olivenöl, Knoblauch, Salbei und Wasser in einer bauchigen Chianti-Flasche langsam in nicht zu heißer Glut gegart.

Olivenöl (siehe Seite 113) ist bei der Zubereitung der meisten toskanischen Speisen unerlässlich, und oft werden Suppen, Bruschette und Steaks zum Schluss noch damit beträufelt. Sein wundervolles Aroma kommt beim Pinzimonio (siehe Seite 112) besonders gut zur Geltung. Die Toskaner sprechen dem Fleisch gern zu, und die Region ist berühmt für ihre hervorragenden Rinder. Im Val di Chiana, im Tiber-Tal und im Val d'Arno in der Provinz Arezzo sieht man Chianina-Rinder, die gewaltige T-Bone-Steaks liefern. Für die Bistecca alla fiorentina werden sie einfach nur gegrillt, anschließend gewürzt und vor dem Servieren noch mit frischem Olivenöl veredelt. Eine andere Rindfleischspezialität aus Arezzo ist die Tagliata di manzo: gebratenes und in Scheiben geschnittenes Filet, kräftig gewürzt mit grünen Pfefferkörnern und frischem Rosmarin sowie Olivenöl.

Schwein und Lamm spielen eher Nebenrollen, dennoch findet man in der Toskana exzellente Erzeugnisse aus Schweinefleisch, und aus Schafmilch entsteht vorzüglicher Pecorino (siehe Seite 113). Sehr verbreitet ist in der Region die Hühnerhaltung, wobei vor

allem zwei Rassen die Szene beherrschen: Val d'Arno heißt die eine – mit schwarzem Gefieder und dunklen Füßen –, Livornese – mit weißen Federn und gelben Füßen – die andere. Huhn wird sehr abwechslungsreich zubereitet, unter anderem gefüllt *(in porchetta)* und angereichert mit Oliven, Pilzen und anderen Gewürzen. Eine Besonderheit ist das Cibreo (»Durcheinander«), ein Frikassee aus Hühnerlebern, -herzen, -nieren und -mägen und manchmal auch Hahnenkämmen. Äußerst beliebt ist in der Toskana auch Wildschwein, das hier wirklich noch aus freier Wildbahn stammt. Wie mir Alvaro Maccioni, ein toskanischer Freund, erklärte, wird nur das Fleisch der Sauen gebraten, gegrillt oder für Eintopfgerichte verwendet; das der Keiler verarbeitet man fast ausschließlich zu Fleischsaucen (für Pappardelle), da seine strenge Wildnote durch Rotwein und Gewürze übertönt werden muss.

Noch eine andere Delikatesse kommt aus den toskanischen Hügeln: Gemeint sind die Pilze, die hier reichlich sprießen – neben Porcini (Steinpilze) findet man beispielsweise Pfifferlinge, Ovoli (Kaiserlinge) und Chiodini (Hallimasche). Sie werden mit Leidenschaft gesammelt und oft am Straßenrand zum Verkauf angeboten. So verlockend diese Angebote sein mögen: Vorsicht ist angebracht, da diese Pilze meist nicht von Experten kontrolliert wurden. Trüffeln gibt es auch, und zwar vor allem schwarze, die zum Beispiel in Arezzo mit Fasan kombiniert werden (siehe unten). Die Toskaner würzen ihre Wildpilze gern mit Mentuccia oder Nepitella, wilden Minzearten, oder aber mit Zitronenmelisse. Die hiesige Küche verwendet generell viele Kräuter und Gewürze: Kein Wunder – Pisa war einst ein wichtiger Handelshafen für Safran, Nelken, Zimt, Muskatnuss und andere Gewürze aus fernen Ländern.

Fagiano tartufato Getrüffelter Fasan

Für 4–6 Personen

2 männliche Fasanen, ausgelöst, Keulen und Flügel jedoch nicht abgetrennt
80 g schwarze Trüffeln
200 g Parmaschinken (möglichst fett), fein gehackt
1 EL glatte Petersilie, grob gehackt
Salz und Pfeffer
8 Scheiben Pancetta (oder durchwachsener Bauchspeck)
Olivenöl zum Bestreichen
50 g Butter
150 ml Sahne
3 EL Weinbrand
Einige Tropfen Trüffelöl (nach Belieben)

Dieses Gericht gönnen sich die Toskaner während der Jagdsaison, aber es eignet sich auch wunderbar als festliches Weihnachtsessen.

Den Backofen auf 200 °C vorheizen. Die Fasanen mit der Brust nach oben flach auf die Arbeitsfläche legen. 30 g der Trüffeln fein reiben und mit dem Schinken, der Petersilie und etwas Salz und Pfeffer vermengen. Die Fasanen mit der Trüffelmischung bestreichen und einrollen, sodass die Füllung eingeschlossen ist. Die Fasanen jeweils mit 4 Speckscheiben umwickeln, mit Küchengarn umbinden – sie sehen jetzt aus wie dicke Rollen – und mit Olivenöl bestreichen.

Eine Pfanne erhitzen und die Fasanen von beiden Seiten in etwa 2 Minuten braun anbraten. Herausnehmen, in Alufolie einschlagen und 20 Minuten im Ofen garen. Die Pfanne wird noch benötigt.

Den Rest der Trüffeln erst in dünne Scheiben und dann in schmale Streifen schneiden. Mit Butter, Sahne, Weinbrand und nach Belieben etwas Trüffelöl in die Pfanne geben. Salzen, reichlich pfeffern und bei niedriger Temperatur etwas einkochen lassen.

Die Fasanen aus der Folie wickeln, in Scheiben schneiden und auf vorgewärmten Tellern anrichten (zuvor noch das Garn entfernen). Mit der Trüffelsauce überziehen und servieren. Geschmorter Wirsing und in Butter gedünstete Speiserüben bilden eine passende Beilage.

Eine sehr würzige Angelegenheit ist auch der traditionelle Fischtopf aus Livorno mit pikanter Peperoncino-Note. Diese toskanische Variante verwendet mindestens fünf verschiedene Sorten von Fisch und Meeresfrüchten. Besondere Popularität unter den vielfältigen Fischgerichten genießen auch die Triglie alla livornese (Rezept siehe rechts). In Grosseto kombiniert man Garnelenschwänze mit Steinpilzen zu Coda di Gamberi con porcini. Weiter nördlich, in Pisa, schätzt man Cieche oder Cee (die sehr jungen, so genannten »Glasaale«), die an der Mündung des Arno und des Serchio gefangen werden, mit Salbei in Olivenöl gebraten und mit Tomatensauce serviert.

Die Toskana ist eine fruchtbare Region mit einem entsprechend reichhaltigen Angebot an Obst und auch Gemüse, insbesondere Spargel, Artischocken, Zucchini, Kohl und Mangold. In der nördlich gelegenen Garfagnana werden Weizen und Dinkel (Farro) angebaut. Aus diesem Urweizen bereiteten schon die Etrusker und Römer Getreidebrei und Brot, und Minestra di farro gehört zum traditionellen Rezeptrepertoire der Region. Ebenfalls aus der Toskana nicht wegzudenken sind Weinreben, Olivenbäume und Edelkastanien, deren Früchte einst zu Polenta verarbeitet wurden und heute einen köstlichen Maronenkuchen ergeben. Selbst Safran begegnet man nahe der alten Stadt San Gimignano mit ihren eindrucksvollen Türmen. Weiter östlich, in der Provinz Arezzo, erstrecken sich endlose Felder mit Sonnenblumen, die ein wertvolles Öl liefern. Im Süden begegnet man überall auf den Hügeln Erdbeerbäumen, deren kirschgroße, zwischen Gelb und Scharlachrot variierende Früchte – Corbezzoli – zu einer säuerlich-frischen Marmelade verarbeitet werden.

Besucher der Toskana dürfen sich auf ein Fest der Sinne gefasst machen. Auf dem Markt an der Kirche San Lorenzo in Florenz gibt es alles zu kaufen, was die jeweilige Saison an kulinarischen Genüssen zu bieten hat. Er gehört zusammen mit dem Markt auf der Piazza delle Vettovaglie in Pisa meines Erachtens zum Schönsten, was Italien in dieser Hinsicht zu bieten hat. Veranstaltungen, die bestimmten Delikatessen gewidmet sind, finden in der Toskana in so großer Zahl statt, dass ich hier stellvertretend nur das Wildschweinfest von Chianciano (Provinz Siena) im April und die Florentiner Olivenölmesse Oleum im Spätherbst nenne.

Lassen Sie sich gefangen nehmen von den landschaftlichen und kulturellen Reizen der Toskana – und auch von ihren kulinarischen Genüssen. Gerade in Touristenhochburgen wie Florenz aber wird man, wie übrigens etwa auch in Rom oder Venedig, leicht geblendet von allzu schreienden Anpreisungen. Auf dem schon erwähnten Markt von San Lorenzo etwa sollte man einen großen Bogen um die Touristenfallen mit ihrem 08/15-Imbissangebot machen und Ausschau halten nach echten Florentiner Spezialitäten wie Zuppa di trippa, einer köstlichen Kuttelsuppe, die früher für Marktbesucher mit kleinem Geldbeutel zubereitet wurde. Ich gehe immer gern in die eher unscheinbaren Trattorien, wo man authentische Küche von guter Qualität zu reellen Preisen bekommt.

Zuppa di carciofi, patate e topinambur
Suppe von zwei Artischockenarten und Kartoffeln

Für 4–6 Personen

- 4 kleine, zarte Artischockenherzen
- 300 g Kartoffeln, geschält und gewürfelt
- 1,5 l Hühner- oder Gemüsebrühe (siehe Seite 250/251)
- 400 g Topinamburs
- 2 Knoblauchzehen, geschält
- Salz und Pfeffer
- 2 EL glatte Petersilie, grob gehackt
- 1 EL Majoran, grob gehackt
- Natives Olivenöl extra zum Servieren

Für die Croûtons:
- 3 Scheiben toskanisches Landbrot oder Ciabatta (Fladenbrot), geröstet
- 1 Knoblauchzehe, halbiert
- 4 EL Olivenöl

Ich wollte nicht die kulinarische Geschichte der Toskana umschreiben, als ich das klassische Rezept leicht abwandelte. Vielmehr hatte ich plötzlich die Idee, dass sich das Artischockenaroma intensivieren ließe, wenn man einen Teil der Kartoffeln durch Topinamburs (auch als Erdartischocken bekannt) ersetzte – auch wenn diese nicht unbedingt zum üblichen Gemüserepertoire der Region gehören.

Die Artischockenherzen in dünne Scheiben schneiden. Mit den Kartoffeln und der Brühe in einen Topf geben und alles 15 Minuten köcheln lassen. Inzwischen die Topinamburs schälen und ebenfalls in dünne Scheiben schneiden. Zusammen mit den ganzen Knoblauchzehen in die Brühe geben und 10 Minuten mitgaren.

Unterdessen für die Croûtons die Brotscheiben mit der Knoblauchzehe einreiben und in 3 cm große Vierecke schneiden. Das Olivenöl in einer Pfanne erhitzen und die Brotstücke goldbraun braten. Auf Küchenpapier abtropfen lassen.

Die Suppe mit Salz und Pfeffer würzen und im Mixer pürieren oder durch ein Sieb streichen. Die Kräuter einrühren und nochmals abschmecken. Großzügig mit Olivenöl beträufeln und mit den Croûtons als Beigabe heiß servieren.

Triglie alla livornese Rotbarben nach Art von Livorno

Für 4 Personen

- 8 Rotbarbenfilets (je etwa 80 g) oder 4 kleine ganze Rotbarben (je etwa 180 g), gesäubert
- Salz und Pfeffer

Für die Sauce:
- 1 Knoblauchzehe, fein gehackt
- 6 EL Olivenöl
- 400 g pürierte oder gehackte Tomaten (Konserve)
- 2 EL glatte Petersilie, grob gehackt
- 2 EL Sellerieblätter, grob gehackt

Gerade weil dieses Gericht so schlicht ist, müssen die Fische absolut frisch sein.

Für die Sauce den Knoblauch im Olivenöl weich schwitzen. Die Tomaten mit der Petersilie und den Sellerieblättern zufügen. Einige Minuten einköcheln lassen.

Die Rotbarbenfilets oder die ganzen Fische in die Sauce einlegen, leicht salzen und pfeffern und etwa 5 Minuten sanft garen. Mit gekochten Kartoffeln oder etwas Reis servieren.

Für 4 Personen

150 g Kalbshirn
150 g Kalbsbries
100 g Kalbsleber, in dünne Scheiben geschnitten
4 kleine Lammkoteletts, pariert
4 zarte Artischockenherzen, halbiert
200 g Zucchini, in dicke Scheiben geschnitten
Für die Kartoffelkroketten:
300 g gekochte Kartoffeln, geschält
2 Eier, verquirlt
30 g Pecorino, gerieben
Muskatnuss, frisch gerieben
Außerdem:
Nicht zu aromatisches Olivenöl zum Frittieren
Weizenmehl
Salz und Pfeffer
4 Eier, verquirlt
Zitronenspalten zum Servieren

Fritto misto alla fiorentina
Gemischtes Ausgebackenes nach Florentiner Art

An gutem Olivenöl mangelt es in der Toskana ebenso wenig wie an frischen rohen Zutaten. So erklärt sich die Beliebtheit des Fritto misto. Die einzelnen Bestandteile lassen sich je nach Saison und Geschmack nahezu beliebig variieren.

Für die Kroketten die Kartoffeln in einer Schüssel zerdrücken. Mit 2 verquirlten Eiern, dem geriebenen Käse und Muskatnuss nach Geschmack gründlich vermengen. Die Hände leicht einmehlen und aus der Masse 8 Rollen formen.

Kalbshirn und -bries jeweils in 8 Stücke schneiden und 6–8 Minuten in kochendem Wasser blanchieren. Abseihen, gut abtropfen lassen und von Sehnen und Adern befreien. In einem zum Frittieren geeigneten Topf reichlich Olivenöl kräftig erhitzen. Inzwischen die übrigen Zutaten des Fritto misto bereitstellen.

Die vorbereiteten Zutaten portionsweise im Mehl wenden, anschließend durch das verquirlte Ei ziehen und gleich ins heiße Öl tauchen. Goldgelb ausbacken und dabei einmal wenden. Auf Küchenpapier abtropfen lassen und warm stellen, bis alle Zutaten verarbeitet sind. Heiß mit Zitronenspalten servieren.

Für 8 Personen

100 g Schweinsnetz (beim Metzger vorbestellen)
8 mittelgroße Scheiben Schweineleber (insgesamt etwa 650 g)
Salz und Pfeffer
4 EL frische Semmelbrösel
1 EL Fenchelsamen
8 kurze Abschnitte von Lorbeerzweigen (ersatzweise Holzzahnstocher)
600 g feste frische Steinpilze, geputzt
2 Knoblauchzehen, zerdrückt
6 EL Olivenöl
Wilde Minze (Nepitella), gehackt

Fegatelli alla cortonese con funghi
Schweineleber nach Art von Cortona mit Pilzen

Cortona, eine alte Etruskerstadt im Süden der Provinz Arezzo, lockt nicht nur mit einer malerischen mittelalterlichen Kulisse, sondern auch mit zahlreichen kulinarischen Festen viele Besucher an. Für diese lokale Spezialität werden Scheiben von Schweineleber mit Fenchelsamen und Lorbeer gewürzt. Dazu gibt es Funghi al tegame, mit Knoblauch gedünstete Pilze.

Den Backofen auf 200 °C vorheizen. Das Schweinsnetz in handwarmem Wasser einweichen und anschließend in 15 cm große Quadrate schneiden.

Die Leberscheiben einzeln salzen und pfeffern, mit den Semmelbröseln und Fenchelsamen bestreuen, aufrollen und jeweils in ein Stück Schweinsnetz wickeln. Die Päckchen mit einem Lorbeerzweiglein oder Zahnstocher fixieren und in eine flache ofenfeste Form legen.

Die Pilze in Scheiben schneiden. Mit dem Knoblauch, dem Olivenöl und etwa 100 ml Wasser in einen Topf geben und bei niedriger Temperatur etwa 30 Minuten dünsten, dabei gelegentlich rühren. Nach Geschmack mit wilder Minze würzen.

Inzwischen die Leberpäckchen in 25 Minuten im Ofen garen. Mit den Pilzen anrichten und heiß servieren.

Acquacotta Das »gekochte Wasser« kann mit verschiedenen Zutaten wie Pilzen und sogar Baccalà (getrockneter Kabeljau) angereichert sein und wird manchmal mit verquirltem Ei oder Käse verfeinert

Anguille alla fiorentina Aalstücke, in Öl ausgebraten, in Brotkrumen gewendet und mit Rotwein im Ofen geschmort

Arista di maiale Ausgelöster Schweinerücken mit Knoblauch, Rosmarin und Fenchelsamen

Bistecca alla fiorentina Einfach nur gegrilltes T-Bone-Steak, oft mit Fagioli all'uccelletto (mit Tomaten geschmorte Cannellini) serviert

Cacciucco Schmackhafter und beliebter Fischtopf aus Livorno

Castagnaccio Kastanienmehl bildet die Grundlage dieses mit Sultaninen, Pinienkernen, Walnüssen und Fenchelsamen angereicherten Kuchens

Cenci Ein mit Vin Santo aromatisierter Teig wird ausgerollt und in kurze, breite Streifen geschnitten; diese Cenci (»Lappen«) werden schwimmend ausgebacken und heiß gegessen

Crostini alla toscana Röstbrotschnittchen mit verschiedenem Belag, etwa Hühnerlebern, Tomaten, Fleischsauce oder Salami

Lenticchie e fagiano Linsensuppe mit Fasanenfleisch

Lepre in agrodolce Hase mit süßsaurer Sauce, angereichert mit Bitterschokolade; ähnlich wird in Rom Wildschwein zubereitet

Minestrone livornese Bohnen, Wirsing und Reis sowie etwas aromatischer Prosciutto geben in der Minestrone-Version aus Livorno den Ton an

Panzanella Salat mit altbackenem, in Essigwasser eingeweichtem Brot mit Tomaten, Zwiebeln, Sardellen, Oliven und Basilikum

Pappa al pomodoro Tomatensuppe mit Brot, Knoblauch, Basilikum und Olivenöl

Pappardelle con l'anatra/cinghiale/lepre Breite Bandnudeln mit einem *ragù* (Fleischsauce)

Pinzimonio Frühlingsgemüse wie zarte Artischocken, Fenchelknollen, Bleichsellerie oder Möhren, zerkleinert und mit jungem, pfefferwürzigem Olivenöl als Dip serviert

Ribollita Schwarzkohl (Cavolo nero) und getrocknete Bohnen bilden die Hauptzutaten dieser Suppe, die auf Brotscheiben angerichtet wird; schmeckt am besten aufgewärmt – eben *ribollita*

Riso e fagioli Einfache, aber köstliche Suppe aus Reis und Bohnen

Zuccotto Mit Likör getränkter Biskuitkuchen, mit Schlagsahne überzogen und mit Kakaopulver sowie Puderzucker bestaubt

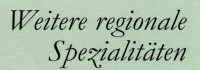

Weitere regionale Spezialitäten

Regionale Erzeugnisse

BROT UND ANDERE BACKWAREN Pan sciocco, das salzlose Brot, ist für die gesamte Region ebenso typisch wie die unterschiedlich beträufelten, belegten oder bestrichenen Bruschette und Crostini. Die im Süden gelegene Provinz Grosseto ist bekannt für ihre Pagnotta maremmana, ein rundes Sauerteigbrot, das bis zu 1 kg wiegen kann. Überall in der Region populär ist die Schiacciata, ein manchmal mit Rosmarin, häufig aber auch mit Früchten angereicherter Fladen. Ebenfalls süß sind das zu Ostern gebackene Pane di ramerino (Rosmarinbrot) und das Pane dolce con l'uva (mit Rosinen). Siena ist bekannt für sein auf das Mittelalter zurückgehendes Panforte. Typisch für Lucca sind der Castagnaccio (Kastanienmehlfladen) und der Buccellato lucchese, ein einfacher, brotähnlicher Kuchen, den man zum Frühstück in Milch eintunkt. Zum Abschluss einer Mahlzeit genießt man gern die ursprünglich aus Prato bei Florenz stammenden Cantucci (harte Mandelkekse, die kurz in Vin Santo getaucht werden) oder auch Ricciarelli, weiche Makronen aus Siena.

OLIVENÖL Ohne Frage ist das hiesige Olivenöl, das sogar zum Kuchenbacken verwendet wird, etwas Besonderes und nach Ansicht der Toskaner geradezu unübertroffen. Die Bäume werden vornehmlich in sonnigen Hügellagen gepflanzt. Man erntet die Oliven vor Erreichen der vollen Reife, weshalb das Öl von intensivem Grün ist und pfefferig schmeckt. Es ist vergleichsweise teuer, schließlich würden reifere Früchte höhere Erträge erbringen.

KÄSE Die Region kann zwar keine allzu große Käseauswahl bieten, aber ihr Pecorino ist von hervorragender Qualität. Die toskanische Variante ist milder als der Pecorino romano oder sardo. Eine Spezialität aus Siena und Arezzo ist der Marzolino, der im März *(marzo)* entsteht, wenn auf den Weiden das erste zarte Gras sprießt. Er wird jung gegessen oder im gereiften Zustand als Reibkäse mit pikanterem Aroma verwendet. Im Mai genießt man ihn zu rohen Dicken Bohnen – eine exquisite Frühlingsdelikatesse. Toskanischer Pecorino kann auch aus einer Mischung von Kuh- und Schafmilch bestehen (reine Schafmilchprodukte erkennt man an der Angabe *tutto di latte di pecora* oder *latte pecora completo*). Pecorino senese hat eine rötliche Rinde, da er mit Tomatenmark eingerieben wurde, während etwa Pecorino romano aus Latium mit Öl und Holzasche behandelt wird.

FLEISCHPRODUKTE Dem Parmaschinken vergleichbar, allerdings etwas stärker gesalzen ist der Prosciutto toscano. Verbreiteter ist jedoch in der Region Schinken vom Wildschwein, aus dessen Fleisch auch Salsiccie und Salame hergestellt werden. Mazzafegato ist eine aus dem benachbarten Umbrien entlehnte Wurst, die aber durch die Finocchiona, eine große, mit Fenchelsamen aromatisierte Salami, an Popularität deutlich übertroffen wird. Weitere bedeutende Erzeugnisse sind die Salame toscano oder nostrano, die Salsiccia toscana (eine frische Kochwurst) und Cotenne sott'aceto (sauer eingelegte Schweineschwarte). Eine begehrte Spezialität schließlich ist der Lardo di Colonnata aus der Gegend von Carrara. Dafür werden Speckseiten von speziell gemästeten Schweinen mit Salz und Gewürzen in Tröge aus dem vor Ort gewonnenen Marmor gepackt und bis zu einem Jahr gereift.

WEIN Seit nahezu 3000 Jahren wird in der Toskana guter Wein gekeltert, wobei das Chianti-Gebiet nicht nur geographisch eine zentrale Stellung einnimmt. Längst genießen aber auch andere Gewächse der Region ein hohes Renommee (siehe Seite 117).

Für 6 Personen

- 400 g Pici (oder möglichst dicke Spaghetti)
- 80 g Pecorino oder Parmesan, frisch gerieben

Für die Sauce:
- 6 EL Olivenöl
- 1 kleine Zwiebel, fein gehackt
- 1 Stange Bleichsellerie, fein gewürfelt
- 1 Möhre, in dünne Scheiben geschnitten
- 400 g eher mageres Schweinehackfleisch
- 100 ml trockener Rotwein
- 500 g pürierte oder gehackte Tomaten (Konserve)
- 5–6 Lorbeerblätter
- Salz und Pfeffer

Pici o pinci al ragù di maiale
Toskanische Pasta mit Hackfleischsauce vom Schwein

Pici (auch Pinci) – dicke, rustikale Spaghetti – gehören in der Toskana zur traditionellen Hausmannskost. Sie bestehen nur aus Hartweizengrieß und Wasser und sind im besten Fall noch von Hand gerollt. Üblicherweise werden sie in ihrer Heimat mit einem *ragù* vom Wildschwein, Hasen, Kaninchen oder Schwein aufgetischt.

Für die Sauce das Olivenöl in einem Topf erhitzen und die Zwiebel mit dem Sellerie und der Möhre bei niedriger Temperatur weich dünsten. Das Fleisch zufügen und rühren, bis es etwas Farbe annimmt. Den Wein dazugießen und, sobald der Alkohol verdampft ist, die Tomaten mit den Lorbeerblättern untermischen. Salzen und pfeffern und die Sauce 2 Stunden auf kleinster Stufe köcheln lassen.

Die Pasta in reichlich kochendem Salzwasser in 15–17 Minuten al dente garen. Mit der Sauce vermischen und sofort servieren. Den geriebenen Käse dazu reichen.

Panforte di Siena Sieneser Gewürzkuchen

Für 10 Personen

- 250 g Feigen oder entsteinte Datteln
- 50 g Honig
- 100 g brauner Zucker
- Je 1/2 TL folgender gemahlener Gewürze: Zimt, Kardamom, Nelken, Muskatnuss und schwarzer Pfeffer
- 250 g Orangeat und Zitronat sowie weitere kandierte Früchte wie Kirschen und Zitronen, gemischt
- 50 g blanchierte und enthäutete Mandeln
- 50 g Pinienkerne
- 50 g geröstete Haselnusskerne
- 3–4 EL Weizenmehl, gesiebt
- 50 ml Vin Santo
- Puderzucker zum Bestauben

Möglicherweise handelt es sich bei diesem klebrigen, aber unwiderstehlichen Kuchen, den man bevorzugt im Winter zu einer Tasse Kaffee und einem Likör nach einem Essen genießt, um eine der ältesten Süßigkeiten der Stiefelrepublik. Denn das Rezept für das Panforte geht auf jene Zeit zurück, als Händler bis dahin unbekannte Gewürze aus fernen, exotischen Ländern erstmals nach Italien brachten.

Den Backofen auf 150 °C vorheizen. Eine niedrige Backform (rund mit 25 cm Durchmesser oder eckig mit 20 cm Kantenlänge) mit Backpapier auskleiden.

Die Feigen oder Datteln fein hacken und in einem Topf eben mit Wasser bedecken. Den Honig, den braunen Zucker und sämtliche Gewürze zufügen. Alles etwa 10 Minuten sanft köcheln lassen, danach in eine Schüssel füllen – die Mischung sollte geschmeidig, aber nicht nass sein.

Die kandierten Früchte, Mandeln, Pinienkerne und Haselnüsse gründlich untermischen, gefolgt vom Mehl und dem Vin Santo. Die klebrige Masse in die vorbereitete Form füllen und 30–40 Minuten backen.

Aus dem Ofen nehmen und in der Form auskühlen lassen. Vor dem Servieren dick mit Puderzucker bestauben und in Stücke schneiden.

Weine aus der Toskana

Chianti Das Chianti-Gebiet, das Herzstück der Toskana, ist unterteilt in sieben Unterbereiche, von denen die beiden DOCG Chianti Classico (zwischen Florenz und Siena) und Chianti Rufina (östlich von Florenz) das größte Ansehen genießen. Die meisten der von hier stammenden Rotweine basieren auf Sangiovese, mitunter verschnitten mit etwas Cabernet. Nachdem der Chianti seinen Siegeszug in Europa mit einem *fiasco* – so heißt die strohumwickelte, bauchige Flasche, in der er einst daherkam – begonnen hatte, konnte er inzwischen sein Image erheblich aufpolieren. Die meisten Chianti-Güter produzieren heute einen Vino da tavola, und so manche dieser Weine sind durchaus ambitioniert – auch preislich.

Brunello di Montalcino DOCG Dieser herrliche Rotwein entsteht ausschließlich um das Bergstädtchen Montalcino herum. Benannt ist er nach der Brunello-Traube, einem Sangiovese-Klon, dessen Beeren mit zunehmender Reife eine bräunliche Farbe annehmen. Weniger kraftvoll und günstiger als der Brunello ist der Rosso di Montalcino DOC.

Vino Nobile di Montepulciano DOCG Auf einem Hügel nur 30 km östlich von Montalcino liegt Montepulciano, die Heimat dieses tiefroten, dichten Tropfens, der mitunter als Brücke zwischen einem Brunello und einem guten Chianti beschrieben wird. Er geht aus Prugnolo gentile, einem Sangiovese-Klon, hervor. Rosso di Montepulciano ist eine fruchtigere Variante des Vino Nobile.

Sassicaia Mit diesem fulminanten Vino da tavola aus Cabernet Sauvignon leitete der Marquese Piero Antinori 1968 die Renaissance der italienischen Weine ein, die sich heute mit den besten Gewächsen der Welt messen können. In Livorno, der Heimatprovinz des Sassicaia, gibt es die Strada della Costa degli Etruschi, eine »Weinstraße« mit rund 50 Erzeugern.

Morellino di Scansano DOC Ein frischer Roter aus dem Sangiovese-Klon Morellino.

Montecarlo DOC Nahe Lucca im Norden der Toskana entstehen Rote aus Sangiovese- (und anderen) Trauben sowie Weiße aus Trebbiano, Sémillon, Pinot grigio.

Tignanello Der prestigeträchtige Vino da tavola enthält neben Sangiovese noch 20 Prozent Cabernet Sauvignon.

Vernaccia di San Gimignano DOC In der »Stadt der Türme« südwestlich von Florenz bereitet man aus Vernaccia-Trauben jenen köstlichen Weißwein, der gut zu Antipasti und Fisch, aber auch als Aperitif mundet.

Vin Santo del Chianti Der weiße Vino da tavola, in den die Toskaner gern ihre Cantucci di Prato tunken, wird aus rosinierten Trauben gekeltert. Die Bezeichnung Vin Santo, übersetzt »heiliger Wein«, könnte darauf anspielen, dass er meist um Ostern bereitet wird; vielleicht verweist sie aber auch auf die griechische Insel Xantos, die ursprüngliche Heimat dieses Weines.

Umbria

Umbrien zählt zwar zu den kleinsten Regionen des Landes, kann aber mit Naturschönheiten, Kunstwerken und lukullischen Genüssen aufwarten. Viel gepriesen ist das Fleisch der Schweine, die mit Maronen und Eicheln gefüttert werden, und vorzüglich schmecken hier auch das Lamm-, Rind- und Ziegenfleisch, Wildschwein und Tauben. Aus Norcia kommen schwarze Trüffeln, aus Castelluccio winzige Linsen und aus der Hauptstadt Perugia köstliche Schokolade.

Umbrien grenzt im Nordosten an die Marken, im Nordwesten an die Toskana und im Süden an Latium und die Abruzzen. Zwar hat es keinen Zugang zum Meer, dafür aber gibt es hier neben dem berühmten Trasimenischen See und dem Tiber, der in der Toskana entspringt und auf seinem Weg nach Rom Umbrien durchfließt, noch zahlreiche weitere kleinere und größere Gewässer. Im »grünen Herzen Italiens«, wie die Region mitunter genannt wird, findet der Besucher Stille und obendrein ein angenehmes Klima. Wie fast überall in Mittelitalien ist es hier im Sommer heiß, im Frühjahr warm, im Herbst mild und im Winter relativ kalt.

Überall kann man in der geschichtsträchtigen Region Kunst- und Kulturdenkmäler besichtigen: Fast allgegenwärtig sind Bögen, Gräber und andere Überreste aus etruskischer und römischer Zeit. Umbrien ist als *terra santa* – »heiliges Land« – bekannt, denn mindestens vier der beliebtesten italienischen Heiligen stammen von hier: Franz von Assisi (San Francesco), Stifter des Franziskanerordens; Klara von Assisi (Santa Chiara); Rita von Cascia (Santa Rita) und schließlich Benedikt von Nursia (San Benedetto), der den Orden der Benediktiner gründete. In der gesamten Region gibt es viele Kirchen, die diesen und anderen lokalen Heiligen geweiht sind, und das ganze Jahr über werden ihnen zu Ehren Pilgerfahrten und Feste veranstaltet.

Die Region ist nicht nur sehenswert, man kann sich hier auch rundum wohl fühlen – sofern man versucht, die Sprache, Kultur und kulinarischen Traditionen zu verstehen. Das besondere Flair der Region spricht sich zunehmend auch unter jenen herum, die sich nach südlicher Lebensart in sonnigen Gefilden sehnen und denen die Toskana inzwischen zu überlaufen ist.

Kulinarische Traditionen und Spezialitäten

Wer gerne gut speist, ist in Umbrien bestens aufgehoben. Die Küche ist sich selbst – wie das Land – in den letzten Jahrhunderten treu geblieben. Wie in den Nachbarregionen reifen in den Hügeln Beerenfrüchte, Maronen, Pilze, schwarze und weiße Trüffeln und Oliven, die ein hervorragendes Öl erbringen. Herzhafte Fleischgerichte von Rind, Lamm, Ziege und natürlich Schwein, aber auch vom Wildschwein und anderem Wild bereichern die Speisekarte.

Umbrien ist berühmt für seine Erzeugnisse aus Schweinefleisch (siehe Seite 125), wobei sich die Stadt Norcia einen besonderen Ruf erworben hat. In ganz Italien ist der Begriff *norcino* gebräuchlich für einen Metzger, der die Kunst, Schweine zu zerlegen und Salamis herzustellen, perfekt beherrscht; und nicht nur in Umbrien, sondern auch in den Nachbarregionen Toskana und Latium gibt es *norcinerie* – spezielle Läden für Erzeugnisse aus Schweinefleisch. Zu den Spezialitäten aus frischem Schweinefleisch gehört Porchetta (gefülltes und am Spieß gebratenes Spanferkel), das ursprünglich aus dieser Region stammen soll.

Von den in Umbrien verbreiteten weißen Rindern stammt die Tagliata, ein riesiges T-Bone-Steak, das in Perugia besonders geschätzt wird. Wildschwein wird auf unterschiedliche Art zubereitet, auch als Schinken, an dem manchmal sogar noch einige lange, schwarze Borsten haften. Federwild ist ebenfalls beliebt, und Tauben, Fasanen, Perlhühner und Wachteln werden am Spieß über einer Tropfpfanne gebraten, die Rotwein, Gewürze, Kräuter, Oliven und gelegentlich auch die gehackten Innereien enthält. Mit dieser Mischung, die *leccarda* heißt und auch dem Gericht selbst seinen Namen gibt, werden die Vögel während des Garvorgangs immer wieder begossen, und schließlich wird sie als Sauce dazu serviert. Porchetta kann ebenfalls *alla leccarda* zubereitet sein. Hase wird in Wein und Kräutern mariniert und mit Oliven geschmort, Schnecken werden am Spieß über Holzkohlenglut gegrillt.

Je älter, desto besser – so lautet die Devise eines kuriosen Rezepts aus Orvieto, das auf das 19. Jahrhundert zurückgeht. Damals mussten Pächter ihrem Gutsherrn am Tag vor Himmelfahrt zwei Hühner abliefern. Da aber weder deren Alter noch das Geschlecht vorgeschrieben waren, erhielt der Gutsherr oft die ältesten, zähesten Tiere. Um aus ihnen noch etwas Schmackhaftes zu bereiten, bedurfte es schon einigen Könnens seitens der Köchinnen. So wurde die Gallina ubriaca, das »beschwipste Huhn«, erfunden: Ein zerteiltes altes Tier wird mit einem Battuto – also einer würzigen Mischung aus gehacktem Speck, Tomaten, Knoblauch und Zwiebel – in eine irdene Kasserolle geschichtet, mit trockenem Weißwein bedeckt und im fest verschlossenen Topf in drei bis vier Stunden bei sanfter Hitze »mürbe gemacht«.

Ein Genuss der Extraklasse sind die Süßwasserfische der Region, insbesondere Forelle und Karpfen aus dem Trasimenischen See und dem Fluss Nera. Forelle wird oft mit Trüffeln serviert, Karpfen hingegen bevorzugt mit verschiedenen Kräutern gefüllt und im Ofen gegart. Dieser umbrische Klassiker heißt Regina in porchetta (»gefüllte Königin«).

Die Wildpilze der Region lassen Genießerherzen höher schlagen, und vor allem gilt das natürlich für die Trüffeln. Umbrischer Hauptumschlagplatz dieser begehrten knollenförmigen Gebilde ist Norcia. Sie werden im ganzen Land und weit über dessen Grenzen hinaus gehandelt, aber auch viel in der einheimischen Küche verwendet.

Die Linsen aus Castelluccio (siehe Seite 125) sind inzwischen ebenso begehrt wie die französischen Puy-Linsen. Um Monteleone di Spoleto wird *farro* angebaut, eine Dinkelart, aus der schon die alten Römer Brot und Pasta herstellten und die heute in Umbrien vornehmlich in Suppen wie Imbrecciate di farro Verwendung findet. Die Pastagerichte der Region sind kaum der Rede wert, sieht man einmal ab von den dicken, von Hand ausgezogenen Spaghetti, die hier Ciriole, Cirioline oder Strengozzi heißen. Sie werden häufig mit Trüffeln oder Pilzen aus Norcia, mit einem *ragù* von Kaninchen oder Wildschwein oder, in Perugia, mit *rigaglie* (Innereien) serviert.

Crostini di tartufo alla spoletina
Geröstete Trüffelschnittchen nach Art von Spoleto

Für 6–8 Personen

4 Scheiben Brot
Für die Trüffelpaste:
50 g schwarze Trüffeln
Einige Tropfen Trüffelöl
100 g Butter
70 g Sardellen in Salz, abgespült und filetiert

Wir sind im Reich der schwarzen Trüffeln. Schwarze Sommertrüffeln waren einst ein Vergnügen, das sich jeder leisten konnte. Wegen der starken Nachfrage wurden sie zum Luxusartikel. Dennoch empfehle ich sie, ergänzt mit Trüffelöl, für diese Häppchen.

Die Zutaten für die Trüffelpaste im Mörser mit dem Stößel zu einer cremigen Paste verarbeiten. Die Brotscheiben rösten und jeweils dritteln. Die Schnittchen mit der Trüffelpaste bestreichen und mit Prosecco, Champagner oder einem Glas Torgiano (siehe Seite 125) servieren.

Ein Extrarezept für Trüffeljäger ... Eine schöne Trüffel von etwa 50–60 g dünn schälen, mit Pancettascheiben umhüllen und in Alufolie wickeln (in Italien würden wir dafür angefeuchtetes Strohpapier verwenden). In der Asche eines nur noch glimmenden Feuers vergraben und etwa 30 Minuten garen. In Scheiben schneiden und mit Brot genießen.

Olivenbäume werden rings um den Trasimenischen See und in den Hügeln bei Assisi, Spoleto und Orvieto kultiviert. Als ich einmal eingeladen war, eine Ölmühle zu besichtigen, lieferte gerade eine Frau ihre Olivenernte ab. Erstaunt beobachtete ich dann, wie sie die Verarbeitung der Früchte aufmerksam verfolgte – von der Zerkleinerung bis zur Abfüllung des Öls. Etwa 100 l ergaben die Früchte, damit war der Bedarf ihrer Familie für ein Jahr gedeckt. Wenn man eine solche Ölmühle besichtigt, bekommt man umbrische Bruschetta zu kosten, geröstetes Landbrot, eingerieben mit Knoblauch und beträufelt mit nativem Olivenöl extra aus der Region.

Die außerordentlich fruchtbaren Böden Umbriens bringen noch verschiedene andere Delikatessen hervor. Mit ihrem mild-süßen Aroma sind die roten Zwiebeln aus Cannara denen aus Tropea vergleichbar und schmecken sogar roh in einem Salat wundervoll. Trevi ist bekannt für

seinen ungewöhnlichen schwarzen Sellerie, in Colfiorito und Campitello reifen schmackhafte Kartoffeln. Karden wachsen hier ebenfalls und werden unter anderem als Cardi alla grifo (siehe Seite 129) serviert. Viel gerühmt sind der Pecorino und andere Schafkäsesorten aus Umbrien.

Auch für Süßigkeiten ist die Region bekannt, darunter die Baci, ein Schokoladenkonfekt (siehe Seite 129), und die Pinocchiate, eine Weihnachtsleckerei mit Pinienkernen, die auf das 15. Jahrhundert zurückgeht.

Zu den Höhepunkten des Festkalenders gehört das Musik- und Kunstfestival Due Mondi in Spoleto. Im Mai findet in Monte Saula Maria Tiberiana ein Porchetta-Fest statt, dem im September in Bastia ein ähnliches Ereignis folgt. Von September bis Januar huldigt Norcia der Trüffel, und im November organisiert Narni ein Maronen- und Weinfest.

Gamberi in salsa Flusskrebse in grüner Sauce

Für 4 Personen

4–6 Flusskrebse oder Scampi pro Person (je nach Größe)
Salz und Pfeffer

Für die Sauce:
3 EL Minze, gehackt
4 EL glatte Petersilie, gehackt
Fein abgeriebene Schale und Saft von 1/2 Zitrone
1/2 Knoblauchzehe, zerdrückt
1 EL Weißweinessig
6 EL natives Olivenöl extra (mit möglichst mildem Aroma, zum Beispiel aus Ligurien)

Zum Servieren:
Zitronenspalten

In den Gewässern der Region, insbesondere im Fluss Nera, tummeln sich erlesene Köstlichkeiten. Aus einheimischen Flusskrebsen wird in Umbrien dieses Gericht zubereitet, das im Sommer einen feinen ersten Gang abgibt. Falls Sie keine wirklich fleischigen Exemplare finden, können Sie auf dicke Scampi ausweichen, die zwar anders, auf ihre Weise in dieser Zubereitung aber ebenfalls vorzüglich schmecken.

Die Kräuter mit der Schale und dem Saft der Zitrone, dem Knoblauch und dem Essig im Mörser zerreiben, dabei langsam das Olivenöl zufügen. (Sie können dafür auch den Mixer verwenden – ich mag die Sauce allerdings lieber, wenn sie nicht ganz fein püriert ist.)

Die Krebse oder Scampi in leicht gesalzenem kochendem Wasser 8 Minuten garen. Abseihen und ausbrechen, dabei jedoch den Kopf mit den Scheren und die Schwanzflossen nicht vom Rumpf abtrennen.

Die frisch gekochten Krebse oder Scampi auf einzelnen Tellern auf der Sauce anrichten und mit Zitronenspalten garnieren.

Regionale Erzeugnisse

PRODUKTE AUS SCHWEINEFLEISCH Hinter dem Namen Barbozza verbirgt sich gepökelte und luftgetrocknete Schweinebacke, die im benachbarten Latium als Guanciale bekannt ist. Man verwendet sie wie Pancetta für ein Battuto (siehe Seite 121) oder genießt sie fein aufgeschnitten als Antipasto. In der trockenen Höhenluft von Norcia, Cascia, Monteleone di Spoleto, Poggiodano und Preci – all diese Städte liegen etwa 450 Meter über dem Meer – gewinnt der Prosciutto di Norcia seine mild-aromatische Note. Die Corallina, eine große Salami ähnlich der Milano, besteht aus sehr fein gehackter Schweineschulter. Mit Wacholderbeeren leicht geräuchert, besticht sie durch ein delikates Aroma. Ein ganz besonderes Geschmackserlebnis bietet die in Gubbio, Spoleto, Norcia und Orvieto hergestellte Wurst namens Mazzafegato mit einer fein zerkleinerten Mischung aus fettem und magerem Schweinefleisch sowie Leber mit Pinienkernen.

LENTICCIE DI CASTELLUCCIO Schon in der Antike wurden die kleinen, dunklen Linsen auf den vulkanischen Böden der Monti Sibillini oberhalb von Castelluccio angebaut. Sie garen ohne Einweichen in etwa 20 Minuten, schmecken nussig und werden oft zu Würsten serviert.

WEIN Umbriens Aushängeschild ist der trocken *(secco)* oder leicht lieblich *(abboccato)* angebotene weiße Orvieto aus der hübschen Stadt gleichen Namens, nahe der Grenze zu Latium gelegen. Er ist seit etwa 2000 Jahren bekannt und inspirierte manchen großen Künstler der Renaissance. Bei den meisten anderen weißen oder roten Weinen der Region beginnt der Name in Anspielung auf die Konturen des hiesigen Geländes mit dem Wort *colli* (Hügel), dem dann etwa die nähere Angabe Amerini, del Trasimeno, Altotiberini (von den Hängen am oberen Tiber), Assisi, Montani und Perugini folgen. Zwei äußerst angesehene DOCG-Etiketten sind der Torgiano Rosso Riserva und der ebenfalls rote Montefalco Sagrantino.

Lenticchie e salsicce di cinghiale
Linsen aus Castelluccio mit Wildschweinwurst

Für 6 Personen

- 12 Wildschweinwürste (etwa 600 g)
- 50 g magerer Pancetta, gewürfelt
- 3 EL Olivenöl
- 1 kleine Zwiebel, sehr fein gehackt
- 2 Knoblauchzehen, fein gehackt
- 10 sonnengetrocknete Tomaten, fein gehackt
- 1 Stange Bleichsellerie, sehr fein gewürfelt
- 2 EL trockener Weißwein
- 250 g Castelluccio-Linsen oder andere braune Linsen
- 1 kleiner Rosmarinzweig
- 5 Salbeiblätter
- 5 Basilikumblätter
- Salz und Pfeffer

Die besonders köstlichen Linsen aus Castelluccio sind im Nu zart und müssen nicht einmal eingeweicht werden. Wildschweinwürste sind heutzutage mühelos zu bekommen und entschieden schmackhafter als einfache Schweinswürste. In modernen Trattorien erlebt dieses bäuerliche Gericht inzwischen eine Renaissance. Es schmeckt nicht nur wundervoll, sondern fasziniert auch durch seine rustikale Schlichtheit: Alles kommt in einen Topf und gart fast von selbst.

Die Würste und den Speck in einem großen Topf im Olivenöl hellbraun anbraten. Die Zwiebel, den Knoblauch, die getrockneten Tomaten und den Sellerie zufügen und bei sanfter Hitze weich dünsten. Den Wein dazugießen und etwas verdampfen lassen.

Die Linsen mit den Kräutern zufügen und eben mit Wasser bedecken. Zum Köcheln bringen und 20–30 Minuten garen, bis die Linsen weich sind – falls die Mischung zu trocken wird, etwas mehr Wasser dazugießen.

Den Eintopf mit Salz und Pfeffer abschmecken und servieren.

La costoletta del curato
Kalbskotelett, wie es dem Priester gefällt

Für 4 Personen

- 3–4 EL Olivenöl
- 4 Kalbskoteletts (je etwa 180 g)
- *Für die Sauce:*
- Etwa 150 g gemischte frische Kräuter
- 4 EL natives Olivenöl extra
- 50 g milder Senf
- Saft von ½ Zitrone
- Salz und Pfeffer

Dass es um das leibliche Wohl des italienischen Klerus seit jeher gut bestellt ist, deutet sich schon im Begriff des *boccone da prete* an, der wörtlich »Happen für den Priester« bedeutet und schlicht für einen Leckerbissen steht. Dieses Gericht wird in den Restaurants von Orvieto im Mai serviert, wenn die Wildkräuter sprießen. Mindestens 18 verschiedene Kräuter soll die Sauce traditionsgemäß enthalten, deren »richtige« Mischung aber anscheinend ein streng gehütetes Geheimnis ist. Kombinieren Sie einfach so viele, wie Sie auftreiben können, und dosieren Sie Kräuter mit beißendem Aroma sparsam.

Für die Sauce die Kräuter im Mörser mit einem Stößel zerreiben und dabei tropfenweise das Olivenöl zugeben, sodass eine geschmeidige Mischung entsteht. Senf und Zitronensaft sowie Salz und Pfeffer nach Geschmack einrühren.

In einer Pfanne das »einfache« Olivenöl erhitzen und die Koteletts etwa 6–8 Minuten von beiden Seiten braten, bis sie gar sind. Mit der kalten Kräutersauce überziehen und sofort servieren.

Strascinate di Cascia — Pasta mit Pancetta und Wurst

Für 6 Personen

Hausgemachte Pasta aus 400 g italienischem Weizenmehl (Tipo '00') oder 400 g Tagliatelle
3 EL Olivenöl
100 g Guanciale, Barbozza oder Pancetta, fein gewürfelt
100 g frische italienische Wurst, enthäutet und grob zerteilt
Salz und Pfeffer
2 Eier
3 Eigelb
Saft von 1 Zitrone
Muskatnuss, frisch gerieben
Zum Servieren:
Gereifter Pecorino, frisch gerieben

Eigentlich bringt jeder die berühmten Spaghetti carbonara mit Rom in Verbindung. Wie mir mein Freund Marco aus Norcia jedoch erzählte, gehen sie tatsächlich auf dieses Rezept aus dem 15. Jahrhundert zurück. Deshalb durfte es, wie ich fand, im Umbrien-Kapitel nicht fehlen. Das Wort »strascinate« deutet darauf hin, dass der Teig über ein Brett gezogen und dadurch aufgeraut wird.

Falls Sie die Pasta nach dem traditionellen Rezept aus Cascia selbst herstellen möchten, das Mehl mit so viel Wasser vermengen, dass ein glatter, geschmeidiger Teig entsteht. 1,5 mm dick ausrollen und 15 Minuten ruhen lassen. In 3 x 6 cm große Streifen schneiden.

Das Olivenöl in einer Pfanne erhitzen und die Guanciale- oder Pancettawürfel einige Minuten ausbraten. Wurstbrät zufügen und unter Rühren braten, bis es gar und gebräunt ist.

Inzwischen die Pasta in reichlich kochendem Salzwasser al dente garen. In einer Schüssel die Eier und Eigelbe mit dem Zitronensaft und etwas Muskatnuss verquirlen.

Die Pasta abseihen und in der Pfanne, die Sie inzwischen vom Herd genommen haben, mit der Wurst vermischen. Die Ei-Zitronen-Mischung darüber gießen und gründlich untermischen, bis die Nudeln gleichmäßig überzogen sind. Noch 1 Minute ruhen lassen, mit dem Pecorino bestreuen und servieren.

Pollo all'arrabbiata — Feuriges Huhn mit Tomaten

Für 4 Personen

1 Bio-Huhn (gut 1 kg)
50 g Schweineschmalz
4 EL Olivenöl
1 mittelgroße Zwiebel, fein gehackt
8 Knoblauchzehen, geschält
150 ml trockener Rotwein
1–2 Peperoncini
600 g reife Tomaten, fein gehackt
2 EL Tomatenmark
Salz
2 EL glatte Petersilie, fein gehackt

Wenn man *arrabbiata* liest, denkt man wohl zuerst an Pasta mit feurig scharfer Tomatensauce. Aber auch anderen Gerichten verleihen die Italiener mit Peperoncino gern eine »rabiate« Würze. So kommen die Hühner, die in Umbrien meist noch ein glückliches Dasein im Freien führen dürfen, häufig in dieser pikanten Version auf den Tisch. Nach demselben Rezept können Sie ebenso ein gutes Kaninchen oder auch Ringeltaube zubereiten.

Das Huhn zerlegen und in mittelgroße Stücke schneiden. Schmalz und Olivenöl in einem großen, schweren Topf oder einer Kasserolle erhitzen. Die Hühnerstücke mit der Zwiebel und den ganzen Knoblauchzehen ringsum braun anbraten.

Den Wein dazugießen und etwas verdampfen lassen. Die Chili, die Tomaten und das Tomatenmark zufügen. Leicht salzen, zum Köcheln bringen und im geschlossenen Topf 30–40 Minuten sanft schmoren, bis das Fleisch gar ist.

Mit Salz und Pfeffer abschmecken, mit der Petersilie bestreuen und servieren. Gut schmeckt dazu Polenta.

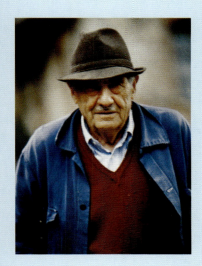

Weitere regionale Spezialitäten

Baci perugina Die Schokoladen-»Küsse« werden heute industriell produziert; mit eingewickelt ist ein Sinnspruch

Bruschetta umbra Geröstete Brotscheiben, mit Knoblauch und Olivenöl

Cardi alla grifo In Stücke geschnittene und gebratene Karden mit gehacktem Kalbfleisch, Hühnerlebern sowie Tomatensauce gebacken

Ciriole alla ternana Dicke Spaghetti mit Öl, Knoblauch und Peperoncino

Fagiano al tartufo di Norcia Geschmorter Fasan mit schwarzen Trüffeln

Frittata alla tartufo Omelett mit schwarzen Trüffeln

Gallina ubriaca Poularde mit einem Battuto – einer Mischung aus Speck, Tomaten, Knoblauch und Zwiebel –, in Weißwein gegart

Lepre alle olive Hase, mit Weißwein und Oliven geschmort

Palombacci alla todina Gefüllte Tauben, am Spieß gebraten

Porchetta Gebratenes und gefülltes Spanferkel, in Scheiben geschnitten, in Panini serviert

Risotto alla norcina Weißer Risotto mit schwarzen Trüffeln

Tagliata Steak vom Grill mit Olivenöl, grünen Paprikaschoten und Rosmarin

Trota al tartufo Gebratene Forelle aus dem Fluss Nera, mit schwarzen Trüffeln serviert

Zuppa di fagioli e porcini Dicke-Bohnen-Suppe mit Steinpilzen

Pinocchiate Konfekt mit Pinienkernen

Ergibt 1 kg

500 g extrafeiner Zucker
200 ml Wasser
1 EL Kartoffelstärke
400 g Pinienkerne
Fein abgeriebene Schale von 1 Zitrone oder Mandarine

Angeblich schon seit dem 15. Jahrhundert wird diese Süßigkeit in Perugia zum Weihnachtsfest zubereitet. Eine arabische Note erhält sie, wenn man die Pinienkerne durch Pistazien ersetzt, und gut schmeckt sie auch mit Mandeln oder Haselnüssen.

In einem Topf mit schwerem Boden den Zucker im Wasser bei niedriger Temperatur auflösen. Den Sirup bei stärkerer Hitze kochen, bis er eine Temperatur von 110 °C erreicht hat (von einem eingetauchten und wieder herausgezogenen Holzlöffel muss er jetzt in Fäden heruntertropfen).

Den Topf sofort vom Herd nehmen und mit dem Holzlöffel die Kartoffelstärke, die Pinienkerne und die Zitronenschale gründlich einrühren. Die Masse auf eine feuchte Marmorfläche gießen und mit einem Palettmesser glatt streichen.

Noch warm in kleine Rauten schneiden und diese zwischen Reispapierblättern erkalten lassen. *Frohe Weihnachten!*

Marche

Auf der Ostseite der Region Marken reiht sich ein Adriastrand an den anderen, über zwei Drittel ihres Gebietes aber werden von den Ausläufern und zerklüfteten Gipfeln des Apennins eingenommen. Wer neugierig ist auf unverfälschte italienische Küche, kann hier in Meeresfrüchten schwelgen und andererseits traditionelle bäuerliche Gerichte genießen, die Kaninchen, Huhn und Ente verwenden, aber ebenso Lamm- und natürlich Schweinefleisch.

Die Region war unter dem Namen Piceno bekannt, bevor sie ihren heutigen Namen erhielt. Dieser leitet sich von dem Begriff »Marca« ab, der für kleine Gebiete gebraucht wurde. Landstriche wie die Marca Camerinense (von Camerino) und Marca Ancontana (von Ancona) wurden zu den Marken (italienisch Marche) vereinigt, als das Gebiet Anfang des 19. Jahrhunderts in das neue Königreich Italien eingegliedert wurde. Abgesehen von der Küste, die herrliche Strände mit goldgelbem Sand zu bieten hat, sind die Marken touristisch kaum erschlossen. Daher wurden viele alte Traditionen bewahrt. Man könnte die Marken als Region von Selbstversorgern bezeichnen. Fast jeder besitzt ein Stück Land, auf dem er Gemüse zieht oder Tiere hält. Man findet kaum eine Familie, die nicht Wein, Käse oder Konserven in Eigenregie herstellt.

Die wenigen Fremden, die es ins Landesinnere verschlägt, kommen in den Genuss herzlicher Gastfreundschaft und besonderer lokaler Spezialitäten. Niemals werde ich eine Mahlzeit in einer Trattoria bei Fabriano in den Ausläufern des Apennins vergessen. Unterstützt von ihren vier Töchtern, wirbelte *mamma* in der Küche herum. Währenddessen holte *papà* die Zutaten aus dem Obst- und Gemüsegarten, aber auch vom Feld und aus dem Wald, darunter wundervolle Wildpilze. Das Ergebnis war ein bodenständiges und dabei überaus köstliches Essen.

Auch kulturell haben die Marken viel zu bieten. Urbino, Geburtsstadt des Malers Raffael, ist berühmt für seine Kunstschätze, und Pesaro feiert im Sommer ein Musikfest zu Ehren seines berühmten Sohnes Gioacchino Rossini. Ihm verdanken wir die Lendenschnitten à la Rossini. Wie vorzüglich die Küche der Region ist, haben schon viele ihrer Köche in aller Welt bewiesen. Zu ihnen gehört mein kreativer Freund Franco Taruschio, der mehr als 30 Jahre lang Inhaber des Walnut Tree Inn im walisischen Abergavenny war.

Kulinarische Traditionen und Spezialitäten

Gegen Einflüsse aus der Emilia-Romagna im Norden, Umbrien im Westen und den Abruzzen im Süden – drei Regionen mit starkem kulinarischem Profil – konnten sich die Marken nicht völlig abschotten. So verleihen Peperoncini (Pfefferschoten), die typisch sind für die Abruzzen, vielen Gerichten eine pikante Würze. Dennoch haben die Marken, teils auch dank der Fische und Meeresfrüchte aus der Adria, die die östliche Grenze bildet, eine ganz individuelle Küche entwickelt.

    Meeresfrüchte dominieren entlang der Küste von Pesaro im Norden bis hinunter nach San Benedetto del Tronto. Rotbarbe, Meerbrassen, Seezunge, Steinbutt, Hummer (eine Rarität in Italien) und Krebse aus den Flüssen in den Bergen werden unter anderem zu Brodetti, Fischsuppen oder -eintopfgerichte, in zahlreichen fantasievollen Varianten verarbeitet. Ancona, die Hauptstadt der Region, behauptet gar, den besten Brodetto ganz Italiens zu bieten. Er enthält bis zu zwölf verschiedene Arten von Fischen und Meeresfrüchten, und jede Familie und Trattoria hat ihr eigenes Rezept. Ein gemeinsames Merkmal ist jedoch eine Röstbrotscheibe (Crostone), die vor dem Austeilen des Eintopfs in die Teller gelegt und ganz zum Schluss, mit den Aromen voll gesogen wie ein Löschblatt, gegessen wird. Manche Fischgerichte der Region werden auch mit weißen Trüffeln veredelt.

    Angeblich findet man in Pesaro die besten Venus- und Miesmuscheln ganz Italiens, und die Passatelli al sugo di vongole (siehe Seite 138) sind eine geschätzte Spezialität. Miesmuscheln werden auch gefüllt, mit Semmelbröseln überzogen und gegrillt. Im Restaurant Fortino Napoleonico in Portonovo bei Ancona bot sich mir einmal die Gelegenheit, Crocette zu kosten, eine Art von Muscheln, deren Schalen der Koch mit einem Spezialwerkzeug durchbohren muss, damit der Gast überhaupt das saftige Fleisch heraussaugen kann.

Erstaunlich ist die hiesige Vorliebe für Stoccafisso, also getrockneten Kabeljau, dem man auch in anderen Teilen des Landes begegnet und der in den Marken auf verschiedene Arten zubereitet wird: *in umido* (mit Tomaten, Zwiebeln, Möhren und Bleichsellerie), *in potacchio* (mit Rosmarin und Knoblauch) und *in teglia* (mit Kartoffeln in eine Form geschichtet). Süßsauer in Essig eingelegter Fisch, auf den Speisekarten mit dem Zusatz *a scapece* ausgewiesen, ist hier ebenfalls sehr populär.

Im Hinterland, wo die Küche unverkennbar bäuerliche Züge aufweist, spielt Schweinefleisch eine überragende Rolle. Die Porchetta ist zwar vielerorts in Italien bekannt, soll aber hier, in der Provinz Macerata, erfunden worden sein. Ein bis zu 40 kg schweres Jungschwein wird ausgelöst, mit Knoblauch, Leber und Herz sowie wildem Fenchel und Fenchelsamen gefüllt und am Spieß gebraten – bei vielen Volksfesten die kulinarische Hauptattraktion.

Überall in den Marken findet man auch Salumi (Wurstwaren) und Schinken vom Schwein (siehe Seite 140). Vorzüglich munden die Würste, Schinken und Coppa aus Macerata mit dem ebenfalls dort bereiteten Verdicchio (siehe Seite 140). San Leo im Norden der Region ist berühmt für seinen Schinken, der besonders gut in Piadine, dünnen Brotfladen, schmeckt – genau so wird Schinken auch in der benachbarten Romagna häufig serviert. Das alte Städtchen Fabriano, eingebettet in eine spektakuläre Bergkulisse in der Provinz Ancona, hat sich mit seiner hervorragenden Salami einen Namen gemacht.

Rindfleisch wird ebenfalls viel gegessen, und oft stammt es vom Vitellone Bianco Appennino, einer für die Apenninregionen typischen Rasse. Genauso gute Fleischlieferanten sind die hiesigen Lämmer, Hühner, Enten und Kaninchen – und sogar Pferde. Bei vielen Fleischgerichten bemerkt man eine für die italienische Küche eher ungewöhnliche süßliche Würznote, die von Zimt, Nelken und dergleichen herrührt. Nach dem österreichischen General Fürst zu Windischgraetz, der die Region 1799 von Napoleon zurückeroberte, ist das Vincisgrassi benannt, eine üppige Lasagne aus Ancona, die Hühnerleber, Kalbsbries und andere Innereien, Pilze und Gewürze enthält. In Macerata bekommt man mitunter Tagliatelle, hergestellt aus einer Mischung von Pastamehl und Mehl von Dicken Bohnen.

Ich dachte immer, meine Heimatregion Piemont sei die italienische Trüffelhochburg. Aber nicht nur die Emilia-Romagna, sondern auch die Marken haben schöne Exemplare der begehrten Pilze zu bieten, wobei schwarze Trüffeln den Löwenanteil ausmachen. Vor allem Acqualagna ist ein Treffpunkt der Händler und veranstaltet im Februar ein großes Trüffelfest. Noch viele andere Pilze sprießen in den Hügeln und Wäldern überall in der Region und bereichern häufig Gerichte *alla cacciatora* (»nach Jägerart«). Besonders reich an diesen »Bodenschätzen« ist die Umgebung von Urbino, das auch für seine Schnecken berühmt ist.

Gemüse gedeiht in den Marken ebenfalls in Hülle und Fülle, vor allem Brokkoli, Blumenkohl, Lauch, Artischocken (aus Ascoli), Fenchel, Dicke Bohnen, rote Kartoffeln (aus Colfiorito) und weiße Bohnen (aus Tronto). Uns weniger vertraut ist die Karde, eine distelähnliche Pflanze, deren knackige Blattstiele mit Parmesan im Ofen überbacken köstlich schmecken. Damit sie schön zart geraten, werden die Pflanzen

umgebogen und mit Erde bedeckt, was ihnen den Spitznamen *gobbi* (Bucklige) einbrachte. Überall an den unteren Hängen des Apennins wachsen Weinreben und Olivenbäume. Das delikate Olivenöl aus Pesaro gilt als eines der besten ganz Italiens, und Ascoli, im Süden der Marken, kennt eine besondere Spezialität: ausgesprochen große, pralle Oliven, die auszupressen viel zu schade wäre. Gefüllt, mit Semmelbröseln überzogen und frittiert, ergeben sie ein beliebtes Antipasto (siehe unten). Auch verlockende Früchte kommen aus den Marken: Aprikosen aus Macerata, Birnen aus Serrungarina, Pfirsiche aus dem Aso-Tal und rosa Äpfel aus Amandola.

Im Februar starten die Marken ihr kulinarisches Festprogramm mit einer Trüffelmesse in Acqualagna, und im Oktober klingt es, wieder mit Trüffeln, in San Agata aus. Dazwischen gibt es Polentafeste (im März in San Constanzo), gefolgt im Mai von Festen zu Ehren der Porchetta (in Monterado), der Artischocken (in Montelupone) und der Erdbeeren (in Ostra). Monfortino und Porto San Giorgio organisieren im Juli ein Schnecken- und Meeresfrüchtefest; im August gibt es in Fiordimonte Braten und in Ripatransone Prosciutto zu kosten; Staffolo veranstaltet im September eine *sagra*, bei der Nüsse im Mittelpunkt stehen.

Olive farcite all'ascolana — Gefüllte und frittierte Oliven

Ergibt 50 Stück

- 50 große grüne Ascoli-Oliven
- Olivenöl zum Frittieren
- Weizenmehl
- 2 Eier, verquirlt
- Semmelbrösel

Für die Füllung:
- 3 EL Olivenöl
- 50 g Butter
- 100 g Hackfleisch vom Schwein
- 100 g Hackfleisch vom Kalb
- 50 g Hühnerfleisch, fein gehackt
- Salz und Pfeffer
- 3 EL Marsala oder Sherry
- 1 kleine schwarze Trüffel, fein gewürfelt
- Einige Tropfen Trüffelöl
- 30 g Parmaschinken, fein gehackt
- 3 EL Petersilie, fein gehackt
- 1/2 TL geriebene Muskatnuss
- Fein abgeriebene Schale von 1 Zitrone
- 1 Ei, verquirlt
- 50 g Parmesan, frisch gerieben
- Etwas Milch (nach Bedarf)

Von den vielen Varianten des Rezepts aus Ascoli ist dieses das Original.

Für die Füllung das Olivenöl mit der Butter in einem Topf erhitzen. Das Fleisch darin unter ständigem Rühren 5–6 Minuten braten, bis es kräftig gebräunt ist, anschließend salzen und pfeffern. Den Marsala oder Sherry dazugießen und köchelnd verdampfen lassen. Den Topf vom Herd nehmen und abkühlen lassen.

Das Fleisch mit der Trüffel und dem Trüffelöl, dem Schinken, der Petersilie, der Muskatnuss und der Zitronenschale in den Mixer geben und kurz durchmischen. Das Ei und den Parmesan rasch untermixen. Die Füllung sollte einerseits fest sein, sodass sie später nicht aus den Oliven herausläuft, aber andererseits nicht zu trocken. Daher nach Bedarf mit einigen Tropfen Milch geschmeidig rühren und zuletzt nach Geschmack salzen und pfeffern.

Die Oliven von oben nach unten spiralförmig bis zum Kern einschneiden und diesen schließlich so herauslösen, dass die Spirale erhalten bleibt. Jeweils eine kleine Menge der Füllung zwischen die Fruchtfleischspiralen schieben und die Oliven wieder in Form drücken.

In einem zum Frittieren geeigneten Topf reichlich Olivenöl erhitzen. Die Oliven portionsweise in Mehl wenden, ins verquirlte Ei tauchen und in den Semmelbröseln wälzen. Im heißen Öl in 2–3 Minuten goldbraun frittieren und anschließend auf Küchenpapier abtropfen lassen. Heiß als Antipasto servieren und nach Belieben Zitronenspalten dazu reichen.

Uccelletti di mare allo spiedo — Meeresfrüchtespieß

Für 4–6 Personen

- 800 g gemischte frische, festfleischige Meeresfrüchte wie Kraken, Kalmare und Sepien, große Garnelen und ausgelöste Jakobsmuscheln
- 150 g feine, weiße Semmelbrösel, frisch gerieben
- 3 EL glatte Petersilie, fein gehackt
- Salz und Pfeffer
- Olivenöl zum Bestreichen
- Zitronensaft zum Beträufeln

Keine Bange! Hier geht es nicht um kleine Vögel (die eigentliche Bedeutung von *uccelletti*), sondern um saftige Happen köstlich frischer Meeresfrüchte. Von den Marken an südwärts werden frische Semmelbrösel, gemischt mit gehackter Petersilie, gern verwendet, um Gerichten mehr Geschmack zu verleihen.

Holzspieße etwa 30 Minuten in Wasser einweichen, damit sie über der Holzkohlenglut oder unter dem Elektrogrill der Hitze widerstehen. Die Meeresfrüchte küchenfertig vorbereiten, dabei die Garnelen bis auf das letzte Schwanzsegment schälen; die anderen Arten in etwa aprikosengroße Stücke schneiden. Die Meeresfrüchte abwechselnd auf die Spieße stecken.

Die Semmelbrösel mit der Petersilie sowie etwas Salz und Pfeffer vermengen. Die Meeresfrüchte mit Olivenöl bestreichen, in den Semmelbröseln wenden und diese gut andrücken.

Die Spieße 3–4 Minuten grillen, dabei immer wieder drehen, sodass die Meeresfrüchte gleichmäßig Farbe annehmen, und mehrmals mit Zitronensaft und Olivenöl bestreichen. Heiß servieren.

Brodetto all'anconetana — Fischtopf nach Art von Ancona

Für 4–6 Personen

- 1,2 kg gemischte frische Fische, gesäubert
- 500 g gemischte frische Meeresfrüchte (Venusmuscheln, Miesmuscheln, geöffnete Jakobsmuscheln, Garnelen)
- 5 EL Olivenöl
- 1 große Zwiebel, in dünne Scheiben geschnitten
- 3 Knoblauchzehen, fein gehackt
- 3 EL Tomatenmark oder 4–5 frische Tomaten, gehackt
- 1 Prise Cayennepfeffer
- Salz und Pfeffer
- 3 EL glatte Petersilie, grob gehackt
- 2 EL Weißweinessig

Zum Servieren:
- 4–6 Scheiben gutes Brot, geröstet
- Natives Olivenöl extra zum Beträufeln

Darüber, ob der Brodetto nun eine Suppe oder eher ein Eintopf ist, lässt sich streiten. Jedenfalls wird er nirgends in Italien so variantenreich zubereitet wie in den Marken. Tagtäglich werden in den zahlreichen Häfen an der langen Adriaküste exzellente Fische angelandet, und oft sind mehr als ein Dutzend verschiedene Arten dabei. In diesem Rezept verbinden sich die Früchte des Meeres mit zwei weiteren typischen Zutaten der Region: mit gutem Olivenöl und Tomaten. Schlichter – und köstlicher – geht es kaum!

Die Fische filetieren und in mundgerechte Stücke schneiden, kleinere Exemplare unzerteilt lassen. Die Meeresfrüchte küchenfertig vorbereiten.

In einem großen Topf das Olivenöl erhitzen und die Zwiebel mit dem Knoblauch weich dünsten. Das mit etwas Wasser verrührte Tomatenmark oder die frischen Tomaten und den Cayennepfeffer zufügen. Erhitzen und 10 Minuten köcheln lassen, dabei gelegentlich rühren. Die Sauce mit Salz und Pfeffer würzen.

Nun zunächst die größeren Fischstücke in die Sauce einlegen, gefolgt von den Meeresfrüchten und schließlich den kleinen Fischen. Das Ganze 5–8 Minuten köcheln lassen, bis der Fisch gar ist und die Muscheln sich geöffnet haben. Zuletzt die Petersilie und den Essig zufügen und den Eintopf behutsam durchmischen.

Etwas natives Olivenöl extra vor dem Servieren darüber geträufelt gibt ihm ein besonders feines Aroma. Die Röstbrotscheiben reichen Sie dazu oder legen sie in die Teller, bevor Sie den Eintopf austeilen.

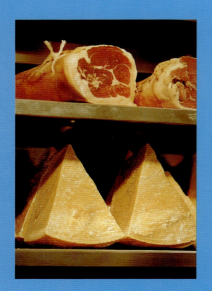

Weitere regionale Spezialitäten

Braciola alla urbinate Eine Scheibe Rindfleisch wird um eine Füllung aus einem Omelett, Schinken und Käse gewickelt

Bucatini alla marchigiana Dicke Spaghetti mit einer Sauce aus Zwiebel, Bleichsellerie, Möhren, Pancetta, Prosciutto, Tomaten und Wein

Cappelletti alla pesarese Teig-»Hütchen« mit einer Füllung aus Schweinebraten, gekochtem Kapaun, Rindermark, Zitronenschale, Muskatnuss und Käse, in Hühnerbrühe gegart

Coniglio in porchetta Im Ofen gebratenes Kaninchen, gefüllt mit seinen Innereien, Hackfleisch vom Kalb und Schwein und wildem Fenchel

Fritto misto all'ascolana Lammkoteletts, Oliven, Hirn und Artischocken, mit einer Panade versehen und frittiert

Minestra col grasso Tagliolini (feine Bandnudeln) in Fleischbrühe gegart, mit einer Sauce aus Zwiebeln, Tomaten und Schinkenwürfeln

Parmigiana di gobbi Blanchierte panierte und frittierte Karden, mit Béchamelsauce und Parmesan im Ofen fertig gegart

Polenta alla carbonara Weiche Polenta mit einem Battuto aus Olivenöl, Speckstreifen, Knoblauch, Petersilie und Pecorino

Porchetta Gefülltes Spanferkel, am Spieß gebraten

Potacchio Dicke Sauce aus Schweine-, Hühner- oder Kaninchenfleisch mit Knoblauch, Rosmarin, Öl und Wein; auch Stockfisch kann als Potacchio zubereitet werden

Seppie ripiene Tintenfische mit Parmesan, Semmelbröseln und Ei, in Öl und Wein geschmort

Torta nociata Ein Walnusskuchen, zubereitet mit Olivenöl und angereichert mit Zitronat und Orangeat; Spezialität aus San Ginesio

Trippa alla pignata Im Tontopf langsam gegarte Kutteln, früher in Pesaro auf der Straße verkauft

---

Für 4 Personen

Für die Passatelli:
- 300 g Weizenmehl
- 100 g getrocknete Semmelbrösel
- 2 Eier plus 2 Eigelb
- 50 g Parmesan, frisch gerieben
- Etwas Milch

Für die Muschelsauce:
- 5 EL Olivenöl
- 2 Knoblauchzehen, fein gehackt
- 1 kleiner roter Peperoncino, gehackt (nach Belieben)
- 600 g frische Venusmuscheln, gesäubert
- 100 ml trockener Weißwein
- 3 EL glatte Petersilie, grob gehackt
- Salz und Pfeffer

Passatelli al sugo di vongole

Hausgemachte Eiernudeln mit Venusmuscheln

In der benachbarten Emilia-Romagna werden die Passatelli in Fleischbrühe gekocht und serviert, und in Südtirol schätzt man die deutsche Variante – die Spätzle. Diese Version aus den Marken schmeckt mir jedoch am besten, zumal die Venusmuscheln hier an der Adria ganz frisch zu bekommen sind. Es gibt eine Spezialpresse für Passatelli, aber gute Dienste leistet auch eine Rohkostreibe mit großen Löchern.

Das Mehl und die Semmelbrösel mit den Eiern und Eigelben, dem Parmesan, 1 Prise Salz und so viel Milch vermengen, dass ein weicher Teig entsteht.

In einem großen Topf reichlich Wasser mit etwas Salz zum Kochen bringen. Direkt über dem Topf den Teig in kleinen Portionen durch eine Rohkostreibe mit großen Löchern drücken, sodass die Nudeln direkt ins sprudelnde Wasser fallen. Sie sind gar, wenn sie an die Oberfläche steigen. Mit einer Schaumkelle herausheben, gut abtropfen lassen und warm stellen, bis der gesamte Teig verarbeitet ist.

Für die Muschelsauce das Olivenöl in einem zweiten Topf erhitzen und den Knoblauch mit dem Peperoncino (sofern verwendet) kurz anbraten. Die Muscheln mit dem Wein zufügen und im fest verschlossenen Topf 2–3 Minuten garen, bis sie sich öffnen und ihren köstlichen Saft abgeben. Die Petersilie untermischen, salzen und pfeffern und noch geschlossene Muscheln aussortieren.

Passatelli und Muscheln vermischen. In vorgewärmten Schalen heiß als Vorspeise servieren.

Vincisgrassi »Kleine Lasagne«

Für 6 Personen

- 500 g frische Steinpilze, geputzt und in Scheiben geschnitten
- 60 g Butter
- 2 EL Olivenöl
- 1 Rezept Nudelteig mit Ei (siehe Seite 251)
- 200 g Parmesan, frisch gerieben
- 2 EL glatte Petersilie, gehackt
- 1 Knoblauchzehe, fein gehackt

Für die Béchamelsauce:
- 60 g Butter
- 50 g Weizenmehl
- 500 ml Milch
- Salz und Pfeffer

Eigentlich enthält der Klassiker aus den Marken Innereien wie Hirn, Bries und Leber. Hier stelle ich meine eigene Version vor, die sich leichter zubereiten lässt. Am besten schmeckt sie im Herbst mit frischen Steinpilzen. Ersatzweise verwenden Sie Austernpilze oder Shiitake, ergänzt durch 20 g eingeweichte getrocknete Steinpilze.

Den Backofen auf 200 °C vorheizen. Für die Béchamelsauce die Butter zerlassen, das Mehl einrühren und 1 Minute anschwitzen. Langsam die Milch dazugießen und ständig rühren, sodass eine glatte Sauce entsteht, die Sie zuletzt mit Salz und Pfeffer abschmecken.

Für die Pilze die Butter mit dem Olivenöl in einer Schmorpfanne zerlassen. Die Pilze unter häufigem Rühren braten, bis sie weich sind und der austretende Saft verdampft ist. Mit Salz und Pfeffer abschmecken.

Den Nudelteig 3–4 mm dick ausrollen und in etwa 15 cm große Quadrate schneiden. In kochendem Salzwasser in etwa 4 Minuten al dente garen, abseihen und gut abtropfen lassen.

Nun alle Zutaten in dieser Reihenfolge in sechs kleine Gratinformen füllen: eine dünne Schicht Béchamelsauce, eine Lage Lasagneblätter, die Hälfte der Pilze und wieder eine Schicht Béchamelsauce, über die Sie reichlich Parmesan streuen; das Ganze ein zweites Mal wiederholen. Die Lasagne 15 Minuten im Ofen backen, bis die Sauce leise blubbert und der Käse zart gebräunt ist. Heiß genießen.

Regionale Erzeugnisse

PRODUKTE AUS SCHWEINEFLEISCH Überall in der Region werden verschiedene Schinken und Salamis hergestellt. Als besondere Spezialität entsteht in Fabriano, Matelica und Amandola die Ciauscolo, eine weiche und würzige Salami, die der kalabrischen 'Nduja ähnelt und wie diese auch auf geröstetes Brot gestrichen wird. Der Prosciutto di San Leo stammt aus der gleichnamigen Stadt und besitzt einen besonders feinen Geschmack. Die berühmte Salami aus Fabriano enthält eine Mischung aus Schweine- und Rindfleisch (manchmal auch Ersteres allein), ist mit Pfefferkörnern und Knoblauch gewürzt und reift mindestens sechs Monate.

KÄSE Außerhalb der Marken sind nur wenige ihrer Käseerzeugnisse wirklich bekannt, obwohl fast überall Pecorino erzeugt wird. In Cagli (Provinz Pesaro e Urbino) und in San Leo wickelt man diesen in Kastanienblätter und lässt ihn in Steingutgefäßen reifen. Der Formaggio di fossa aus Talamello ist ein Schafmilchkäse, der Mitte August in Sackleinen eingeschlagen und eingegraben wird, um bis Ende November zu reifen. Beliebt ist der Caciotta di Urbino, ein Frischkäse, und auch Ricotta wird in der Region hergestellt.

WEINE UND LIKÖRE Zu den bekanntesten Rebensäften der Marken zählen der Rosso Piceno und der Rosso Conero sowie der Verdicchio dei Castelli di Jesi und der Verdicchio di Matelica. In den Conero-Hügeln landeinwärts von Ancona wird schwerpunktmäßig die Montepulciano-Traube angebaut, aus der mit dem Rosso Conero der renommierteste Rote der Marken entsteht. Überall in der Region wird aus einer Mischung von Sangiovese und Montepulciano der Rosso Piceno gekeltert, und eine Superiore-Version kommt aus Ascoli Piceno. Verdicchio, seit dem 14. Jahrhundert in der Region gezogen, erbringt einen grünlich schimmernden Weißen. Die Version aus Jesi (Provinz Ancona) wird in einer amphorenförmigen Flasche verkauft, die hier im Volksmund »La Lollobrigida« heißt. Der Verdicchio der Marken wird auch als Spumante angeboten.

Seit etwa 150 Jahren wird in Ascoli Piceno der Likör Mistrà hergestellt, eine Mischung aus Weinen, einheimischen Kräutern, Früchten und Anis. Dass sich auch Anisette in den Marken großer Beliebtheit erfreut, lässt sich vielleicht mit griechischen Einflüssen erklären.

Agnello alla cacciatora — Lamm nach Jägerart

Für 4 Personen

12 dünne Scheiben Lammkeule, je etwa 10–13 cm lang und breit
Salz und Pfeffer
50 g Schweineschmalz
200 ml trockener Weißwein
12 Knoblauchzehen, ungeschält
1 kleiner Rosmarinzweig
Für die Füllung:
100 g Parmaschinken (vorwiegend fett mit kleinem magerem Anteil), fein gehackt
2 Knoblauchzehen, sehr fein gehackt
Einige zarte Rosmarinblättchen, fein gehackt

Von diesem in den Marken sehr verbreiteten Rezept kursieren zwei Versionen: Eine verwendet in Stücke geschnittenes Lammfleisch, die andere, die ich hier vorstelle, hingegen kleine Lammrouladen, gefüllt mit einer herzhaften Mischung aus fettem Parmaschinken, Rosmarin und Knoblauch.

Den Backofen auf 200 °C vorheizen. Die Fleischscheiben nebeneinander auf die Arbeitsfläche legen, salzen und pfeffern. Mit den gehackten Zutaten – also Parmaschinken, Knoblauch und Rosmarin – bestreuen, einzeln aufrollen und die Rouladen mit Küchengarn umwickeln.

Das Schmalz in einem Bräter zerlassen und die Rouladen von allen Seiten braun anbraten. Den Wein, die Knoblauchzehen und den Rosmarinzweig zufügen. Erhitzen, bis der Wein simmert, und in den Ofen schieben. Etwa 15–20 Minuten garen, bis das Fleisch schön zart und der Wein verdampft ist.

Brot ist in ganz Italien eine beliebte Beigabe, auch zu diesem Gericht.

LAZIO

Wenn man von der Küche Latiums spricht, ist in erster Linie die Küche Roms gemeint. Die Römer legen sehr viel Wert auf gutes Essen – und zwar quer durch alle Gesellschaftsschichten. Auf dem vulkanischen Boden der Region gedeiht exzellentes Gemüse, darunter die viel gepriesenen römischen Artischocken. Was den Zusatz *alla romana* trägt, schmeckt leicht und aromatisch, und Pastasaucen wie Carbonara und Amatriciana sind weithin bekannt.

Latium liegt an der italienischen Westküste und wird im Norden von der Toskana, im Süden von Kampanien begrenzt. Das oft ihrem Namen nachgestellte SPQR steht für *Senatus Populusque Romanus* (übersetzt »der Senat und das Volk von Rom«), und das sagt schon alles! Rom, seit 1861 Kapitale des gesamten Landes, bildete schon vor etwa 2000 Jahren unumstritten das politische, kulturelle und gastronomische Zentrum der Region. Daran hat sich bis heute nichts geändert. Das restliche Latium dient als »Vorratskammer«.

Im Verlauf ihrer glorreichen Geschichte haben die Römer Reiche aufgebaut und andere vereinnahmt. Auch in der Küche haben sie sich oft Fremdes zu Eigen gemacht. Manches der Gerichte, die man heute auf römischen Speisekarten sieht, stammt ursprünglich aus den Nachbarregionen Toskana, Abruzzen oder Kampanien. In Rom geht man gern zum Essen aus und scheut nicht den Weg in Außenbezirke, etwa in eine der Trattorien in den Castelli Romani, wo man an langen Tischen unter rebenumrankten Pergolen bis in die Nacht hinein speist.

Bei meinem letzten Aufenthalt in Latium besuchte ich an einem Sonntag in Trastevere, einem alten Stadtviertel Roms, ein Restaurant namens Sabatini, in dem ich viele Jahre zuvor einmal gegessen hatte. Mit Freuden stellte ich fest, dass noch immer traditionelle Gerichte auf der Speisekarte standen. Kutteln waren zwar an jenem Tag nicht dabei, aber im Kühlschrank fanden sich welche, die extra für mich zubereitet wurden. Im Anschluss genehmigte ich mir einen köstlichen Bohneneintopf mit Schinkenknochen, der mich zu dem Rezept auf Seite 157 inspirierte. In Rom findet man bis heute etliche solcher Trattorien, die einfachste Kost anbieten – wie Innereien. Mein Schwager Terence Conran kam nach einem Besuch Roms aus dem Schwelgen über diese Küche gar nicht mehr heraus.

Kulinarische Traditionen und Spezialitäten

Zeitgenössischen Schilderungen zufolge wurde im Rom der Antike üppig getafelt – jedenfalls in begüterten und klerikalen Kreisen. Das niedere Volk musste sich wie überall mit Einfachem bescheiden. Feine Fleischstücke waren den Wohlhabenden vorbehalten, während bei den weniger Privilegierten oft Innereien auf dem Speiseplan standen. Diese *cucina povera,* deren Zubereitungen sich nicht in Raffinessen verlieren, liegt heute im Trend. Die traditionelle römische Küche hat zahlreiche berühmte Gerichte mit Innereien zu bieten, darunter Coda alla vaccinara – auf Seite 154 präsentiere ich diesen geschmorten Ochsenschwanz in neuer Interpretation –, Pajata oder Pagliata (geschmortes Gekröse von Milchlamm) und Coratella di abbacchio (Ragout aus Lamminnereien). Herz, Nieren, Bries, Zunge und selbst der ganze Kopf – alles wird gegessen bis hin zu Kalbsfüßen, deren Fleisch in Streifen geschnitten und als Salat angemacht auf den Tisch kommt.

Unter allen Fleischsorten ist Lamm die Nummer eins – umso mehr, wenn das Fleisch von einem noch gesäugten Jungtier stammt. Die Zubereitungsarten sind vielfältig: im Ofen oder in der Pfanne gebraten, geschmort, gegrillt oder *brodettato,* was so viel heißt wie »als Eintopf serviert, dessen Sauce mit Eigelb und Zitronensaft angereichert ist«. Die griechischen Einflüsse in diesem klassischen römischen Ostergericht sind unverkennbar. Schafmilch wird vornehmlich zu Pecorino romano verarbeitet, wobei als Nebenprodukt Ricotta (siehe Seite 152) entsteht. Rind- und Kalbfleisch werden seltener gegessen, wobei die Innereien vom Kalb recht populär sind. Das berühmteste Kalbfleischgericht Roms dürfte jedoch Saltimbocca alla romana (siehe Seite 149) sein.

Fast jede Familie hielt im 16. Jahrhundert ein Schwein. Da die Tiere frei umherstreiften und oft ein Verkehrshindernis darstellten, erließ der Papst schließlich ein Edikt: Jeder, der ein Schwein auf der Straße fand, durfte dieses mitnehmen. Damit war das Problem im Nu aus der Welt! Porchetta (gebratenes Spanferkel) ist in ganz Süditalien verbreitet, wird jedoch besonders mit Latium und Rom in Verbindung gebracht. Wer gute Salami und dergleichen schätzt, wird in Latium ebenfalls fündig. Schließlich findet sich auch Huhn auf den Speisekarten, häufig auf klassisch römische Art mit Kräutern wie Rosmarin und Minze gewürzt.

Frischer Fisch war einst in Latium ein Luxus, den sich ebenfalls nur Wohlhabende leisten konnten. Daher spielt er, außer natürlich an der Küste, eher eine Nebenrolle. Rotbarben erfreuen sich

großer Beliebtheit, und Schaltiere, insbesondere Venusmuscheln, sind in Hülle und Fülle zu haben. Meeresfrüchte werden oft gemischt als Brodetto (Fischsuppe) serviert. An kirchlich verordneten Fastentagen aßen die kleinen Leute früher Arzella, eine Art Rochen, der mit Brokkoli zubereitet wurde, oder Stockfisch, der bis heute in Rom mehr Liebhaber hat als Frischfisch aus dem Meer. In der Umgebung des Lago di Bolsena im Norden der Region wird hingegen Süßwasserfisch wie Schleie, Hecht, Barsch und Aal gegessen. Ein ausgewachsener Aal (Capitone) kommt in Rom traditionsgemäß an Weihnachten auf den Tisch. Am Lago di Bracciano werden kleinere Aale, die man hier Ciriole nennt, mit Knoblauch, Kapern, Sardellen, Weißwein und Peperoncino in Öl geschmort.

Latium kann sich einiger der besten Pastagerichte Italiens überhaupt rühmen. Am bekanntesten dürften die Bucatini all'amatriciana (siehe Seite 149) sein, benannt nach dem Städtchen Amatrice. Die Sauce erhält durch Guanciale jene besonders herzhafte Würze, ohne die auch die Spaghetti alla carbonara nur eine halbe Sache wären. Was der Emila-Romagna ihre Tagliatelle, sind den Römern die etwas schmaleren und dickeren Fettuccine, die mit verschiedenen Saucen serviert werden. Ob die Pasta alla puttanesca (»nach Dirnenart«) ursprünglich aus Rom oder Neapel stammt, ist umstritten. Jedenfalls gehören neben Tomaten noch Knoblauch, Sardellen, Kapern, Olivenöl und Peperoncino hinein. Weitere einfache Saucen sind Cacio e pepe (Käse und schwarzer Pfeffer), Ajo e ojo (Olivenöl und Knoblauch) oder All'Alfredo (Sahne und Pfeffer).

Am besten zeigt sich die Begabung der Römer, aus denkbar einfachen Zutaten das Beste zu machen, in den Gnocchi alla romana: Sie bestehen nur aus Grieß, Milch und Ei (siehe Seite 151), schmecken aber einfach wundervoll. »Weniger ist mehr« könnte auch das Motto einiger berühmter Suppen aus Rom sein, darunter die Stracciatella (eine gute Brühe, angereichert mit verquirltem Ei und bestreut mit Pecorino), die Minestra di farro auf der Grundlage eines Urweizens, der heute wieder in Latium, der Toskana und Umbrien angebaut wird, oder auch das von Viterbo im Norden der Region aus der Toskana entlehnte »gekochte Wasser« (Acquacotta, siehe Seite 112).

Die vulkanischen Böden Latiums bringen herrliches Gemüse hervor. Berühmt sind die verschiedenen Artischockenarten, die abwechslungsreich zubereitet werden. Eine Variante sind die Carciofi alla romana (siehe Seite 147), eine andere die Carciofi alla giudia (auf jüdische Art, siehe Seite 149). Ein beträchtlicher Teil des in Rom verbrauchten Gemüses reift in den Randgebieten der Region, vor allem in der Maremma, dem einstigen Sumpfgelände, das sich an der Küste von der südlichen Toskana bis in die Provinz Viterbo erstreckt, sowie in der Provinz Latina im Süden. Zahllose Obst- und Gemüsesorten werden hier kultiviert, darunter auch die berühmten Gaeta-Oliven. Hauptzulieferer der römischen Verbraucher aber ist die Ciociaria im Südosten der Region. Brokkoli, Knoblauch, Artischocken, Bohnen, Blattsalate (für die Misticanza), Broccoletti

Für 4–6 Personen

Für die Pasta:
350 g kräftiges italienisches Mehl (Tipo 'oo'), dazu mehr zum Bestauben
8–10 sehr frische Eigelb
Für die Sauce:
25 g getrocknete Steinpilze
350 g Hühnerinnereien (Lebern, Herzen und Mägen)
4 EL Olivenöl
1 Zwiebel, fein gehackt
2 EL Tomatenmark
1 Prise Cayennepfeffer (nach Belieben)
Salz und Pfeffer
Zum Servieren:
40 g Pecorino, frisch gerieben

Maccaruni ciociari — Fadennudeln mit Hühnerinnereien

Etwa so fein wie die Capelli d'angelo (Engelshaar) sind die handgemachten Nudeln, die man ähnlich auch in Piemont und den Abruzzen findet. Kombiniert mit Hühnerinnereien, ergeben sie ein köstliches Gericht, das in der Ciociaria im Süden Latiums heimisch ist.

Das Mehl mit dem Eigelb und eventuell etwas Wasser zu einem eher weichen Teig verarbeiten. Kneten, bis er glatt und elastisch ist, und, mit einem Tuch abgedeckt, 30 Minuten ruhen lassen. Inzwischen die Steinpilze für die Sauce 20 Minuten in heißem Wasser einweichen.

Den Teig mit der Nudelmaschine oder mit einem Nudelholz auf der leicht bemehlten Arbeitsfläche 1 mm dick ausrollen und in sehr feine Streifen schneiden. Mit etwas Mehl bestauben, damit sie nicht aneinander kleben, und auf einem Tuch kurz trocknen lassen.

Für die Sauce die Innereien sehr fein hacken. Das Olivenöl in einem Topf erhitzen und die Zwiebel weich dünsten. Die Innereien zufügen und in 5–6 Minuten garen. Die Pilze abseihen, dabei das Wasser auffangen und mit dem Tomatenpüree verrühren. Diese beiden Zutaten und den Cayennepfeffer (sofern verwendet) in den Topf geben und die Sauce etwa 20 Minuten sanft köcheln lassen. Mit Salz und Pfeffer abschmecken.

Die Pasta in kochendem Salzwasser in 2 Minuten garen, abseihen und mit der Sauce vermischen. Vor dem Servieren mit dem Pecorino bestreuen.

Für 4 Personen

8 junge kleine Artischocken
1 Ei, verquirlt
2 EL frische Semmelbrösel
1 Knoblauchzehe, sehr fein gehackt
1 EL Minze, gehackt
Salz und Pfeffer
2 EL Olivenöl, dazu mehr zum Garen

Carciofi alla romana — Artischocken auf römische Art

Artischocken sind eine Leib- und Magenspeise der Römer. Aus der Gegend von Ladispoli kommen die besten: violett getönt, leicht oval, zart und zierlich. Servieren Sie diesen Klassiker zum ersten Gang.

Von den Artischocken die oberen 2 cm kappen. Die harten Außenblätter abzupfen und mit einem scharfen Messer die stacheligen Spitzen der zarten inneren Blätter abtrennen. Die unteren 4 cm der Stiele abschneiden und beiseite legen. Die Artischockenblätter auseinander spreizen, sodass sie eine Art Becher bilden, und etwaiges »Heu« entfernen (was bei jungen Exemplaren meist entfällt).

Die abgeschnittenen Artischockenstiele schälen und fein hacken. Mit dem Ei, den Semmelbröseln, dem Knoblauch, der Minze, Salz und Pfeffer und 2 Esslöffeln Olivenöl vermengen. Die Mischung mit einem Löffel in die Artischocken füllen.

Die Artischocken kopfüber in einen Topf setzen – sie sollten ihn dicht an dicht ausfüllen – und mit Wasser und Olivenöl im Verhältnis 1:1 bedecken. Aufsetzen und in der simmernden Flüssigkeit etwa 15–20 Minuten garen, bis sie sich mit einem dünnen Spieß mühelos einstechen lassen. Heiß oder kalt genießen.

(Stängelkohl), Linsen, Haselnüsse, Maronen, Erdbeeren und Birnen – all das wird hier geerntet, und in den Bergen sprießen Wildpilze und Trüffeln.

Mit dem Cazzimperio, der römischen Antwort auf das toskanische Pinzimonio, hat die bäuerliche Küche einen kulinarischen Hochgenuss hervorgebracht: Das gute Olivenöl aus Viterbo oder Rieti kommt, einfach nur mit Salz und Pfeffer gewürzt, als Dip auf den Tisch. Dazu gibt es Bruschette sowie rohes Frühlings- oder Sommergemüse wie Fenchel, Artischocken, Paprikaschoten und Bleichsellerie. In ihrer ganzen Pracht bietet sich die bunte Gemüsefülle Latiums auf dem Campo dei Fiori dar, einer bekannten Piazza in Rom, auf der täglich ein Markt abgehalten wird. Dort kann man immer wieder beobachten, wie römische Hausfrauen das Angebot kritisch beäugen, befühlen und beschnuppern, denn das Beste ist gerade gut genug für die Familie. Das Frittieren ist eine beliebte Zubereitungsart der römischen Küche, deshalb steht häufig Fritto misto, also eine Mischung von ausgebackenen Fleisch- und Gemüsehappen, auf dem Tisch.

Sosehr die Römer gute Zutaten und Speisen schätzen, so sehr lieben sie auch jede Art von Festivität – umso mehr, wenn es dabei etwas zu essen und zu trinken gibt. Wie überall in Italien finden hier zahlreiche *sagre* (Volksfeste) zu Ehren besonderer kulinarischer Erzeugnisse oder Spezialitäten statt: Sermoneta feiert im Januar die Polenta. Im April sind in Ladispoli die Artischocken, im Juni dann in Grotte di Castro und Nemi die Erdbeeren und in Pastena die Kirschen an der Reihe, während Labico mit einem Erbsenfest den Früchten des Gartens huldigt und San Lorenzo Nuovo eine Zwiebel-, Knoblauch- und Bohnenausstellung veranstaltet. Ariccia nimmt im Juli die Porchetta zum Anlass für ein Fest, und in Castel Gandolfo, bekannt als Sommerresidenz des Papstes, gibt es eine Pfirsich-*sagra*. Im August laden Civitavecchia zu einem Gastronomiefestival und Amatrice zu einem Bucatini-Fest; dazu macht der Lago di Bolsena Werbung für seine Fische, Canteramo für die Haselnüsse und Montefiascone für seinen Wein. Im September folgen in Lanuvio ein Fest der Tafeltrauben und in Roiate ein Festival des Lamms (Abbacchio). Pilze, Maronen und das frisch gepresste Öl sind die Themen im Oktober, wenn Montelonico, Soriano del Cimino und Canino in Feierlaune kommen.

Anguille alla bisentina Aalstücke werden unter Zugabe von Lorbeerblättern, Pfeffer und Essig in Öl gebraten

Animelle al prosciutto Lammbries, mit dünnen Schinkenscheiben kurz gebraten

Broccoletti strascinati Zarter Stängelkohl, mit etwas Schmalz oder Öl und Knoblauch geschmort

Bucatini all'amatriciana Dicke Spaghetti mit Tomaten, Guanciale, Peperoncino und Pecorino

Carciofi alla giudia Kleine Artischocken der Sorte Romanesco, zubereitet auf jüdische Art: von allen harten Teilen befreit und in Olivenöl gebraten

Coda alla vaccinara Ochsenschwanzragout mit Sultaninen, Pinienkernen und Bitterschokolade; die Sauce wird auch mit Rigatoni serviert

Coratella di abbacchio Geschmorte Lamminnereien wie Herz, Leber, Nieren, Lunge; ein Stück Luftröhre sorgt für »Biss«

Crostata di ricotta Tarte, gefüllt mit Schafmilchricotta, Zucker, Eiern, Zitronat und Orangeat

Fave al guanciale Dicke Bohnen, mit Zwiebel, Schmalz und Guanciale geschmort

Fiori di zucca fritti Zucchiniblüten mit Sardellen, Petersilie und Semmelbröseln

Maritozzi Weiche, süße Brötchen mit Rosinen, Pinienkernen und Orangeat

Misticanza Salat aus Cicoria (Endivien, Radicchio), Rucola, Feldsalat, Salatherzen und Wildkräutern

Pajata/pagliata Gekröse von Milchlamm, mit Knoblauch, Petersilie, Tomaten, Peperoncino und Weißwein in Öl geschmort, mit Rigatoni serviert oder im Ofen gegart

Saltimbocca alla romana In der Pfanne gebratene »Doppeldecker« aus dünnen Kalbsschnitzeln mit einem Salbeiblatt und Parmaschinken

Spaghetti carbonara Pasta mit verquirltem Ei, gebratener Guanciale und Pecorino

Trippe alla trasteverina Gekochte Kutteln mit Tomatensauce (mit Nelken, Pecorino und Minze) gemischt und im Ofen überbacken

Weitere regionale Spezialitäten

Für 6–8 Personen

1 l Milch
Salz und Pfeffer
1 Prise Muskatnuss, frisch gerieben
300 g Weizengrieß
100 g Parmesan, frisch gerieben
150 g Butter, zimmerwarm, dazu mehr für die Form
3 Eigelb

Gnocchi alla romana Römische Grießgnocchi

In Italien werden die Gnocchi alla romana üblicherweise zum ersten Gang serviert, aber sie eignen sich auch als Beilage zu einem Braten oder einem Schmorgericht. Angeblich wurden sie genau wie die in anderen Regionen beliebten Klößchen gleichen Namens ursprünglich aus Kartoffeln und Mehl hergestellt. Außerdem erzählt man sich in Rom, dass ein Mann mit Zahnproblemen das Rezept erfunden haben soll. Mein Gebiss ist völlig in Ordnung, trotzdem mag ich diese Spezialität.

In einem großen Topf die Milch mit 1 Prise Salz und Muskatnuss zum Kochen bringen. Langsam den Grieß einrieseln lassen und dabei ständig mit einem Schneebesen rühren, damit sich keine Klumpen bilden. Den Grießbrei 6–7 Minuten garen und leicht abkühlen lassen. Den Backofen auf 200 °C vorheizen.

Die Hälfte des Parmesans, 50 g Butter und die Eigelbe gründlich in den noch warmen Grießbrei einrühren. Die Masse auf einer kühlen, eingeölten Marmor- oder Metallfläche mit einem Spatel 2 cm dick gleichmäßig verstreichen. Wenn sie ausgekühlt und fest geworden ist, mit einem Ring von 3–4 cm Durchmesser Kreise ausstechen.

Eine Gratinform mit Butter ausstreichen und die Grießtaler dachziegelartig hineinlegen. Die restliche Butter in Flöckchen und anschließend den übrigen Parmesan darüber verteilen. Die Gnocchi in etwa 15–20 Minuten goldbraun überbacken. Vor dem Servieren großzügig schwarzen Pfeffer darüber mahlen.

Für 4 Personen

4 große, reife Tomaten
50 g Risottoreis
2 EL Minze, grob gehackt, und weitere Blätter zum Garnieren
8 Sardellenfilets, fein gehackt
4 EL Olivenöl
1 Knoblauchzehe, sehr fein gehackt
Salz und Pfeffer

Pomodori farciti al forno
Gefüllte Tomaten aus dem Ofen

Im Sommer bieten sich für dieses Gericht natürlich die dicken, sonnengereiften Tomaten aus Italien an. Doch selbst mit Gewächshausfrüchten gelingt das Rezept, da sie durch die Füllung ein intensiveres Aroma entwickeln.

Den Backofen auf 180 °C vorheizen. Von den Tomaten oben einen Deckel abschneiden (nicht wegwerfen!) und die Früchte mit einem Löffel aushöhlen. Um den Saft aufzufangen, erledigen Sie diese Arbeit über einem Sieb, das in eine Schüssel eingehängt ist.

Den Reis in gesalzenem Wasser 7 Minuten vorgaren, danach abseihen und abkühlen lassen. Mit der gehackten Minze, den Sardellen, dem Olivenöl und dem Knoblauch zum Saft der Tomaten geben. Salzen und pfeffern und alles gründlich vermengen.

Die Reismischung in die Tomaten füllen und die Deckel auflegen. Die Tomaten auf ein Backblech setzen und im Ofen garen, bis ihre Haut schrumpelig und das Fruchtfleisch weich ist – sie brauchen ungefähr 20 Minuten, wobei die Garzeit je nach Größe der Früchte etwas variiert. Vor dem Servieren mit ganzen Minzeblättern garnieren.

Regionale Erzeugnisse

KÄSE Der typische Käse Latiums ist der aus Schafmilch hergestellte Pecorino romano, dessen offiziell genau festgelegtes Herstellungsgebiet neben den Provinzen Rom, Frosinone, Latina und Viterbo erstaunlicherweise auch Sardinien umfasst. Weiterhin entstehen in Latium als Nebenprodukt des Pecorinos der gern in Desserts verwendete Ricotta, außerdem Büffelmozzarella sowie der Provatura, eine Variante aus gemischter Kuh- und Schafmilch. Caciotta ist eher in der Toskana verbreitet, doch wird dieser halbfeste Käse aus Kuh-, Schaf- oder Ziegenmilch auch hier produziert.

FLEISCHPRODUKTE Guanciale, gepökelte und luftgetrocknete Schweinebacke, ähnelt der Barbozza Umbriens und gilt in Latium als unerlässliche Zutat für Spaghetti carbonara und Bucatini all'amatriciana. Aus der Berglandschaft um Rieti, nahe der Grenze zu Umbrien, kommt eine schmackhafte kleine Salami namens Caporino, hergestellt aus magerem Schweinefleisch. Salsiccie aus Monte San Biagio, Mortadella aus Amatrice und Cojoni di mulo bereichern das Angebot. Ein herzhafter Leckerbissen sind Coppiette ciociare (Abbildung links), für die Pferde- oder auch Schweinefleisch in breite Streifen geschnitten und unter Zugabe von Peperoncino gepökelt wird.

WEIN In den Castelli Romani, den Hügeln südlich und östlich von Rom, konzentrieren sich die Rebflächen der Region. Von hier kommen vor allem Weißweine. Der berühmteste – wenn auch nicht unbedingt beste – ist der Frascati, zumeist aus Trebbiano oder Malvasia oder einer Mischung von beiden. Weiterhin findet man Marino, Velletri, Colli Albani, Orvieto (obwohl hauptsächlich jenseits der Grenze zu Umbrien erzeugt) und nicht zuletzt Est! Est!! Est!!!. Zu seinem Namen soll der Wein gekommen sein, als ein Bischof zur Vorbereitung der Kaiserkrönung Heinrichs V. in die Gegend reiste, um die Speisen und Rebensäfte zu testen. Er brachte seine Begeisterung über diesen Wein aus Montefiascone gleich dreifach zum Ausdruck (das lateinische »est« bedeutet hier so viel wie »genehmigt«). Zu den wenigen guten Roten Latiums gehört der Cerveteri Rosso.

Frittata alla menta Omelett mit Minze und Pecorino

Für 4–6 Personen

**12 sehr frische Eier
200 g sehr frischer Ricotta aus Schafmilch
Salz und Pfeffer
4 EL Minze, grob gehackt, und weitere Blätter zum Garnieren
50 g Pecorino, frisch gerieben
6 EL Olivenöl**

Eine Frittata ist ein gehaltvolles Omelett, das im Gegensatz zu seinem französischen Pendant von beiden Seiten gebraten und nicht zusammengeklappt wird. Der hier vorgestellten Version werden wegen der Minze sogar aphrodisische Eigenschaften nachgesagt.

Die Eier in einer großen Schüssel verquirlen. Den Ricotta gleichmäßig untermischen. Die gehackte Minze, den Pecorino sowie Salz und Pfeffer nach Geschmack einrühren.

Das Olivenöl in einer beschichteten Pfanne erhitzen. Die Eimischung hineingießen und bei mittlerer Temperatur ohne zu rühren etwa 5 Minuten stocken lassen, bis sie auf der Unterseite gebräunt ist. Die Frittata auf einen Teller gleiten lassen, umgedreht zurück in die Pfanne geben und auf der zweiten Seite ebenfalls goldbraun braten.

Auf eine vorgewärmte Platte geben und mit einigen Minzeblättern garnieren. Wie eine Torte aufschneiden und als Imbiss oder mit einem Tomatensalat als leichte Mahlzeit servieren.

Coda di bue all'Andrea

Ochsenschwanzrouladen à la Andrea

Für 4 Personen

- 2 fleischige Ochsenschwänze, so ausgelöst, dass man flache Fleischscheiben erhält (bitten Sie den Metzger um Hilfe)
- Salz und Pfeffer
- 2 EL gemischte Kräuter (Salbei, Lorbeerblätter und Rosmarin), fein gehackt
- Weizenmehl zum Bestauben
- 6 EL Olivenöl
- 2 Möhren, fein gewürfelt
- 1 kleine Zwiebel, fein gewürfelt
- 1 Stange Bleichsellerie, fein gewürfelt
- 1 l Rotwein
- 3 Gewürznelken
- 2 Lorbeerblätter
- 1 Zimtstange
- 4 schwarze Pfefferkörner
- 20 g Butter

Mein Küchenchef Andrea Cavaliere hat dieses Rezept erfunden und kann sehr stolz darauf sein. Für den kleinen Extraaufwand wird man mit einem Genuss der Extraklasse belohnt. Wer gern an den Knöchelchen herumknabbert, wird allerdings enttäuscht sein.

Den Backofen auf 180 °C vorheizen. Die Fleischscheiben auf der Arbeitsfläche ausbreiten und mit Salz, Pfeffer und den gehackten Kräutern bestreuen. Einzeln aufrollen, mit Küchengarn umwickeln und dünn mit Mehl bestauben.

In einer großen Pfanne 4 Esslöffel Olivenöl erhitzen und die Rouladen von allen Seiten goldbraun anbraten. Herausnehmen und beiseite legen. In derselben Pfanne die Möhren, die Zwiebel und den Sellerie im restlichen Öl weich dünsten.

Das Gemüse in einen Bräter mit hohem Rand füllen. Die Rouladen zufügen und mit dem Wein übergießen – sie müssen komplett bedeckt sein. Die ganzen Gewürze sowie etwas Salz und Pfeffer dazugeben und die Rouladen mindestens 2 Stunden im Ofen garen.

Die Rouladen herausnehmen und auf einer Platte ruhen lassen, damit sich das Fleisch »festigt«. Inzwischen den Fond abschäumen, etwa auf die Hälfte einkochen lassen und durchseihen. Das Küchengarn entfernen und die Rouladen in etwa 4 cm dicke Scheiben schneiden. In der Sauce, die Sie zuletzt mit der Butter verfeinern, nochmals durchwärmen.

Anrichten, mit Sauce übergießen und servieren. Delikat schmecken dazu Carciofi alla romana (siehe Seite 147).

Cinghiale in agrodolce — Wildschweinbraten süßsauer

Für 6–8 Personen

1,2 kg Wildschweinfilet oder mageres Fleisch von der Keule, sauber pariert

Für die Marinade:
2 große Möhren
1 große Zwiebel
2 Stangen Bleichsellerie
4 Knoblauchzehen
120 ml Weißweinessig
Frische Thymianzweige
2 EL glatte Petersilie, gehackt
4 Lorbeerblätter

Für die Zubereitung:
2 Knoblauchzehen
2 Stangen Bleichsellerie
1 Zwiebel
6 EL Olivenöl
100 ml trockener Weißwein
50 g Rosinen
40 g Pinienkerne
60 g Zitronat und Orangeat
2 EL extrafeiner Zucker
2 EL Weißweinessig
60 g Bitterschokolade, in Stücke gebrochen
Salz und Pfeffer

Die Römer haben ein großes Faible für süßsaure Gerichte, und so werden hier auch Hase und Ochsenzunge nach dem folgenden Rezept zubereitet. Es ist etwas zeitaufwendig, aber dafür ist das Ergebnis exzellent – genau das Richtige für ein Festessen!

Für die Marinade das Gemüse und den Knoblauch grob hacken. Mit dem Essig, den Kräutern und 120 ml Wasser in einem großen Topf erhitzen und 15–20 Minuten köcheln lassen. Vom Herd nehmen und abkühlen lassen.

Das Fleisch in einem geeigneten Gefäß mit der Marinade übergießen und zugedeckt im Kühlschrank 2 Tage marinieren, dabei gelegentlich wenden.

Das Fleisch aus dem Gefäß nehmen und trockentupfen (die Marinade gießen Sie weg). Aufrollen und in regelmäßigen Abständen mit Küchengarn umwickeln.

Für die eigentliche Zubereitung den Knoblauch, den Sellerie und die Zwiebel fein hacken. Das Olivenöl in einem großen Topf erhitzen und das Fleisch von allen Seiten hellbraun anbraten. Die fein gehackten Zutaten dazugeben und etwas Farbe annehmen lassen. Nun erst den Wein und dann so viel heißes Wasser hinzugießen, dass das Fleisch bedeckt ist. Einen Deckel auflegen und das Fleisch bei niedriger Temperatur $1\frac{1}{2}$ Stunden schmoren – es ist gar, wenn es sich mit einem dünnen Spieß oder einer Gabel mühelos einstechen lässt.

Den Fond durchseihen und wieder in den Topf gießen. Die Rosinen und Pinienkerne, das Zitronat und Orangeat, den Zucker, den Essig und die Schokolade zufügen, die Sie bei sanfter Hitze schmelzen lassen. Noch einige Minuten köcheln lassen und zuletzt mit Salz und Pfeffer abschmecken.

Den Braten aufschneiden und auf einer vorgewärmten Platte anrichten. Mit der Sauce übergießen und servieren.

Fagioli con osso di prosciutto e cotiche
Bohneneintopf mit Schinkenknochen und Schwarte

Für 8 Personen

- 1 Endstück mit Knochen vom Parmaschinken, gewaschen
- 200 g Schweineschwarte ohne Fett
- Salz und Pfeffer
- 600 g getrocknete Borlotti-Bohnen, über Nacht in kaltem Wasser eingeweicht
- 5 EL Olivenöl
- 2 Stangen Bleichsellerie, gewürfelt
- 2 Möhren, gewürfelt
- 1 Zwiebel, gewürfelt
- 15 g getrocknete Steinpilze, fein gehackt
- 1 große Kartoffel, grob gewürfelt
- 2 EL Tomatenmark
- 1 Bouquet garni (Salbei, Lorbeerblätter, Thymian)
- 2–3 Knoblauchzehen, halbiert
- Etwa 1 l Gemüsebrühe (siehe Seite 251)
- Natives Olivenöl extra zum Beträufeln

Das Endstück eines Parmaschinkens, bestehend aus Knochen mit ein wenig Fleisch, verleiht dem Eintopf einen kräftigen Geschmack. Schwarte ist in ganz Italien eine gängige Zutat.

Den Schinkenknochen in einem großen Topf mit kochendem Wasser 1 Minute blanchieren und abgießen. In demselben Topf mit frischem Wasser bedecken und 1 Stunde kochen. Inzwischen die Schwarte in 2 oder 3 Vierecke schneiden. Die Stücke auf der Innenseite mit Salz und Pfeffer bestreuen, aufrollen und jeweils mit Küchengarn zusammenbinden. Die Bohnen in einem zweiten Topf in kochendem Wasser 1 Stunde garen.

Die Schwarte zum Schinkenknochen geben und noch 1 Stunde mitkochen, dabei das Wasser mehrmals erneuern. Anschließend abgießen.

Sellerie, Möhren, Zwiebel und getrocknete Steinpilze mit Olivenöl, dem Schinkenknochen und der Schwarte in einen großen Topf geben und sanft braten, bis das Gemüse weich wird. Die Bohnen abseihen und mit Kartoffel, Tomatenmark, dem Kräuterbündel und dem Knoblauch ebenfalls in den Topf füllen. Alles mit Brühe bedecken und mindestens 1 1/2–2 Stunden leise köcheln lassen, dabei nach Bedarf mehrmals etwas Wasser hinzugießen.

Die Kartoffelwürfel und ein Drittel der Bohnen mit einer Schöpfkelle aus dem Topf nehmen, mit etwas Brühe im Mixer fein pürieren und wieder zum Eintopf geben, der dadurch schön sämig wird. Die Schwartenröllchen herausnehmen und in Portionsstücke schneiden.

Den Eintopf in vorgewärmten Suppenschalen anrichten. Mit gutem Olivenöl beträufeln, etwas schwarzen Pfeffer darüber mahlen und den Eintopf servieren.

Bracioline di abbacchio e carciofi
Lammkoteletts mit Artischocken

Für 4 Personen

- 12 junge Artischocken
- 50 g Schweineschmalz
- 2 EL Olivenöl
- 12 ganz kleine Lammkoteletts
- 1 Knoblauchzehe, fein gehackt
- 1 kleine Zwiebel, fein gehackt
- 2 EL Majoran, grob gehackt
- 100 ml trockener Weißwein
- 150 ml Hühnerbrühe (siehe Seite 250)
- Salz und Pfeffer

Von Ligurien bis nach Sizilien ist diese Kombination sehr bekannt und beliebt. Unter »Abbacchio« versteht man ein junges Milchlamm, das in Rom besonders gut schmecken soll. Die nicht ausgelösten Koteletts heißen dort Braciole oder Bracioline.

Die Artischockenstiele glatt schneiden. Die harten Außenblätter abzupfen und mit einem scharfen Messer die stacheligen Spitzen der zarten inneren Blätter abschneiden. Die Artischocken vierteln und etwaiges »Heu« entfernen.

Das Schmalz mit dem Öl in einer großen Pfanne erhitzen und die Koteletts von beiden Seiten braun anbraten. Den Knoblauch, die Zwiebel, den Majoran und den Wein zufügen und die Koteletts noch 5 Minuten garen.

Die Artischocken in die Pfanne geben und die Brühe dazugießen. Einen Deckel auflegen und das Gericht 10–12 Minuten schmoren, bis Gemüse und Fleisch schön zart sind. Mit Salz und Pfeffer abschmecken und servieren.

ABRUZZi e MOLiSE

Etwa auf halber Höhe des italienischen Stiefels liegen diese beiden Anrainer des Adriatischen Meeres. Ihre Küche ist südlich gefärbt, und so sind Peperoncini in den hiesigen Zubereitungen fast allgegenwärtig. Während an der Küste bevorzugt Fisch und Meeresfrüchte gegessen werden, favorisieren die Bewohner des gebirgigen Hinterlandes Fleisch.

Seit 1963 sind die beiden Regionen politisch getrennt. Wenn es um kulinarische Fragen geht, werden sie jedoch nach wie vor in einem Atemzug genannt. Immer wieder hatten sich die Bewohner dieser Region mit Invasoren auseinander zu setzen – darunter die Griechen, aber vor allem die benachbarten Römer –, und so wurden die meisten Dörfer auf Anhöhen angelegt.

Im Osten grenzen beide Regionen ans Meer, und Heerscharen von Urlaubern bevölkern im Sommer die Strände und Städte dieses langen Küstenstrichs. Nur wenige Touristen zieht es hingegen weiter ins Landesinnere, wo das Gelände allmählich zum Appennino Abruzzese ansteigt und alles von saftigem Grün strotzt – eine atemberaubende Szenerie, aber auch das am meisten durch Erdbeben gefährdete Gebiet Italiens. Im Süden liegt der dicht bewaldete Parco Nazionale d'Abruzzo. Weiter nördlich ragt der beinahe 3000 m hohe Monte Carno Grande auf, der höchste Berg der Apenninhalbinsel. Angeblich durchstreifen noch Bären und Wölfe diesen Teil des Gebirgszuges, allein sollte man also besser nicht auf Pilzsuche gehen ...

Meine Mutter kam aus Pescara, wo noch heute einige ihrer Verwandten leben. Damit erklärt sich auch meine Vorliebe für Peperoncini: Schließlich sind die Abruzzen und das Molise gemeinsam mit Kalabrien die führenden Verbraucher dieser feurigen Schoten. An der Costa Amalfitana in Kampanien als Sohn eines aus dem ebenfalls kampanischen Benevento stammenden Vaters und einer, wie gesagt, abruzzischen Mutter geboren und dann in Piemont, hoch im Norden des Landes, aufgewachsen, lernte ich von klein auf alle möglichen Küchen Italiens kennen und lieben. Das ist für Italiener eher untypisch, da sie in kulinarischen Angelegenheiten oft auf das fixiert sind, was sie quasi mit der Muttermilch eingesogen haben. Aufgrund meiner Biografie war ich schon immer viel offener und neugieriger, und das ist ja nicht das Schlechteste.

Kulinarische Traditionen und Spezialitäten

Zu den Erinnerungen meiner Kindheit gehören Safrantütchen mit dem Aufdruck »L'Aquila« (zu Deutsch: Adler). In meiner Fantasie stellte ich mir also vor, wie Adler die Narben der Krokusblüten einsammeln. Damals wusste ich noch nicht, dass L'Aquila, die Hauptstadt der Abruzzen, ein bedeutender Erzeuger dieses Gewürzes ist. Erstaunlicherweise wird Safran in der lokalen Küche gar nicht so häufig verwendet – ein Großteil der Ernte wird wohl für den Risotto milanese nach Mailand verkauft. Jedes Jahr aber findet in Prata d'Ansidonia ein Volksfest statt, bei dem es Safranrisotto gibt, und gelegentlich kommt das Gewürz auch in den Brodetti (Fischsuppen) vor. L'Aquila selbst liegt im Landesinneren im Norden der Region und ist zugleich ein Anbauzentrum für Wein aus der Montepulciano-Traube (siehe Seite 168).

In den hiesigen Bergen wie auch weiter südlich ist die Küche ländlich geprägt. Lamm und Schwein spielen eine wichtige Rolle; Schinken und andere Erzeugnisse aus Schweinefleisch, aber auch Schafmilchkäse sind typisch für die gesamte Region. Die Abruzzesen essen gern gut – und viel, was sich bei der *panarda* besonders eindrucksvoll bestätigt. Einst umfasste dieses Festmahl bis zu 50 Gänge, und man erzählt sich, dass es ein Affront gewesen wäre, vom Tisch aufzustehen, bevor der letzte Bissen vertilgt war. Eine Suppe aus Hülsenfrüchten machte den Anfang, gefolgt von mehreren Antipasti und Pastagerichten, alsdann verschiedensten Fisch- und Fleischgerichten und schließlich Nachspeisen und Süßigkeiten. Obwohl ich selbst kein Kostverächter bin, höre ich mit Erleichterung, dass dieses Riesenprogramm inzwischen etwas gestrafft wurde.

Ein weiteres abruzzisches Festessen, das diesmal allerdings nur aus einem Gang besteht, heißt kurz Le virtù (»Die Tugenden«) – vielleicht, weil die tugendsame Hausfrau in dieser jährlich im Mai zubereiteten Suppe die Reste der getrockneten Vorräte aus dem letzten Jahr verwertet. Hinein kommen verschiedene getrocknete und frische Hülsenfrüchte, ergänzt durch anderes Frühjahrsgemüse, außerdem Erzeugnisse aus Schweinefleisch (siehe Seite 168), diverse Pastasorten und Getreidearten. Nach mehrstündigem Kochen ist die Minestrone delle virtù, wie der vollständige Name dieser dicken und äußerst gehaltvollen Suppe lautet, fertig.

Fleisch, meist vom Lamm oder Zicklein, kommt sowohl in den Abruzzen als auch im Molise häufig auf den Tisch. Lamm wird zu Fleischsaucen für Pasta verarbeitet, aber auch mit Ei und Zitrone zubereitet. Die Innereien genießt man in Form von Turcinelli arrostiti: mit dem Darm der Tiere zusammengebunden und über Holzkohlenglut gegrillt. Oft werden diese Päckchen am Straßenrand als kleiner Imbiss angeboten. Eine ebenfalls ungewöhnliche Zubereitung des Südens heißt Cuccette al forno. Hierbei handelt es sich um den Kopf von Lamm, Zicklein oder auch Kaninchen, der gespalten und mit reichlich Gewürzen im Ofen gegart wird. In den meisten anderen Regionen Italiens würde dergleichen wohl Kopfschütteln oder gar Abscheu hervorrufen, aber die *cucina povera* verschwendet nun einmal nichts. Wie in ganz Süditalien schätzt man auch hier Porchetta (im Ganzen gebratenes Jungschwein); berühmt ist ein Eintopf namens 'Ndocca 'ndocca, außerdem gibt es verschiedene Schinken und Salumi, also Wurstspezialitäten aus Schweinefleisch (siehe Seite 168).

Fleisch- und auch andere Gerichte, ja selbst Fisch werden gern mit Peperoncino gewürzt, der auch als *lazzariello, cazzariello, saitti, pepento, diavolicchio* oder *diavolillo* bekannt ist.

Zu den Fischspezialitäten gehört Pesce azzurro, also bläulich schimmernder Fisch wie Sardine, Sardelle, Makrele und Bonito. Triglie (Rotbarben) stehen hier ähnlich hoch im Kurs wie in der Toskana. Fische und Meeresfrüchte kommen häufig in Suppen auf den Tisch, aber ebenso roh, gegrillt, geschmort oder gebraten – stets feurig gewürzt. Und obwohl man überall in Italien gefüllten Tintenfisch bekommt, finde ich die lokale Version (Rezept Seite 165) unvergleichlich.

Sowohl in den Abruzzen als auch im Molise werden die Maccheroni alla chitarra hergestellt. Die *chitarra* (Gitarre) ist ein Holzrahmen, der dicht mit parallelen Drähten bespannt ist. Auf diese legt man ein Teigblatt und rollt mit einem Nudelholz darüber. Das Ergebnis sind quadratische Spaghetti, die durch die Drähte nach unten fallen. Traditionell werden sie mit Lamm-*ragù* oder Tomatensauce serviert (Rezept Seite 167). Die Pasta aus Molise schmeckt dank des dort angebauten Hartweizens und des hervorragenden Wassers aus den höheren Regionen des Apennins ganz vorzüglich. Typisch sind mit Ricotta gefüllte Ravioli namens Laiamelle, die mit einem Lamm- oder Ziegen-*ragù* angerichtet werden. Beliebt sind auch Pastasaucen aus Gemüse wie Brokkoli oder Stängelkohl. Andere Gemüsesorten der Region wie Möhren, Lauch, Artischocken und Tomaten findet man in Salaten, und die Linsen aus Capracolta sind so gut wie jene aus Castelluccio in Umbrien.

Eine weitere Spezialität aus den Abruzzen und dem Molise ist die Pizza rustica. Sie hat mit der üblichen Pizza nichts zu tun. Vielmehr handelt es sich um eine pikante Pastete aus leicht gesüßtem Mürbteig (Pasta frolla), meist gefüllt mit einer lokalen Wurstspezialität, etwas Käse und Gewürzen (Rezept Seite 167). Wundervoll mundet in geselliger Runde die Polenta alla spianatora: In die Tischmitte kommt ein großes Holzbrett, auf das zunächst weiche Polenta und darauf ein *ragù* gegossen wurde. Die Gäste essen sich von allen Seiten zur Mitte hin vor.

Im Molise veredeln schwarze Trüffeln, aromatisch unterstützt vielleicht durch einige Tropfen Trüffelöl, manches regionale Gericht. Sie stammen aus der bergigen Gegend um Isernia, wo auch zahlreiche andere Wildpilze wachsen. Besonders typisch aber sind für die Region die vielfältigen Käsesorten. In den Abruzzen werden Pecorino und sein Nebenprodukt Ricotta hergestellt, im Molise gibt es dazu Mozzarella, Burrini, Scamorza und Caciocavallo.

Das ganze Jahr über finden in beiden Regionen Feste und *sagre* statt. Im März veranstaltet Montorio nei Frenta ein »Mahl mit dreizehn Gängen«. Pietracatella feiert im Mai die Madonna des Ricottas, die Schutzpatronin der Schäfer. Im Juni gibt es in Isernia eine Zwiebelmesse und im Juli in Iesi eine *sagra del grano* (Weizen). Wein in Campomarino, Paprikaschoten und Stockfisch in Frosolone, Lamm in Morrone del Sannio und Fisch in Termoli – das und noch mehr ist Thema des Festprogramms im August, und im September organisiert Montelongo die *sagra del prosciutto*, während in Macchia d'Isernia dem Wein gehuldigt wird.

Für 6–8 Personen

Für die Polenta:
600 g feiner Maisgrieß (Farina di mais) oder Instant-Polenta
20 g Salz

Für das Ragout:
1,2 kg nicht zu mageres Schweinefleisch
10 EL Olivenöl
4 Knoblauchzehen, fein gehackt
Salz und Pfeffer
2 EL Tomatenmark
100 ml Weißwein
1 kg rote und gelbe Paprikaschoten, gemischt
2 rote Peperoncini (nach Geschmack auch mehr)
6 EL Weißweinessig

Zum Servieren:
Frisch geriebener Parmesan oder Pecorino

Polenta alla spianatora Polenta auf dem Holzbrett

In vielen italienischen Haushalten fand sich früher ein runder Holztisch, der denselben Zwecken diente wie heute ein Backbrett. Direkt von dieser *spianatora* aß man gelegentlich dampfend heiße Polenta mit einer deftigen Fleischsauce. Diesen Brauch kennt man nicht nur in den Abruzzen und im Molise, sondern ebenso in der Basilikata, aber auch in den Marken und ganz im Norden des Landes, wo man die Polenta alla spianatora jedoch bevorzugt mit einem Eintopf serviert. Laden Sie im Herbst oder Winter eine gesellige Runde zu einem solchen Essen ein. Es wird bestimmt ein Erfolg! Sie können die Sauce übrigens auch mit anderen Fleischsorten zubereiten.

Das Fleisch in walnussgroße Stücke schneiden. Die Hälfte des Olivenöls in einem Topf erhitzen und das Fleisch scharf anbraten, bis es ringsum gebräunt ist. Den Knoblauch zufügen und das Fleisch noch 10–15 Minuten sanft garen, dabei gelegentlich durchmischen. Zuletzt nach Geschmack salzen. Das Tomatenmark im Wein verrühren, zum Fleisch geben und dieses weitere 20 Minuten garen.

Inzwischen die Paprikaschoten halbieren, die Samen und Scheidewände entfernen und die Hälften in Streifen schneiden. Das restliche Öl in einer Pfanne erhitzen und die Paprikastreifen bei stärkerer Hitze braten, bis sie weich und an den Rändern leicht karamellisiert sind. Die Peperoncini, etwas Salz und den Essig zufügen, das Gemüse noch 1–2 Minuten dünsten und dann unter das Fleisch mischen. Eventuell nachwürzen und alles weitergaren, bis das Fleisch nach etwa 30 Minuten schön zart ist.

Unterdessen für die Polenta in einem großen Topf 3,5 l Wasser mit dem Salz zum Kochen bringen. Den Maisgrieß einstreuen und dabei ständig rühren, damit sich keine Klümpchen bilden. Weiterrühren, bis der Brei eindickt – dies dauert etwa 30–40 Minuten beziehungsweise, wenn Sie »gemogelt« und Instant-Polenta verwendet haben, 5–6 Minuten.

Die Polenta so auf ein großes Holzbrett oder eine *spianatora* gießen, dass sie einen Wall bildet, und in die Mitte das *ragù* füllen. Das Brett in die Tischmitte stellen und den geriebenen Käse dazu reichen. Jeder Gast bekommt eine Gabel, und alle essen einfach munter drauflos.

Für 4 Personen

- 300 g junge Zucchini
- Salz und Pfeffer
- 200 g grüne Bohnen, geputzt
- 200 g Tomaten
- 1 rote Paprikaschote
- 1 milde rote Zwiebel
- 150 g guter Thunfisch in Öl, abgetropft
- 8 Sardellenfilets in Öl, abgetropft
- 8 Basilikumblätter, zerpflückt
- 1 TL getrockneter Oregano
- 1–3 frische rote Peperoncini, gehackt
- 6 EL natives Olivenöl extra
- 2 EL Weißweinessig

Insalata all'abruzzese Gemüse-Thunfisch-Salat

Dieser aus gekochtem und rohem Gemüse komponierte Salat schmeckt hinreißend. Allerdings müssen die Zutaten frisch sein. Daher hat der Insalata all'abruzzese im Sommer Hochsaison, wenn süß-aromatische Tomaten, junge Zucchini und zarte Bohnen angeboten werden.

Die Zucchini längs vierteln und quer in Stücke schneiden. In kochendem Salzwasser bissfest garen, abseihen und abtropfen lassen. Die Bohnen genauso garen.

Die Tomaten achteln und die Samen entfernen. Die Paprikaschote halbieren, die Samen und Scheidewände entfernen und die Hälften in lange, schmale Streifen schneiden. Die Zwiebel in dünne Scheiben schneiden.

Das gesamte vorbereitete Gemüse in eine Schüssel füllen. Den Thunfisch in größere Stücke zerpflücken und mit den Sardellen, den Kräutern und so viel Peperoncino, wie Sie Ihren Gästen zumuten können, vermischen. Den Salat erst mit dem Olivenöl, dann mit dem Essig anmachen und zuletzt mit Salz und Pfeffer würzen.

Raumtemperiert mit geröstetem Brot genießen.

Für 4–6 Personen

8 mittelgroße Kalmare (gesäubert insgesamt etwa 800 g)
16 kleine oder 8 größere rohe Garnelen, geschält
4 EL Olivenöl
4 EL frische Semmelbrösel
2 EL Petersilie, fein gehackt
1 Knoblauchzehe, fein gehackt
2 Eier, verquirlt
Saft von 1 Zitrone
Salz und Pfeffer
100 ml trockener Weißwein

Calamari ripieni di gamberi
Kalmare mit Garnelenfüllung

In Giulianova (Abruzzen) steht dieses Gericht auf den Speisekarten vieler Restaurants. Angeblich stammt das Rezept von einem Fischer, der im Magen eines wohl sehr gefräßigen Kalmars eine ganze Garnele entdeckt hatte.

Falls der Fischhändler dies nicht bereits erledigt hat, als Erstes die Kalmare säubern: Ohne den Körperbeutel zu verletzen, den Kopf und die Kauwerkzeuge abtrennen und wegwerfen; das transparente Fischbein aus dem Körper ziehen; Körperbeutel und Fangarme (Tentakel), die noch durch einen schmalen Ring verbunden sind, gründlich abspülen.

Die Fangarme fein hacken; große Garnelen grob hacken. Beide Zutaten zusammen in einer Pfanne in 1 Esslöffel Olivenöl 1 $^1/_2$ Minuten unter häufigem Rühren braten.

Die Semmelbrösel mit Petersilie, Knoblauch und Eiern vermischen und den Pfanneninhalt untermengen. Salzen und pfeffern und den Zitronensaft einrühren. Die Kalmare mit dieser Mischung füllen und die Öffnung mit einem Holzzahnstocher verschließen.

Die gefüllten Kalmare in einem Topf im restlichen Olivenöl bei niedriger Temperatur 10 Minuten braten und dann wenden. Den Wein dazugießen, bei stärkerer Hitze etwas verdampfen lassen – schon sind die Kalmare servierfertig. Dazu passen Brot und Spinat.

Für 4 Personen

20 Rotbarben je etwa 50 g, küchenfertig vorbereitet
Olivenöl zum Braten
Weizenmehl, gemischt mit Grieß
Salz und Pfeffer
Zum Servieren:
Zitronenspalten

Triglie fritte Knusprig gebratene Rotbarben

Ich liebe kleine, einfach in Olivenöl knusprig gebratene Rotbarben. Da diese Fische rasch verderben, sollten sie spätestens 24 Stunden nach dem Fang zubereitet werden. Sehr kleine Exemplare muss man nicht ausnehmen, bei größeren rate ich Ihnen jedoch dazu. Pro Person rechnet man fünf kleine beziehungsweise drei, vier etwas größere Rotbarben.

Die Fische abspülen und sorgfältig trockentupfen. Einen großen Topf mit schwerem Boden 2–3 cm hoch mit Olivenöl füllen und erhitzen. Die Fische portionsweise in der Mehlmischung wenden, bis sie gleichmäßig überzogen sind, und den Überschuss wieder abschütteln. Im heißen Öl in 2–3 Minuten knusprig und goldbraun braten. Wenden und von der zweiten Seite in einigen Minuten fertig garen. Auf Küchenpapier abtropfen lassen und warm stellen, bis alle Fische zubereitet sind.

Erst unmittelbar vor dem Servieren salzen und pfeffern – so bleiben sie schön knusprig. Dazu reichen Sie Zitronenspalten und einfach nur Servietten. Denn am besten schmecken die Triglie fritte, wie ich finde, aus der Hand.

Für 6 Personen

Für den Teig:
- 1 EL Frischhefe
- 400 g Weizenmehl
- 2 Eier, verquirlt
- 5 EL Olivenöl
- 1 TL extrafeiner Zucker
- Salz und Pfeffer

Für die Füllung:
- 100 g Scamorza (siehe Rezepteinleitung), gewürfelt
- 60 g Schinken, gewürfelt
- 12 hart gekochte Eigelb
- 70 g Dauerwurst (mit Peperoncino), in Stücke geschnitten
- 100 g Pecorino, gerieben
- 4 Eier, verquirlt
- ½ TL Zimtpulver

Pizza rustica — Pastete nach bäuerlicher Art

Aus Teramo in den Abruzzen kommt dieses Rezept. Die knusprige Teighülle umgibt eine herzhafte Füllung mit einer ungewöhnlichen Zimtnote. Scamorza ist ein Kuhmilchkäse aus den Abruzzen, der etwas an Mozzarella erinnert.

Die Hefe in etwas Wasser auflösen. Das Mehl in eine Schüssel oder auf die Arbeitsfläche häufen. In die Mitte eine Mulde drücken und Hefe, Eier, Olivenöl, Zucker sowie Salz und Pfeffer hineingeben. In kreisförmigen Bewegungen allmählich das Mehl vom Rand einrühren und kneten, bis ein glatter Teig entsteht. Zugedeckt 30 Minuten ruhen lassen.

Den Backofen auf 200 °C vorheizen. Inzwischen sämtliche Zutaten für die Füllung vermengen und die Mischung mit Salz und Pfeffer abschmecken.

Auf der leicht bemehlten Arbeitsfläche zwei Drittel des Teiges ausrollen. Eine gefettete Springform von 25 cm Durchmesser damit auslegen und einen 3 cm hohen Rand formen. Die Füllung hineingeben und glatt streichen. Den restlichen Teig zu einem »Deckel« in der Größe der Form ausrollen. Den Rand mit Wasser bestreichen, den Deckel über die Füllung legen und die Teigränder zusammendrücken. In die Mitte des Deckels ein Loch schneiden, damit während des Backens der Dampf entweichen kann.

Die Pastete in den Ofen schieben. Nach 30 Minuten die Hitze auf 180 °C herunterschalten und die Pizza rustica noch 15 Minuten backen. Warm servieren oder abkühlen lassen.

Für 4 Personen

- 400 g Maccheroni oder Spaghetti alla chitarra
- 60 g Butter
- 2 EL Olivenöl
- 1 mittelgroße Zwiebel, in sehr feine Scheiben geschnitten
- 1 Knoblauchzehe, fein gehackt
- 150 g Parmaschinken oder anderer luftgetrockneter roher Schinken, fein gewürfelt
- 8 Basilikumblätter, zerpflückt
- 3 EL glatte Petersilie, grob gehackt
- ½–1 roter Peperoncino (nach Geschmack), gehackt
- 50 ml Rotwein
- 150 g passierte oder gehackte Tomaten (Konserve)
- Salz und Pfeffer

Maccheroni alla chitarra alla molisana
Viereckige Spaghetti mit deftiger Tomatensauce

Man kann die Maccheroni alla chitarra fertig kaufen, aber auch selbst herstellen (siehe Hinweis unten). Die Tomatensauce ist im Nu zubereitet.

In einem großen Topf für die Pasta reichlich Wasser mit etwas Salz zum Kochen bringen.

Für die Sauce die Butter mit dem Olivenöl in einem Topf erhitzen und die Zwiebel mit dem Knoblauch bei niedriger Temperatur glasig schwitzen. Den Schinken kurz mitbraten, dann die Kräuter, den Peperoncino und den Wein zufügen. Nach 3 Minuten die Tomaten einrühren, salzen und pfeffern und die Sauce noch 3 Minuten köcheln lassen.

Inzwischen die Pasta im kochenden Salzwasser al dente garen. Abseihen und dabei 2–3 Esslöffel des Kochwassers auffangen.

Die Sauce nach Bedarf mit diesem Wasser verdünnen und unter die Pasta mischen. Gleich servieren und nach Belieben geriebenen Parmesan oder Pecorino dazu reichen.

Hinweis: Um die Maccheroni alla chitarra selbst herzustellen, frischen Nudelteig mit Ei 2 mm dick ausrollen und in 2 mm breite Streifen schneiden. Die Anleitung für die Zubereitung und weitere Behandlung des Teiges finden Sie auf Seite 251.

Regionale Erzeugnisse

SAFRAN Im Navelli-Tal, im Zentrum der Abruzzen, liegt das bedeutendste Produktionszentrum von Safran in Italien (an zweiter Stelle folgt Sardinien). Die Blütennarben des *Crocus sativus* werden von Hand gezupft, und ungefähr eine halbe Million davon ergeben gerade ein Kilogramm des entsprechend kostspieligen Gewürzes. Nur zwei Wochen dauert die Blütezeit, und geerntet wird ausschließlich am frühen Morgen und späten Nachmittag, wenn das Aroma besonders intensiv ist.

FLEISCHPRODUKTE Aus Rionero Sannitico kommt Räucherschinken, aus L'Aquila Prosciutto und aus Campotosto eine Mortadella, durch deren Mitte sich ein Fettstrang zieht. Weitere Erzeugnisse sind die Guanciale amatriciano (luftgetrocknete Schweinebacke), die Soppressata molisana und die Ventricina del Teramano, eine Salami aus grob gehacktem fettem und magerem Schweinefleisch, gewürzt mit Salz und Paprikapulver sowie Peperoncino und Fenchelsamen. Wie die kalabrische 'Nduja isst man sie zerkrümelt auf Röstbrot. Gröber und kräftiger im Geschmack ist die Ventricina del Vastese, die in Scheiben geschnitten wird.

WEIN Die unteren Hänge des Apennins, der nirgends höher ist als in den Abruzzen, sind oft mit Weinterrassen besetzt. Das größte Kontingent entfällt auf die Montepulciano-Traube, die einen köstlichen Roten, den Montepulciano d'Abruzzo DOC, wie auch einen Rosé namens Cerasuolo (oder Rubino) erbringt. Zwei angesehene Appellationen des Molise sind die DOC Biferno (Rot- und Weißwein sowie Rosé) und die DOC Pentro d'Isernia (Weißwein). Der bekannteste Weiße ist der Trebbiano d'Abruzzo DOC, der nicht aus der Traube gleichen Namens, sondern aus Trebbiano toscano (mit etwas Bombino bianco) gekeltert wird.

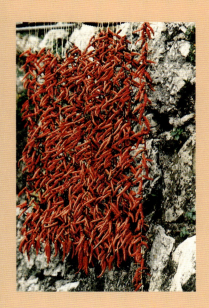

Weitere regionale Spezialitäten

Agnello all'arrabbiata Lammfleisch (von einem jungen Tier), in Stücke geschnitten, mit Knoblauch, Rosmarin und Peperoncino gebraten und in Weißwein geschmort

Agnello uovo e limone Mit Knoblauch in Wein geschmortes Lammfleisch, serviert mit einer Sauce aus Ei und Zitrone, angereichert mit dem Schmorfond und mit Petersilie

Calamaretti crudi Kleine Kalmare, in Stückchen geschnitten, mit Essig, Öl, Zwiebel und Peperoncino angemacht und roh gegessen

Ceci e castagne Gekochte Kichererbsen, gemischt mit gerösteten Maronen, Knoblauch und Öl

Fritto di bianchi d'uovo Fester Eischnee, in kochendem Wasser gegart und in Stücke geschnitten, dann in Mehl gewendet, durch verquirltes Ei gezogen und schwimmend ausgebacken

Guazzetto alla marinara Petersilie, Knoblauch, Essig und viel Peperoncino tragen zum Aroma der Fischsuppe aus Pescara bei

'Ndocca 'ndocca »In große Stücke geschnitten« – so der Dialektname – werden für den Eintopf Teile des Schweins, die sich anderweitig nicht verwerten lassen: Schnauze, Ohren, Schwanz oder Schwarte

Sanguinaccio alla chietina Süßspeise aus geronnenem Schweineblut, in Traubenmost gekocht, mit Walnüssen, Schokolade, Zitronat und Orangeat

Spaghetti aglio e olio Außer Spaghetti braucht man für das berühmte Pastagericht nur Knoblauch, Olivenöl und Peperoncini

---

Salame di noci

Schokoladen-Walnuss-Salami mit kandierten Früchten

Ergibt 2 Stück von je etwa 750 g

- 300 g geschälte Walnüsse
- 200 g extrafeiner Zucker
- 100 g Bitterschokolade, in kleine Stücke gebrochen
- 150 g Orangeat
- 150 g Zitronat
- 1 TL Zimtpulver
- 1/2 TL gemahlene Gewürznelken
- 1 EL schwarzer Pfeffer, frisch gemahlen
- 200 g getrocknete Feigen, grob gehackt
- 200 g Datteln, entsteint und gehackt

Süßspeisen – *dolci* – werden in Italien meist nur nach einem festlichen Essen oder bei besonderen Anlässen serviert. Diese Salame di noci aus dem Molise erinnert im Geschmack an das Panforte di Siena, in ihrer Form hingegen daran, wie sehr man in dieser Region Schweinswürste schätzt. Als Hülle für die »Salami« dienen zwei Blatt Reispapier.

Zwei Drittel der Walnüsse zerstoßen, die übrigen ganz lassen.

In einem Topf den Zucker mit 2 Esslöffeln Wasser sanft erhitzen, bis er sich aufgelöst hat. Den Sirup weiter erhitzen, bis er eine goldgelbe Farbe annimmt.

Inzwischen die restlichen Zutaten einschließlich der zerstoßenen und ganzen Walnüsse in einer Schüssel vermengen. Den Zuckersirup dazugießen und untermischen.

Die Masse auf zwei Blatt Reispapier entlang der Mitte verteilen. Jeweils eine Kante des Papiers über die Masse legen und das Ganze aufrollen und formen, sodass eine gleichmäßig runde »Salami« entsteht. An einem kühlen Ort fest werden lassen.

Die Salame di noci schmeckt, in Scheiben geschnitten, zu einem Kaffee oder einem Glas Moscato. In Zellophan verpackt ist sie eine ideale Weihnachtsüberraschung für Genießer.

CAMPANIA

Auf den fruchtbaren vulkanischen Böden Kampaniens wachsen einige der besten Obst- und Gemüsesorten des Landes. Die Region liegt südlich von Latium an der Mittelmeerküste, und ihre Hauptstadt Neapel ist berühmt für Pizza, Pasta und Tomatensauce. Tomaten spielen eine Hauptrolle, und die viel gepriesenen San-Marzano-Tomaten werden hier angebaut. Sie sind Basis vieler Pasta- und Pizzasaucen und für alle Zubereitungen, die sich mit dem Attribut *alla napoletana* schmücken. Büffelmozzarella ist eine weitere Spezialität Kampaniens.

Die alten Römer nannten die Region *Campania felix,* also »glückliches Kampanien«, und diese Bezeichnung passt noch immer auf den sonnigen Küstenstreifen mit seinen Menschen, die so herzlich lachen können. In der Hauptstadt trifft man dagegen auf einen ganz anderen Schlag: Einerseits großzügig, spontan und schlagfertig, leidenschaftlich, gesellig und romantisch, besitzen die Neapolitaner andererseits einen starken Hang zur Melancholie. Vielleicht ist dieser Wesenszug in der Geschichte der Region, die immer wieder von Invasoren – Griechen, Arabern, Franzosen und Spaniern – heimgesucht wurde, begründet. Vielleicht hat auch die Angst vor einem Ausbruch des Vesuv – so heftig wie der Ausbruch, der vor 2000 Jahren Pompeji zerstörte – dazu beigetragen. Jedenfalls leben die Neapolitaner das *arrangiarsi,* das Sicharrangieren. Diese Lebensanschauung ermöglicht es ihnen meist, sich noch aus der heikelsten Situation zu retten.

Ich verstehe die hiesige Mentalität, denn ich wurde selbst an der Costa Amalfitana, genauer in Vietri sul Mare, geboren, und mein Vater stammte aus Benevento im Herzen Kampaniens. Wir zogen zwar nach Norditalien um, als ich noch ganz klein war, kamen aber oft zu Besuch. Und vieles, was mich bis heute prägt, geht zurück auf die Zeit, als ich häufig die Ferien mit meiner Großmutter, meiner Tante und ihrer »Perle« Lina verbrachte. Lina, die eigentlich Carolina heißt, kümmerte sich stets rührend um mich und meine Geschwister. Ich liebe Kampanien, und selbst nach all diesen Jahren erfahre ich immer wieder Neues über die Region und ihre Küche.

Viele Landstriche, wo früher Tomaten und Gemüse wuchsen, wurden inzwischen bebaut, musste ich kürzlich bei einem Besuch feststellen. Ein ganz vertrautes Bild waren dann, als wir uns der Küste näherten, die Bauern aus der Umgebung, die ihre herrlichen Peperoncini, Zitronen und Knoblauchknollen am Straßenrand verkauften. Es ist also noch nicht alles verloren …

Kulinarische Traditionen und Spezialitäten

Der Süden Italiens, der so genannte *mezzogiorno*, ist trocken und gebirgig, und die Menschen hier waren schon immer weniger wohlhabend und weltgewandt als die im Norden. Die südlichen Regionen teilen eine bewegte Geschichte, und die Küche quer durch Süditalien weist unverkennbare Gemeinsamkeiten auf. Olivenöl und Getreideprodukte (insbesondere Pasta), Tomaten und Gemüse sowie Knoblauch, Peperoncino und Basilikum spielen eine große, Fleisch eine untergeordnete Rolle.

Überall in Kampanien findet man Zeugen der bewegten Geschichte: griechische Tempel in Paestum, gut erhaltene römische Villen und die Ruinen der durch den gewaltigen Vesuvausbruch 79 n. Chr. zerstörten Städte Pompeji und Herculaneum. Neapel will die Spaghetti erfunden haben und hatte mit dem Hartweizen aus der Gegend, dem guten Wasser aus dem Apennin und dem für die Trocknung der Pasta idealen warmen Klima tatsächlich beste Voraussetzungen dafür. Anfangs sorgte reine Mannes-, später dann Eselsstärke für den nötigen Druck, um den Teig durch die Matrizen zu pressen und die Pastaschnüre zu fertigen. Längst hat moderne Technik in der Branche Einzug gehalten, dennoch hat sich ein handwerkliches Moment bewahrt, das die neapolitanische Pasta so besonders macht.

Sehr populär sind bei den Neapolitanern größere Pastaformen wie Ziti (lange Röhren), Maccheroni (kurze Röhren), Rigati (gerillte Maccheroni), Bucatini (hohle Nudeln), Penne (schräg abgeschnittene, gerillte Röhren), Rigatoni (dicke gerillte Röhren) und Candele (10–15 cm lange Röhren). In Kampanien wird Pasta nicht al dente serviert, sondern *fujenni,* für unseren Geschmack fast roh. Kleinere Pastaformen sind ebenfalls beliebt. Man findet Chiocciole und Lumache (Schnecken), Conchiglie (Muscheln), Ditali und Tubetti (beides kleine, kurze Röhren) sowie die berühmten handgemachten Fusilli (Spiralen).

Mein einstiges Kindermädchen Lina servierte ihre Fusilli immer mit einem *ragù* aus Tomaten und Rind-, Lamm- oder Schweinefleisch. In Neapel ist das Ragù alla napoletana so berühmt wie das Ragù bolognese weiter im Norden. Für seine Zubereitung werden Braciole oder mehr oder weniger große Scheiben von Rind- oder Kalbfleisch mit einer Mischung aus Knoblauch, Pinienkernen, Petersilie, Rosinen und etwas Parmesan gefüllt und stundenlang sanft in einer Tomatensauce geschmort. Diese wird mit Pasta zum ersten Gang, das Fleisch anschließend als Hauptgericht serviert. Eine weitere berühmte kampanische Spezialität sind Spaghetti in cartoccio: Fast fertig gegarte Spaghetti und Meeresfrüchte werden in einer Papierhülle noch kurz im Ofen gebacken. Probierenswert sind auch die Frittata di maccheroni, ein Pastaomelett, und der Timballo di ziti, eine Art Nudelauflauf.

Focacciaähnliche Brote, mit Olivenöl beträufelt und mit Kräutern oder anderen Zutaten bestreut, waren schon lange überall in Italien gang und gäbe, als die Tomaten hier Einzug hielten. Was lag näher, als mit ihnen die Hefeteigfladen zu belegen? Damit war die Pizza geboren, die heute quasi ein Synonym für die neapolitanische Küche ist. Die Böden wurden dünner und die Beläge aufwendiger, wobei mir die einfachen Versionen immer noch am besten schmecken: die Pizza alla napoletana (Tomaten, Knoblauch und Oregano), die Margherita (Tomaten, Mozzarella und Basilikum) und die Marinara (Knoblauch, Tomaten, Oregano, Basilikum und Sardellen). Am liebsten kaufe ich Pizza an einem Straßenstand und esse sie gleich aus der Hand, so, wie es die Neapolitaner machen.

Tomaten sind nicht nur der gemeinsame Nenner von Pasta und Pizza, sondern auch das bedeutendste landwirtschaftliche Erzeugnis der Region. Ohne Tomaten ist die italienische Küche (wie im Übrigen jede Küche der westlichen Welt) kaum vorstellbar, aber gerade hier in Kampanien geht man besonders kreativ mit ihnen um. Meine Großmutter zeigte mir, wie man Estratto di Pomodoro herstellt, die älteste Form des haltbaren, für die Zubereitung von Saucen geeigneten Tomatenkonzen-

trats. Dafür drehte sie reife Tomaten durch ein spezielles Gerät, salzte anschließend das nun von den Samen befreite Fruchtpüree, strich es in einem flachen Holzgefäß aus und stellte es, mit einem Mulltuch abgedeckt, in die Sonne. Zweimal am Tag wurde die Masse mit einem Holzlöffel durchgerührt, die sich, während sie immer mehr austrocknete, dunkelrot färbte. Schließlich formte meine Großmutter sie zu Würfeln, um die sie zuletzt ringsum Basilikumblätter legte. Ich erinnere mich, dass ich diesen Extrakt auch roh auf Bruschetta aß, beträufelt mit etwas Olivenöl ... köstlich. Wie fast jede kampanische Hausfrau machte meine Großmutter ebenfalls frische Tomaten ein. In Flaschen mit einem weiten Hals füllte sie geviertelte reife San-Marzano-Tomaten und gab Salz, frische Basilikumblätter und Wasser hinzu. Die Flaschen wurden fest verschlossen und sterilisiert, sodass ihr Inhalt ein Jahr haltbar blieb.

Der fruchtbare vulkanische Boden Kampaniens kommt dem Tomatenanbau sehr entgegen, eignet sich aber auch für viele andere Gemüsesorten wie Knoblauch, Spargel (er ist hier meist violett), Cannellini, Artischocken, Blumenkohl, Friarelli – so wird Cime di rapa (Stängelkohl) hier genannt –, Zwiebeln, Auberginen, Kartoffeln, Bleichsellerie, Kürbisse, Zucchini, Paprikaschoten und die ihnen verwandten feurig scharfen Peperoncini. Wildpilze werden ebenfalls in Kampanien geerntet, und selbst schwarze Trüffeln findet man hier, insbesondere in Bagnoli Irpino bei Avellino. Verschiedene Zubereitungsarten für Gemüse sind typisch für Kampanien, etwa *alla scapece* (mariniert), *sott'olio* und *sott'aceto* (in Öl beziehungsweise Essig eingelegt) und *in agrodolce* (süßsauer, da in Essig und Zucker gekocht). Die ebenfalls populären Rezepte für gefülltes Gemüse sind ein Vermächtnis der Araber.

Zum breit gefächerten Obstangebot Kampaniens gehören unter anderem Aprikosen, Orangen, Zitronen, Äpfel, Pflaumen und Loquats (Wollmispeln). Die Maronen, Haselnüsse, Walnüsse und Pinienkerne aus der Region sind ebenfalls hervorragend. Zu den Attraktionen von Wallfahrtsorten wie Monte Vergine gehören die Verkäufer, die lokale Spezialitäten feilbieten: Torrone (siehe Seite 179), auf Schnüren aufgezogene geröstete Haselnüsse und vor allem die Castagne del prete (»Maronen des Priesters«), die erst gekocht und dann im Ofen leicht getrocknet werden, wobei sie zwar weich bleiben, aber zugleich einen außergewöhnlichen Geschmack entwickeln. Haselnüsse sind vor allem in der Form des Croccante di nocciole, einer in der Vorweihnachtszeit hergestellten Süßigkeit, eine Spezialität. Die Stadt Avellino erhielt sogar ihren Namen von dieser Nuss, die auf Italienisch *nocciola* oder *avellana* heißt.

Ein weiterer gemeinsamer Nenner von Pasta und Pizza ist der Mozzarella, den man in Kampanien ausschließlich aus Büffelmilch macht (siehe Seite 179). Pecorino wird aus der Milch der in den Bergen weidenden Schafe hergestellt. Lamm-, Schweine- und Rindfleisch sowie Kaninchen werden zwar gegessen, generell aber ist Fleisch eher eine Randerscheinung in der Küche der Region, die Pasta und Gemüse in den Mittelpunkt rückt. Jedoch wird Schweinefleisch haltbar gemacht, und so gibt es eine gute Salami Napoli und eine gute Salsiccia di Napoli, einen vorzüglichen Capocollo und einige beachtliche Schinkensorten. Zu den kulinarischen Kuriositäten Neapels gehören die Nervetti (in Scheiben geschnittene, zuvor weich gekochte Knorpel von Kalbs- und Schweinsfüßen) und Musso. Von meinem letzten Besuch Kampaniens sind mir diese gekochten Innereien vom Schwein (Lunge, Kutteln, Euter, Maul) und Kalbsköpfe noch lebhaft in Erinnerung. Ein Mann verkaufte sie, auf Eis angerichtet, mit Salz bestreut und mit Zitronensaft beträufelt, auf der Straße. Wir nahmen eine Kostprobe, allerdings mit sehr gemischten Gefühlen ...

Wie in allen Küstengebieten spielt auch hier Fisch eine große Rolle, insbesondere gilt das für die Sardellen aus dem Golf von Neapel. Für die Tortiera di acciughe werden die Filets nebeneinander auf ein Backblech gelegt, mit Oregano, Knoblauch und Semmelbröseln bestreut und, zuletzt mit Öl beträufelt, im Ofen überbacken. Kraken werden in Neapel *affogato* (frisch pochiert) serviert, und

ein anderer Snack, den Straßenverkäufer feilbieten, sind die Marruzzelle, Schnecken in der fast obligatorischen Tomatensauce. Spaghetti alle vongole sind sehr verbreitet, und Capitone, ein stattlicher Aal, gilt als klassisches Weihnachtsessen.

Fast ein kulinarisches Wahrzeichen Kampaniens ist für mich der Kaffee, den man hier zu jeder Tageszeit trinkt. Wenn Sie jemanden besuchen, bekommen Sie garantiert als Erstes eine Tazzulella di caffè angeboten, also ein Tässchen Espresso. In Privathaushalten kommt dafür oft noch jener altmodische Kaffeebereiter auf den Herd, der Italienern als *napoletana* bekannt ist. Früher haben viele Familien hier sogar die grünen Kaffeebohnen in einem speziellen Topf selbst geröstet. Das Aroma, das dann durch die Gassen zog, war für mich der typische Duft Neapels. Falls Sie die Stadt einmal besichtigen, sollten Sie sich unbedingt einen Kaffee und dazu ein Babà (siehe Seite 179) im Gambrino gönnen, einem alten Café im Zentrum.

Gesellig und spontan, wie sie nun einmal sind, nutzen die Menschen hier so ziemlich jede Gelegenheit, um ein Fest zu feiern. Im August gibt es eine *sagra* für Pesce azzurro (»Blaufisch«) in Agropoli, für Pecorino in Ceppaloni, für Prosciutto in Paupisi und für Lammfleisch in Santa Croce del Sannio. Im September veranstaltet Apollosa ein Kalbfleischfest, während Contrada und Montella ihre Maronen, Trecase und Torrecuso den Wein und Bagnoli Irpino seine Maronen und Trüffeln gleichzeitig feiern. Im Dezember schwelgt San Bartolemeo in Galdo in Würsten und Polenta gleichzeitig.

Scarolai imbuttunata — Gefüllte Endivien

Für 4 Personen

- 4 Köpfe krause Endivie (Frisée)
- 6 EL Olivenöl
- 30 g Semmelbrösel

Für die Füllung:
- 1 Knoblauchzehe, fein gehackt
- 20 g Kapern in Salz, abgespült
- 8 Sardellenfilets, gehackt
- 20 g Rosinen
- 20 g Pinienkerne
- 50 g entsteinte schwarze Oliven
- Salz und Pfeffer

Dieses ungewöhnliche Gericht, das vermutlich der jüdischen Küche entstammt, dürfte Vegetariern gefallen. Es wird häufig als erster Gang serviert.

Den Backofen auf 200 °C vorheizen. Die Endivien in kochendem Salzwasser 7–8 Minuten vorgaren, danach abseihen. Die harten, dunkelgrünen Außenblätter entfernen. Die verbleibenden Salatherzen nochmals gut abtropfen lassen und die Blätter auseinander spreizen, sodass sie eine Art Becher bilden.

Sämtliche Füllungszutaten vermengen. Die Mischung in die Endivien füllen und mit etwas Olivenöl beträufeln. Die Blätter über der Füllung zusammenlegen und andrücken.

Die jetzt beinahe kugelförmigen Endivien kopfüber in eine ofenfeste Form setzen. Mit dem restlichen Olivenöl beträufeln, mit den Semmelbröseln bestreuen und 20–30 Minuten im Ofen garen. Nach Belieben heiß oder kalt servieren.

Für 4 Personen

- 8 EL Olivenöl
- 8 frische kleine Kraken (je 120–150 g), küchenfertig vorbereitet
- 2 Knoblauchzehen, fein gehackt
- 1 roter Peperoncino, fein gehackt
- 500 g passierte oder gehackte Tomaten (Konserve)
- 1 Bund glatte Petersilie, grob gehackt
- Salz und Pfeffer

Polpi affogati Geschmorte Kraken

Die Kraken werden in diesem Fall zusammen mit Tomaten in ihrem eigenen Saft gegart. Damit das Gericht wirklich gelingt, dürfen die Tiere höchstens 150 g Gewicht mitbringen, und sie müssen *verace* sein – also »echte« Gemeine Kraken mit doppelten Saugnapfreihen, die für mich zum Besten gehören, was es an Meeresfrüchten gibt.

In einem Steinguttopf oder einer Kasserolle mit fest schließendem Deckel das Olivenöl erhitzen und die Kraken etwa 1 Minute unter ständigem Rühren anbraten. Den Knoblauch und den Peperoncino einige Sekunden mitbraten, dann die Tomaten zufügen.

Den Deckel auflegen – er soll dicht schließen, damit keine Feuchtigkeit verloren geht – und die Kraken auf sehr kleiner Flamme in 20–30 Minuten garen. Das Gericht mit der Petersilie bestreuen, mit Salz und Pfeffer abschmecken und heiß servieren. Dazu reichen Sie Röstbrotscheiben.

KAMPANIEN

Ergibt 4 Pizzas mit 28 cm Durchmesser

Für den Teig:
35 g frische Hefe
   (oder 3½ TL Trockenhefe)
1 Prise Salz
2 EL Olivenöl
600 g italienisches Mehl
   (Tipo 'oo')

Für den Belag:
400 g San-Marzano-Tomaten
   (oder passierte Tomaten aus der Dose)
300 g Büffelmozzarella, gewürfelt
12 EL Olivenöl
12 große Basilikumblätter

Pizza Margherita

Peppino Brandi, ein *pizzaiolo* (Pizzabäcker), schuf im Juni 1889 diese patriotische Pizza in den italienischen Landesfarben für Königin Margherita. Die Monarchin war entzückt! Die einfache Pizza setzt auf die besten Erzeugnisse der Region und gehört zu meinen Favoriten.

Hefe und Salz in 300 ml warmem Wasser auflösen. Olivenöl einrühren und die Mischung 10 Minuten ruhen lassen. Das Mehl auf eine Arbeitsfläche häufen und in die Mitte eine Mulde drücken. Nach und nach die Hefemischung hineingießen und dabei mit den Händen ins Mehl einarbeiten, sodass schließlich ein zusammenhängender Teig entsteht. Kneten, bis er glatt und elastisch ist. Zugedeckt an einem warmen Ort 1 Stunde gehen lassen.

Falls Sie das Glück hatten, die echten, eiförmigen San-Marzano-Tomaten zu bekommen, diese inzwischen halbieren, von den Samen befreien und fein hacken.

Den Backofen auf 220 °C vorheizen. Den Teig zusammenschlagen und in 4 Portionen teilen. Diese einzeln zu Kugeln formen und auf einem eingeölten Backblech zu dünnen, runden Fladen ausziehen. Auf jeder Pizza ein Viertel der Tomaten verteilen, ein Viertel des Mozzarellas darüber streuen und mit 3 Esslöffeln Olivenöl beträufeln.

Im vorgeheizten Ofen 8–10 Minuten backen, bis der Teig knusprig und der Käse zart gebräunt ist und Blasen wirft. Mit dem Basilikum bestreuen und servieren.

Weitere regionale Spezialitäten

Agnello cacio e ova Lammeintopf mit Käse-Eier-Sauce

Antipasto di Pasqua Eine Spezialität, die Ostern auf den Tisch kommt und auf einem grünen Salat, hart gekochten Eiern, Scheiben von gesalzenem Ricotta und Salami oder Capocollo basiert

Baccalà alla napoletana Stockfischfilets, mit Mehl bestaubt und mit Tomaten, Knoblauch, Kapern, schwarzen Oliven, Pfeffer, Rosinen und Pinienkernen geschmort

Costata alla pizzaiola Steak mit einer Sauce aus Knoblauch, Tomaten, Pfeffer, Oregano und Weißwein; die pizzatypischen Zutaten führten zum Beinamen *alla pizzaiola* (»auf Pizzabäckerart«)

Gattò di patate Gehackte Reste von Käse, Salami usw., in einer Hülle aus Kartoffelpüree und Eiern gebacken

Insalata di rinforzo Ein Salat aus gekochtem Blumenkohl, Oliven, Paprikaschoten, Sardellen, Kapern, Öl und Essig, der nach Belieben variiert wird; das ideale Kontrastprogramm zu den weihnachtlichen Süßigkeiten

Minestra maritata Diese dicke Suppe »vermählt« verschiedene Gemüse wie Brokkoli, Chicorée und Endivien, ergänzt durch Salami, Prosciutto oder Wurst, Schwarte, kleine Käsestücke (Caciocavallo) und Peperoncino

Mozzarella in carrozza Zwei Weißbrotscheiben umschließen eine Scheibe Mozzarella; diese wird in Milch, Mehl und Ei gewendet und frittiert

Pastiera alla napoletana Ein Kuchen aus Mürbteig (Pasta frolla) mit einer Füllung aus eingeweichten und gekochten Weizenkörnern, Ricotta, kandierten Früchten, Eiern und Gewürzen

Pasta fritta Schwimmend ausgebackene Hefeteigkrapfen mit einer Sardellenfüllung; das süße Pendant heißt Zeppole di San Giuseppe und ist ebenso köstlich wie die salzige Variante

Sartù Ein Reisauflauf, gefüllt mit Fleischbällchen, Wurst, Hühnerklein, Mozzarella, Pilzen, Erbsen und anderem mehr und im Ofen gegart; ähnlich der Bomba di riso aus der Emilia-Romagna

Zucchini alla scapece Gebratene Zucchinischeiben in einer Öl-Essig-Marinade mit Minze

Regionale Erzeugnisse

MOZZARELLA Büffelmozzarella wird in der Umgebung von Battipaglia und Caserta erzeugt und besitzt einen ganz eigenen Geschmack. Er ist kräftiger als sein in vielen anderen Regionen aus Kuhmilch hergestelltes Pendant und zugleich cremiger, da der Fettgehalt von Büffelmilch (etwa 6 Prozent) höher ist als von Kuhmilch (4 Prozent). Zahlreiche, meist handwerklich arbeitende Betriebe in Kampanien erzeugen den Mozzarella di bufala.

SAN-MARZANO-TOMATEN Die eiförmigen San-Marzano-Tomaten sind der ganze Stolz und auch ein wichtiges Wirtschaftsgut der Provinzen Neapel und Salerno. Sie kommen nicht nur frisch, sondern auch sonnengetrocknet, im Ganzen, gestückelt oder püriert in Gläsern oder Dosen konserviert sowie in Form von Tomatenmark in den Handel.

BACKWAREN Die Calzone ist eine einmal gefaltete Pizza mit einer Füllung aus Prosciutto oder Salami, Mozzarella, Ricotta und Parmesan. Casatiello oder Casatello nennt man das herzhafte neapolitanische Osterbrot, gefüllt mit Käse, Salami und Eiern, die vor dem Backen roh und ungeschält in den Teig geschoben werden. Frisella ist ein Trockengebäck, das eingeweicht in Salaten verwendet wird. Zu den süßen Spezialitäten Kampaniens gehören die Struffoli (ausgebackene Teigbällchen, mit Sirup und Gewürzen überzogen und zu einer Pyramide aufgetürmt oder ringförmig angeordnet), Sfogliatella (Blätterteigkuchen, der gekochten Grieß, Ricotta, kandierte Früchte und Gewürze enthält) und schließlich Babba al rum oder Babà (ein rum- und sirupgetränkter Kuchen aus mit Sultaninen angereichertem Hefeteig). Torrone ist ein aus Eiweiß und Mandeln hergestellter Nugat, der ursprünglich aus Cremona in der Lombardei stammt.

WEINE UND LIKÖRE Der Taurasi DOCG ist ein Rotwein, der vornehmlich auf Aglianico basiert. Aus derselben Traube, ergänzt durch Primitivo und Piedirosso, entsteht der Falerno del Massico DOC, mit dem die Familie einem Wein der Antike, dem Falernum, zu neuem Leben verholfen hat. Es gibt auch einen weißen Falerno, bereitet aus Falanghina. Der Greco di Tufo DOC ist ein goldgelber »Weißwein«, der vornehmlich bei Avellino aus Greco-Trauben gekeltert wird. Ein feiner Weißwein ist der Fiano di Avellino, dessen Mischungsrezept neben Fiano etwas Greco und Trebbiano toscano vorsieht. Zu den Likörspezialitäten Kampaniens zählen neben dem Anisetta auch der Strega, der in Benevento aus Kräutern bereitet wird, und der Limoncello, hergestellt in Neapel aus Zitronen und Mandarinen der Costa Amalfitana.

Für 4 Personen

400 g Hartweizengrieß
1 Ei, verquirlt
Für das Ragout:
8 Scheiben mageres Rindfleisch (Hüfte oder Oberschale)
2 Knoblauchzehen, sehr fein gehackt
40 g Rosinen
3 EL glatte Petersilie, grob gehackt
40 g Pinienkerne
120 g Parmesan, frisch gerieben
Salz und Pfeffer
50 g Schweineschmalz
4 EL Olivenöl
60 ml trockener Rotwein
150 g Tomatenmark

Ragù alla napoletana con fusilli di Lina
Linas Fusilli mit neapolitanischer Fleischsauce

In ganz Süditalien bemüht man sich, aus einem Stück Fleisch – ob es nun von der Ziege, vom Lamm, Schwein oder Rind stammt – möglichst viel Geschmack herauszuholen, und zwar mithilfe von Tomatensauce, herzhaften Gewürzen und einem kräftigen Schuss Wein. Ein solches *ragù* passt gut zu Pasta jeder Art, speziell zu hausgemachter. Typisch für die Region sind die Fusilli, die mein altes Kindermädchen in Avellino für mich kochte. Die Neapolitaner servieren diese Sauce auch mit Ziti, die aussehen wie dicke, hohle Spaghetti.

Für das Ragout die Fleischscheiben mit Knoblauch, Rosinen, Petersilie, Pinienkernen, der Hälfte des Parmesans sowie etwas Salz und Pfeffer bestreuen. Aufrollen und mit Küchengarn umbinden.

Das Schmalz mit dem Olivenöl in einer großen Pfanne zerlassen und die Rouladen von allen Seiten braun anbraten. Den Wein dazugießen und etwas verdampfen lassen, dann das mit ein wenig Wasser verdünnte Tomatenmark hinzufügen. Das Fleisch auf sehr kleiner Stufe 2–3 Stunden schmoren – dabei nach Bedarf gelegentlich etwas Wasser dazugießen, damit nichts ansetzt. (Sie können die Fleischsauce 1 Tag im Voraus zubereiten und müssen sie vor dem Servieren nur noch kurz aufwärmen.)

Für die Fusilli das Mehl auf die Arbeitsfläche häufen. In die Mitte eine Mulde drücken und das Ei mit einem kleinen Schuss Wasser hineingeben. Allmählich das umgebende Mehl einarbeiten und nach Bedarf weiteres Wasser hinzufügen, sodass ein zusammenhängender Teig entsteht. Kneten, bis er glatt und elastisch ist. Mit einem Tuch abdecken und 30 Minuten ruhen lassen.

Die Arbeitsfläche mit etwas Mehl bestauben. Eine kleine Teigportion abzweigen, mit der Handfläche zu einem etwa 10 cm langen und 3 mm dicken Strang rollen und diesen spiralförmig um einen dünnen Spieß – oder eine Stricknadel, wie Lina es macht – wickeln. Leicht andrücken und die Spirale auf ein Tuch gleiten lassen. So den gesamten Teig verarbeiten.

Die Fusilli in einem großen Topf mit kochendem Salzwasser garen. Abseihen, mit einem Teil der Tomatensauce vermischen und mit dem übrigen Parmesan bestreuen. Den Rest der Sauce und das Fleisch servieren Sie dazu.

KAMPANIEN

Für 4–6 Personen

- 1 kg saftiges Fleisch vom Lamm oder Zicklein, in 5 cm große Stücke geschnitten
- 1 große Zwiebel, sehr fein gehackt
- 50 ml Olivenöl
- 50 ml trockener Weißwein
- 400 g frische Erbsen, enthülst
- Salz und Pfeffer
- 4 Eier, verquirlt
- 3 EL glatte Petersilie, fein gehackt
- 60 g Parmesan, frisch gerieben

Zum Garnieren:
- Petersiliensträußchen

Capretto con piselli all'uovo
Zicklein mit Erbsen und Ei

Dieses Gericht wird traditionell an Ostern gegessen. Es ist im Mittelmeerraum sehr verbreitet, Ei als Sauce für Fleisch zu verwenden. Auch mit Tiefkühlerbsen gelingt dieses Rezept.

Die Fleischstücke mit der Zwiebel in einer Pfanne im Olivenöl sanft braten, bis sie nach etwa 10 Minuten ringsum gebräunt sind. Den Wein dazugießen und das Fleisch noch 10–15 Minuten schmoren. Die Erbsen untermischen und 10 Minuten mitgaren. Das Ganze zuletzt mit Salz und Pfeffer abschmecken.

Unmittelbar vor dem Servieren die Eier in einer Schüssel mit der Petersilie und dem Parmesan verquirlen. Die Pfanne vom Herd nehmen. Die Eimischung langsam hineingießen und dabei gründlich rühren – da das Fleisch noch genügend Hitze abgibt, verwandelt sich das Ei in eine wundervoll cremige Sauce. Das Gericht mit einigen Petersiliensträußchen garnieren und gleich servieren.

Ergibt 20 Portionen

Für das Soffritto:
- 300 g Schweinsleber
- 300 g Schweinsherz
- 300 g Schweinslunge
- 300 g Schweinsnieren
- 100 g Schweineschmalz
- 2 EL Olivenöl
- 400 g passierte oder gehackte Tomaten (Konserve)
- 100 g konzentriertes Tomatenmark
- 2–3 scharfe Peperoncini, in Stücke geschnitten
- Salz und Pfeffer

Zum Servieren:
- Brühe
- Lorbeerblätter
- Röstbrotscheiben

Zuppa di soffritto Neapolitanische Soffritto-Suppe

Früher kam diese Suppe, die zur *cucina povera* gehört, in Kampanien vor allem im Winter regelmäßig auf den Tisch. Heute findet sie sich sogar auf den Speisekarten nobler Restaurants. Im Grunde handelt es sich um ein konzentriertes *ragù* aus Innereien vom Schwein, das im Voraus in größerer Menge zubereitet wird. Bei Bedarf wird es dann mit heißer Brühe vermischt und über eine Scheibe Röstbrot gegossen. Auch meine Mutter bereitete Soffritto auf Vorrat zu, und ich erinnere mich noch gut, dass sie von einem rötlichen gefrorenen Block einen Teil abzweigte, um damit für uns ein Mittagessen zu kochen. Auf einem ähnlichen Rezept beruht ein köstliches *ragù* aus Lamminnereien, das in Latium unter dem Namen Coratella di abbacchio bekannt ist.

Alle Innereien in sehr kleine Stücke schneiden. Das Schmalz mit dem Olivenöl in einer großen Pfanne zerlassen und die Fleischstückchen darin etwas Farbe annehmen lassen. Die Tomaten, das Tomatenmark, die Peperoncini, Salz und Pfeffer sowie nach Bedarf etwas Wasser hinzufügen – die Mischung sollte leicht feucht, aber nicht zu flüssig sein. Unter gelegentlichem Rühren 20–30 Minuten garen. Anschließend vom Herd nehmen und abkühlen lassen. Für die Verwendung in den nächsten 3 Tagen kalt stellen, andernfalls einfrieren (am besten in kleineren Portionen).

Wenn Sie eine Suppe zubereiten möchten, pro Person einen großen Löffel des Soffritto in heißem Wasser oder Brühe nach Geschmack verrühren und pro Portion ein frisches Lorbeerblatt zufügen. Zum Kochen bringen und einige Minuten köcheln lassen. Zuletzt mit Salz und Pfeffer abschmecken.

Vorgewärmte Suppenteller jeweils mit einer heißen Röstbrotscheibe auslegen, die Suppe darüber gießen und genießen.

Basilicata

Ungefähr dort, wo im italienischen Stiefel der Knöchel liegen würde, erstreckt sich die Basilikata. Die Küche der Region ist einfach. Genießern sind die Schweinefleischprodukte ein Begriff, besonders die Lucaneca-Wurst. Getrocknete Peperoncini verleihen den meisten Gerichten eine pikante Schärfe; Weizenfelder und Olivenkulturen liefern Rohstoffe für Brot und Pasta sowie das Öl, ohne das die lokale Küche undenkbar wäre.

Die in nur zwei Provinzen, nämlich Potenza und Matera, gegliederte Basilikata grenzt mit einem schmalen Ausläufer im Westen ans Tyrrhenische Meer oder genauer den Golfo di Policastro, ein längerer Küstenstrich erstreckt sich im Südosten am Golf von Tarent. Das Gebiet dazwischen wird einerseits beherrscht von den Gipfeln der großen italienischen Gebirgskette, die hier Appennino Lucano heißt, und andererseits von den Ebenen einiger Flüsse, die in Richtung Süden dem Ionischen Meer zustreben. Während sich der heutige Name der Region von dem griechischen Wort für »königlich« ableitet, verweist die alte Bezeichnung, Lucania, auf das lateinische *lupus* (Wolf) und erinnert uns daran, dass die Region einst römisches Hoheitsgebiet war.

Die Lukaner sind ein Mischvolk östlicher Herkunft. Nicht zuletzt deshalb, weil ihre Heimat so lange von den Machtzentren des Landes abgeschnitten war, sind sie weitgehend unter sich geblieben. Erst in den 1980er-Jahren wurde die Verkehrsanbindung an den Rest des Landes stärker ausgebaut. Auch in kulinarischer Hinsicht bewahrte die Basilikata ihre Identität, verwendet werden fast ausschließlich lokale Zutaten.

Ich habe viele schöne Erinnerungen an die Basilikata, etwa an einen Aufenthalt in Maratea. In dem hübschen Küstenort schrieb ich vor über 20 Jahren mein erstes Buch. Damals war mir an einer Mauer eine Plakette aufgefallen, die demjenigen, der just an jener Stelle ein Gebet spräche, für 300 Tage *indulgenzia plenaria*, also den vollkommenen Ablass, verhieß. 300 sorgenfreie Tage – zum Verfassen eines Buches sollte das wohl reichen! Ricotta ist eine Spezialität der Region, und einmal beobachtete ich einen Bauern, der seinen Käse für den Verkauf vorbereitete: Er schöpfte das geronnene Molkeeiweiß in einen spitz zulaufenden Korb, durch dessen Geflecht die überschüssige Molke gut abtropfen konnte. Dann bedeckte er den Käse mit einem frischen Weinblatt.

Bei Filmaufnahmen für meine Fernsehserie kamen wir durch Accettura, das weiter östlich im Pollino-Gebirge liegt. Zufällig fand dort gerade das jährliche *matrimonio degli alberi* (übersetzt »die Vermählung der Bäume«) statt. Von entgegengesetzten Seiten zogen zwei Gruppen kräftiger junger Männer in das Dorf ein. Die eine schleppte mithilfe von Ochsen den Stamm einer ausgewachsenen Eiche herbei, die andere die üppig belaubte Krone einer Stechpalme. Auf dem Dorfplatz wurde die Krone auf den Stamm aufgesetzt, und dann wurden Zettel, auf denen etwas geschrieben stand, in die Zweige gehängt. Die symbolische Bedeutung dieses Geschehens blieb mir verborgen. Aber dann feuerten zwölf Schützen auf die Krone und holten die Zettel wieder herunter. Anschließend begann ein Fest, und ich erinnere mich lebhaft an das wunderbare Essen, das in der Dorftrattoria aufgetischt wurde. Unter anderem gab es Maccheroni al ferretto – handgerollte Nudeln mit einem üppigen *ragù* aus Tomaten, Lamm- und Schweinefleisch sowie Pezzenta, eine typische Salami der Region (siehe Seite 192). Das Gericht war mit gesalzenem Ricotta bestreut, einem Hartkäse, der hier anstelle von Parmesan verwendet wird. Den Geschmack habe ich bis heute auf der Zunge.

Fährt man im Sommer in Richtung des Golfs von Tarent, säumt Weizen die Straße, dessen leuchtendes Goldgelb einen hinreißenden Kontrast zum Grün der Olivenbäume bildet. Hier und da sieht man Tempelruinen und Überreste von Theatern der Antike, die an das griechische Kapitel der hiesigen Geschichte erinnern, aber auch normannische Kastelle und Dörfer. Falls sich unterwegs der Hunger regt, können Sie an einem Straßenstand ein 'Gnumaridd (siehe Seite 191) erstehen.

Kulinarische Traditionen und Spezialitäten

Schweinefleisch regiert die Küche der Region, und fast jede Familie hält mindestens ein Schwein. Da die Tiere nur gutes Futter bekommen, liefern sie hervorragendes Fleisch und gleichermaßen schmackhafte Schinken und Wurstwaren, die zumeist noch zu Hause hergestellt werden. Fleisch verarbeitende Betriebe spielen nach wie vor eine unbedeutende Rolle. Außer den auf Seite 192 beschriebenen Produkten aus Schweinefleisch hat die Basilikata zwei weitere Spezialitäten zu bieten, die untrennbar mit der *cucina povera*, der bäuerlichen Küche also, verbunden sind. Die eine ist Schmalz, das nicht nur zum Kochen und zur Konservierung von Frischwürsten verwendet wird, sondern auch als Aufstrich. Schäfer mischen es, bevor sie zu ihren langen Wanderungen aufbrechen, mit Salz und Gewürzen wie Fenchelsamen und – wie könnte es anders sein – mit Peperoncini und streichen es auf geröstetes Brot. Ein zweites Erzeugnis, das beim Ausbraten von Schweinefett entsteht, sind die Ciccioli (Grieben). Diese kleinen, knusprigen Stückchen aus Fleisch und Fett schmecken, heiß mit Brot gegessen, wunderbar. Zu den wichtigsten landwirtschaftlichen Produkten der Basilikata gehört der Weizen, aus dem das berühmte Brot von Matera gemacht wird, das dem nicht minder bekannten Brot Apuliens (siehe Seite 206) ähnelt. In Zeiten, als Privathaushalte noch keinen Backofen hatten, wurden die großen, runden Laibe *(panelle)* zu Hause geformt und dann beim Dorfbäcker gebacken. An einem solchen mächtigen Laib aß eine Familie eine ganze Woche. Heute sind die Brote kleiner, aber sie schmecken noch genauso gut. Lokale Erzeugnisse aus Weizenmehl wie Brotstangen, Taralli (kleine, salzige Kringel) und Lingue (süße Kekse) finden in Turin, Mailand und anderen Teilen des Landes viele Abnehmer. Natürlich wird das Weizenmehl auch zu Pasta verarbeitet. Typisch für die Basilikata sind die Strascinati (oder Strascinari), deren Teig mit Schmalz angereichert wird. Man rollt ihn auf einem *cavarola* (Nudelbrett) zu dünnen Würsten, die dann in Stücke geschnitten werden. Ergebnis ist eine Art Maccheroni. Die Saucen

Für 4 Personen

300 g ganze Weizenkörner, 24 Stunden in kaltem Wasser eingeweicht
150 g mageres Schweinefleisch
150 g mageres Lammfleisch
6 EL Olivenöl
1 kleine Zwiebel, fein gehackt
500 g passierte oder gehackte Tomaten (Konserve)
1 scharfer Peperoncino, gehackt
Salz und Pfeffer
100 g gereifter Pecorino, frisch gerieben

Grano al sugo Gekochter Weizen mit Tomaten-Fleisch-Sauce

Das *ragù* aus Lamm- und Schweinefleisch ist schlicht, in Kombination mit gekochtem Weizen schmeckt es aber sehr interessant. Das Rezept könnte aus Griechenland stammen, wo mir viele Gerichte auf der Grundlage von ganzen Getreidekörnern begegnet sind.

Den Weizen abseihen und in einem Topf mit frischem Wasser bedecken. Zum Kochen bringen und zugedeckt 40–50 Minuten köcheln lassen, bis die Körner weich sind.

Beide Fleischsorten in sehr kleine Stücke schneiden. Das Olivenöl in einem Topf erhitzen und das Fleisch mit der Zwiebel unter häufigem Rühren braun anbraten. Die Tomaten mit dem Peperoncino zufügen und erhitzen, bis sie leise blubbern. Einen Deckel auflegen und das *ragù* 30–40 Minuten sanft köcheln lassen. Zuletzt mit Salz und Pfeffer abschmecken.

Den gekochten Weizen mit dem *ragù* vermischen. Das Gericht, großzügig mit Pecorino bestreut, in vorgewärmten Schalen servieren.

Baccalà con peperoni alla griglia
Baccalà mit gegrillten Paprikaschoten

Für 4 Personen

- 800 g eingeweichter Baccalà (Klippfisch)
- 1 große, fleischige rote Paprikaschote (etwa 200 g)
- 8 EL Olivenöl
- 1 roter Peperoncino, fein gehackt (nach Belieben auch mehr)
- 80 g schwarze Oliven, entsteint
- 2 EL glatte Petersilie, grob gehackt

Diese besondere Zubereitung aus gesalzenem und luftgetrocknetem Kabeljau (Klippfisch) lernte ich in Matera kennen. Das Originalrezept verwendet Peperoni cruschi (siehe Seite 189), doch schmeckt das Gericht genauso gut mit den weniger aufwendigen gegrillten Paprikastreifen. Um Baccalà zu entsalzen, legt man die Stücke mit der Hautseite nach oben 24 Stunden in kaltes Wasser, das mehrmals erneuert wird.

Den Fisch in kochendem Wasser in etwa 20 Minuten weich garen – dickere Stücke benötigen eventuell länger.

Inzwischen die Paprikaschoten auf dem Holzkohlengrill rösten, bis die Haut schwarz anläuft. Enthäuten, von den Samen befreien und in Streifen schneiden.

Den Fisch abseihen und zerpflücken, dabei sorgfältig entgräten (die Haut können Sie nach Belieben wegwerfen oder auch mit verwerten – ich persönlich esse sie gern). Das Öl und den Peperoncino, die Oliven und die Petersilie gründlich untermischen. Das Paprikagemüse auf dem Fisch anrichten und das Gericht servieren.

enthalten meist Tomaten, klein geschnittenes Fleisch und eine kräftige Dosis Peperoncino. Außer mit Pasta werden sie auch mit gekochten Weizenkörnern gemischt (siehe Seite 187).

Milde Paprika- und scharfe Pfefferschoten (Peperoncini) prägen wie kaum etwas anderes die hiesige Küche. Erstere, die in der heißen Sommersonne ein wundervolles Aroma entwickeln, kommen beispielsweise als Peperonata, sauer eingelegt oder auch in Kombination mit Schweinefleisch oder Stockfisch auf den Tisch. In der Provinz Matera werden die roten Schoten getrocknet und knusprig frittiert. Als Gewürz streut man sie über Pasta- und andere Gerichte. Aufgefädelte Peperoncini, die in der Sonne trocknen, zieren so ziemlich jedes Haus und werden auch verwendet, um Olivenöl zu aromatisieren. Sie sind in allen Geschmacksintensitäten von mild bis höllenscharf erhältlich und im lokalen Dialekt unter mehreren Namen bekannt, unter anderem als Frangisello, Diavulicchio (»Teufelchen«), Cerasella (»kleine Kirsche«) und Pupon.

Das Pollino-Gebirge liefert reichlich Wild und auch Wildpilze – vorzüglich schmecken etwa die Cardoncelli (siehe Seite 193), die wilden Austernpilze der Basilikata. In den meisten Lebensmittelläden findet man lokale Spezialitäten, angefangen bei eingelegten Pilzen über besondere Käse- und Salamisorten bis hin zu Schnaps, bereitet aus Walderdbeeren, Blaubeeren oder wilden Himbeeren. Der vulkanische Boden um den Monte Vulture eignet sich nicht nur bestens für den Weinanbau (siehe Seite 192), sondern lässt auch viele Gemüse optimal gedeihen. Neben Kichererbsen seien besonders die Borlotti und Cannellini aus Sarconi erwähnt, aus denen deftige Bohnensuppen zubereitet werden.

Fisch spielt nur am Golf von Tarent eine größere Rolle, wo er oft mit Bohnen und Pasta kombiniert wird. Die hiesige, äußerst fruchtbare Küstenebene bringt neben Weizen und Gemüse ebenso Früchte von ausgezeichneter Qualität hervor, darunter Aprikosen, Pfirsiche, Tafeltrauben, Erdbeeren, Orangen, Mandarinen und Clementinen, aber auch die stacheligen Kaktusfeigen.

»Wer Brot isst, lebt, und wer Wein trinkt, stirbt nie« – so lautet ein wunderbares Sprichwort der Lukaner, und tatsächlich ergreifen sie jede Gelegenheit, um ihrer Liebe zum Essen und zum Wein zu frönen. In den ersten zehn Augusttagen veranstaltet Maratea ein berühmtes Fischfest. Am zweiten Sonntag im September widmet Miglianico der Kaktusfeige ein eigenes Fest. Im Oktober nimmt Venosa die Weinlese *(vendemmia)* zum Anlass für ein Fest, und Barile huldigt seinen Aglianico-Weinen und Maronen.

Weitere regionale Spezialitäten

Baccalà e peperoni cruschi Baccalà, in Wasser gekocht und mit Peperoncino sowie frittierten und zerbröselten Paprikaschoten bestreut

Cicoria in brodo di carne Blanchierte wilde Zichorie, mit Prosciutto- und Pecorinostücken in einer Rindfleischbrühe gegart

Cotechinata Röllchen aus Schweineschwarte, gefüllt mit Knoblauch, Petersilie und Peperoncino, gebraten und dann in einer Tomatensauce gegart

Gnocchetti alle erbe di monte Kartoffelklößchen mit einer Wildkräutersauce

'Gnumaridd Kleine Bündel aus Innereien, mit einem Stück Darm *(budello)* zusammengebunden und gebraten

La pigneti Lammfleisch, mit Kartoffeln, Salami und Käse sehr sanft geschmort; der spezielle Tontopf wird, nachdem der Deckel aufgelegt ist, mit Lehm versiegelt

Lagane e ceci Mischung aus Pasta und Kichererbsen, die auch als Ciceri e tria bekannt ist

Panzarotti Mit Schokolade und Gewürzen angereichertes Kichererbsenpüree, das frittiert oder gebacken und kalt gegessen wird

Peperonata alla carne di maiale Eingelegte Paprikaschoten, zusammen mit Schweinefleisch gegart

Piccione al sugo Mit Innereien, Petersilie, Eiern und Tomaten gefüllte und im Ofen gegarte Tauben

Regionale Erzeugnisse

PRODUKTE AUS SCHWEINEFLEISCH Eine Knoblauch-, Fenchel- und Gewürznote, ergänzt durch Peperoncino, kennzeichnet eine Salami, deren Name Pezzenta (italienisch pezzente = Hungerleider) schon darauf hindeutet, dass sie der »Armeleuteküche« entstammt. Tatsächlich wird sie aus preiswerteren Teilen des Schweins wie Lunge, Leber und anderen Innereien hergestellt. Die beste Lucanica (mild gewürzte Wurst) kommt aus Latronico. Frisch wird sie entweder gebraten oder gegrillt serviert oder zerkrümelt in Ragouts verwendet; sie kommt aber auch geräuchert und getrocknet in den Handel. Lagonegro und Lauria haben eine exzellente Soppressata zu bieten, eine gut gewürzte Salami aus Schweinefleisch und Schweinefett.

KÄSE Aus Kuhmilch wird hier, wie fast überall in Süditalien, der Caciocavallo gemacht. Ricotta wird ebenfalls erzeugt, genau wie Cacioricotta, eine »gereifte« Version, die zwar noch weich, aber kräftiger im Geschmack ist. Gesalzener Ricotta wird durch Pressen und Trocknen so hart, dass er als Reibkäse verwendet werden kann. Der Canestrato di Moliterno ist ein weicher Schafkäse und Manteca oder Butirro eine dem Caciocavallo ähnliche Käsekugel mit einem Kern aus Butter.

WEIN UND ANDERE GETRÄNKE Der Löwenanteil des in der Basilikata erzeugten Weins geht auf das Konto der Aglianico-Rebe, die vermutlich von den Griechen hier eingeführt wurde. Der renommierteste Tropfen ist der Aglianico del Vulture DOC, ein körperreicher Roter, dessen Trauben am Osthang des erloschenen Vulkans Monte Vulture reifen. Vino cotto ist eingekochter Traubensaft, wobei die Basilikata auch einen ähnlich aromaintensiven Feigensirup namens Vino cotto di fichi hervorbringt. Ein berühmter Digestif der Region ist der Amaro Lucano.

Vellutata di funghi cardoncelli

Pilze mit Bohnenpüree und Reis

Für 4 Personen

- 200 g getrocknete Cannellini-Bohnen, über Nacht in kaltem Wasser eingeweicht
- 8 EL Olivenöl
- 2 Knoblauchzehen, gehackt
- 1 dicke Scheibe Parmaschinken mit Fettrand oder Pancetta (etwa 100 g)
- 1 Zwiebel, in dünne Scheiben geschnitten
- 200 g Cardoncelli (oder Austernpilze), geputzt und größere Exemplare in Scheiben geschnitten
- 200 g Risottoreis
- Salz und Pfeffer
- 80 g gereifter Pecorino, frisch gerieben

Alle Zutaten dieses originellen Gerichts – abgesehen vom Reis – werden in der Basilikata erzeugt. Cardoncelli gehören zu derselben Familie wie Austernpilze. Sie wachsen in Süditalien wild, werden aber auch gezüchtet.

Die eingeweichten Bohnen abseihen. Die Hälfte des Olivenöls in einem Topf erhitzen und den Knoblauch mit dem Schinken oder Bauchspeck einige Minuten braten. Die Bohnen zufügen, großzügig mit Wasser bedecken und einige Stunden garen, bis sie weich sind.

Den Schinken oder Bauchspeck aus dem Topf nehmen. Die Bohnen mit einem Teil der Kochflüssigkeit im Mixer fein pürieren und in eine Schüssel füllen. Den Schinken oder Bauchspeck hacken und unter das Bohnenpüree mischen. Warm stellen.

Das restliche Öl in einem sauberen Topf erhitzen und die Zwiebel bei niedriger Temperatur weich schwitzen. Die Pilze zufügen und 5–10 Minuten sanft braten, bis sie weich werden.

Gleichzeitig den Reis in gesalzenem Wasser al dente garen. Das Bohnenpüree, die Pilze und den Reis vermischen. Das Gericht, das in seiner Konsistenz an einen sehr saftigen Risotto erinnern sollte, mit Salz und Pfeffer abschmecken und großzügig mit Pecorino bestreuen.

Peperoni mandorlati
Gebratene Paprikaschoten mit Mandeln

Für 4 Personen

- 4–6 gelbe Paprikaschoten
- 6 EL Olivenöl
- 2 Knoblauchzehen, fein gehackt
- 20 g extrafeiner Zucker
- 40 g Rosinen
- 30 g Mandelblättchen
- 3 EL Weißweinessig
- Salz und Pfeffer

In Lecce, das in der Nachbarregion Apulien liegt, aß ich einmal Paprikaschoten in dieser Zubereitung und erinnere mich bis heute an ihren delikaten Geschmack. Ich serviere sie gern als Antipasto oder als Beilage zu gegrilltem Lammfleisch. Meine Mutter hatte ein ähnliches Rezept in ihrem Repertoire, allerdings ohne Rosinen und Mandeln. Süße, fleischige Paprikaschoten sind in jedem Fall unerlässlich.

Die Paprikaschoten halbieren, die Samen und Scheidewände entfernen und die Hälften in Streifen schneiden. Das Olivenöl in einem Topf erhitzen und die Paprikastreifen unter gelegentlichem Rühren braten, bis sie nach etwa 20–25 Minuten weich und an den Rändern leicht karamellisiert sind.

Knoblauch, Zucker, Rosinen und Mandeln zufügen. Noch einige Minuten rühren, dann den Essig dazugießen und verdampfen lassen. Das Paprikagemüse zuletzt mit Salz und Pfeffer abschmecken. Heiß oder kalt genießen.

Maiale e peperoni
Schweinefleisch mit sauren Paprikaschoten

Für 4 Personen

- 40 g Schweineschmalz
- 9 EL Olivenöl
- 600 g gewürfeltes Schweinefleisch (magere und fette Stücke gemischt) oder Filet, in Medaillons geschnitten
- 3 Knoblauchzehen, in dünne Scheiben geschnitten
- 1 roter Peperoncino (nach Belieben), fein gehackt
- Salz und Pfeffer
- 600 g fleischige rote Paprikaschoten
- 4 EL Weißweinessig

Meine Mutter bereitete dieses Gericht regelmäßig im Winter zu und nahm dafür jene sehr fleischigen Paprikaschoten namens Pepacelle, die sie im Sommer in Essig eingelegt hatte. Das typische Einmachgefäß dafür war die *damigiana*, eine bauchige, umflochtene Flasche mit breitem Hals. Sie können für dieses Gericht der bäuerlichen Küche, das auch bei Gourmets gut ankommt, ebenso frische Paprikaschoten verwenden, die Sie zuletzt mit Essig beträufeln.

Das Schmalz mit 3 Esslöffeln Olivenöl in einem Topf zerlassen und das Fleisch von allen Seiten anbraten. Knoblauch, Peperoncino (sofern verwendet), Salz und Pfeffer zufügen und das Fleisch unter häufigem Rühren garen, etwa 20–25 Minuten.

Die Paprikaschoten halbieren, Samen und Scheidewände entfernen und die Hälften in Streifen schneiden. Das restliche Öl in einem zweiten Topf erhitzen und die Paprikastreifen braten, bis sie weich und an den Rändern leicht karamellisiert sind. Mit dem Essig übergießen und mit Salz abschmecken.

Das Paprikagemüse zum Fleisch geben und durchmischen. Alles zusammen noch 5 Minuten unter häufigem Rühren garen, sodass die Aromen schön verschmelzen. Als Hauptgericht servieren und Brot dazu reichen.

Puglia

Außer am Stiefelsporn ist die Region Apulien bis hinunter zur Absatzspitze weitgehend eben. Da hier intensiv Weizen (zumeist Hartweizen), Gemüse und Obst angebaut werden, ist sie auch als *il granaio* und *l'orto d'Italia* – als Kornkammer und Gemüsegarten Italiens – bekannt. Dank ihrer Brot- und Pastaspezialitäten, des guten Olivenöls und der hervorragenden Obst- und Gemüsesorten ist Apulien – vom Standpunkt des Feinschmeckers aus – längst keine »arme« Region mehr.

Apulien ist mir seit meinen Kindertagen vertraut. Damals besuchte ich in den Sommerferien oft Verwandte in Lecce. Als Sohn eines Bahnhofsvorstehers fuhr ich natürlich mit dem Zug hierher, reckte dabei fast immer den Kopf aus dem Fenster – und kam mit rauchgeschwärztem Gesicht an! Die Landschaft hat sich seit damals kaum verändert: Ausgedehnte Olivenplantagen wechseln sich mit endlosen goldgelben Weizenfeldern ab und bilden einen starken Kontrast zu den Tabakfeldern mit ihrer roten Erde und den dichten Formationen von Weinreben. Die satten Farben prägen sich unauslöschlich ins Gedächtnis ein: das Blau des Himmels und des Meeres, die Ocker-, Rot- und Schwarzbrauntöne der Erde, das Grün der Olivenbäume. Manche von ihnen sind 1000 Jahre alt und bringen immer noch köstliche Oliven hervor, aus denen ein kostbares Öl gepresst wird.

Zwischen diesen Bäumen entdeckt man insbesondere um Alberobello und Martina Franca im Valle d'Itria seltsame, weiß gestrichene Rundbauten mit Kegeldächern. Die so genannten *trulli*, ohne Mörtel aus Steinen errichtet, dienen heute manchmal den Bauern als Ställe für ihr Vieh. Ihre Ursprünge reichen weit in die Geschichte Apuliens, das von den Griechen, Sarazenen, Staufern, Normannen, Spaniern und Franzosen beherrscht wurde, zurück. Relikte wie diese, aber auch die Festungsanlagen entlang der Küste, die Kastelle und Kirchen machen die Region zu einem lohnenden Reiseziel für kunsthistorisch Interessierte. Ebenso sehenswert sind die *masserie,* große Landgüter, deren Bewirtschaftung die Besitzer einst Pächtern überließen, die an den Erträgen beteiligt waren. Die meisten dieser *masserie,* die im vergangenen Jahrhundert aufgegeben wurden, sind inzwischen zu neuem Leben erwacht. Sie bieten Übernachtungsmöglichkeiten für Urlaubsgäste, und dort werden Olivenöl, Konserven, Gemüse, Obst und Wein aus eigener Herstellung verkauft. Bisher blieb Apulien vom Massentourismus verschont und lockt vor allem jene an, die das Besondere suchen.

Kulinarische Traditionen und Spezialitäten

Jahrhundertelang war die Region fremden Einflüssen ausgesetzt, entsprechend schöpft die Küche aus vielen Quellen. Der längste Küstenstreifen Apuliens erstreckt sich an der Adria. Hier liegen die Hafenstädte Bari und Brindisi, bis heute »Tore« zum östlichen Mittelmeer – nach Kroatien, Albanien, Griechenland oder zur Türkei. Dagegen gehört der Golf von Tarent, der im Süden der Region beinahe ein Halbrund beschreibt und im Osten an der Absatzspitze endet, zum Ionischen Meer. Die Stadt Tarent selbst ist für ihre Miesmuschel- und Austernkulturen bekannt.

Neben den Früchten des Meeres bilden Gemüse sowie Pasta und Brot die Säulen der apulischen Küche. Die beiden Letztgenannten entstehen aus dem Mehl des einheimischen Weizens, der wichtigsten Feldfrucht Apuliens. Vor allem das Brot aus Altamura hat einen sehr guten Ruf. Die riesigen Laibe wurden einst einmal in der Woche in den Familien vorbereitet und dann im Ofen des Dorfbäckers gebacken. Der Teig basiert auf einer Mischung aus Hart- und Weichweizen und besitzt daher einen einzigartigen Geschmack und eine besondere Konsistenz. Vornehmlich wird zwar frisches Brot gegessen, aber es gibt auch eine zwiebackähnliche Variante namens Fresella (siehe Seite 206). Dass die Pasta Apuliens heller ist als die anderer italienischer Regionen, liegt einerseits an der hier verbreiteten Weizenform und andererseits an den bronzenen Matrizen, durch die der Teig gepresst wird und die den Nudeln eine ungewöhnlich raue Oberfläche verleihen. So bleibt die Sauce besser an der Pasta haften.

Die gängigste Nudelform sind die Orecchiette (Öhrchen), die je nach Dialekt auch Recchie oder Recchietelle genannt werden und eine Spezialität Baris sind. Außerdem sieht man häufiger Cecatelli oder Cavatieddi (doppelte Öhrchen), Strascinate oder Stagghiotti (gerillte Rechtecke), Festoni (Lasagne/Pappardelle mit einer gewellten Längskante), Fusilli (Spiralen) und Laganelle (Pastastreifen). Zumeist wird Pasta in Apulien mit einer einfachen Tomatensauce oder Gemüse wie Cima di rapa, Brokkoli, Rucola oder auch Kichererbsen, mitunter auch mit gesalzenem Ricotta serviert. Gelegentlich kommt sie auch mit einem *ragù,* einer ausgiebig gekochten und deftigen Fleischsauce, auf den Tisch.

Für 4 Personen

- 350 g Chiancarelle oder Orecchiette
- Salz und Pfeffer
- 500 g geputzte Cima di rapa (Stängelkohl) oder violetter Brokkoli
- 3 Knoblauchzehen, in Scheiben geschnitten
- 1 roter Peperoncino, gehackt
- 6 EL Olivenöl
- 6 Sardellenfilets

Chiancarelle con cima di rapa
Kleine Orecchiette mit Stängelkohl

Von den vielen traditionellen apulischen Rezepten für Orecchiette gefällt mir dieses aus Foggia besonders gut, außerdem ist es völlig unkompliziert. Chiancarelle sind die apulische Kleinausgabe der Orecchiette (Öhrchennudeln). Als Ersatz für den Stängelkohl bietet sich violetter Brokkoli an.

Die Pasta in einen großen Topf mit kochendem Salzwasser geben. Nach 6–7 Minuten das Gemüse zufügen und etwa 5 Minuten mitgaren, bis die Pasta al dente ist.

Inzwischen den Knoblauch und den Peperoncino einige Minuten im Olivenöl braten. Kurz bevor der Knoblauch Farbe annimmt, die Pfanne vom Herd nehmen und die Sardellenfilets einrühren, bis sie zerfallen.

Die Pasta-Gemüse-Mischung abseihen, mit dem würzigen Öl vermischen und mit Salz und Pfeffer abschmecken. Heiß servieren.

Vom Gargano, dem Stiefelsporn im Norden, bis zum Capo Santa Maria di Leuca, dem »Südkap« der Region, wird Gemüse angebaut. Überall wachsen Tomaten. Wenn sie ausgereift sind, werden die dicht mit Früchten behängten Zweige gebündelt und an die Hausmauern beziehungsweise in den Städten auf den Balkon gehängt. Dort bleiben die dickschaligen, süßen Früchte den ganzen Winter über frisch und sind jederzeit griffbereit. Sie werden gern zu schlichten, aber wundervoll aromatischen Pastasaucen verarbeitet. Weite Felder, auf denen Tomaten in der Sonne trocknen, sind ein typischer Anblick in Cerignola, gleich südlich des Gargano, von wo die Früchte in die ganze Welt exportiert werden. In dieser Gegend wächst auch eine ganz besondere Olivensorte namens Bella di Cerignola, die eine köstliche Ergänzung zu den hiesigen Antipasti bildet.

Auf dem Gargano werden darüber hinaus Pilze wie Champignons und Cardoncelli, eine besonders schmackhafte Art von Austernpilzen, gezüchtet. Ein ungewöhnliches Gemüse, das man allerorten in Apulien in freier Natur findet, das aber ebenso angebaut wird, liefert die Traubenhyazinthe. Die Rede ist von ihren kleinen, platten Zwiebeln, die hier Lampascioni oder Lampasciuoli heißen. Sie besitzen einen bittern Geschmack und müssen zunächst länger blanchiert werden, bevor sie in Essig und Salz eingelegt und zu einer Art Marmelade verarbeitet werden. Weiterhin wachsen in Apulien krause und glatte Endivien, Blattsalate aller Art, Spinat, Blumenkohl, Brokkoli, Cima di rapa, Fenchel, Artischocken, Zwiebeln, Paprikaschoten, Möhren, Kartoffeln, Karden, Bleichsellerie, Linsen, Kichererbsen, Dicke Bohnen und Cannellini-Bohnen, die frisch und getrocknet gegessen werden. Aus der Umgebung von Brindisi kommt Cicoria, ein Blattgemüse, das dort angebaut wird.

Früchte werden natürlich ebenfalls kultiviert, darunter Pfirsiche, Nektarinen, Mandarinen, Orangen, Zitronen, Melonen, Kirschen, Aprikosen, Trauben, Quitten, Äpfel, Feigen, Kaktusfeigen, Loquats (Mispeln) und die Hülsen des Johannisbrotbaums, auf denen man herumkauen kann wie auf Zuckerrohr. Und schließlich gibt es Nüsse und Samen in großer Auswahl, etwa Mandeln, Walnüsse, Erdnüsse und Maronen. Zu meinen Kindheitserinnerungen aus Lecce gehören die Straßenstände, an denen man frisch gepresste, süße Mandelmilch bekam, aber auch Maulbeeren oder Feigen.

Die Kunst, frische Nahrungsmittel zu konservieren, hat in Apulien eine lange Tradition. Viele Gemüse werden in Essig oder in Olivenöl eingelegt, und aus Früchten entstehen Konfitüren. Während eines Urlaubs in der Murgia erfand ich ein Rezept, das sich jedoch nur für eine Gegend eignet, in der die Sonne unermüdlich scheint. Ich raspelte einfach reife Pfirsiche, mischte sie mit derselben Menge Zucker und stellte sie, durch ein Mulltuch vor Wespen und Fliegen geschützt, in die Sonne. Mehrmals am Tag rührte ich die Masse durch, und nach fünf bis sechs Tagen war sie zu einer Marmelade eingedickt, die ich in Gläser füllte und die selbst nach einem Jahr noch betörend schmeckte.

Rindfleisch ist für das heiße Klima ungeeignet. Umso beliebter ist Pferdefleisch, und auch vor dem Esel machte man hier früher nicht Halt. In der Murgia, jener hügeligen Gegend, die Apulien von der Basilikata trennt, lassen die Bauern ihre Schweine frei umherstromern und fressen, was sie im Gestrüpp der Macchia finden – Eicheln, Maronen und anderes mehr. Aus dem Fleisch der Tiere, das hervorragend schmeckt, macht man Spezialitäten wie Capicollo (siehe Seite 206). Für die meisten Fremden wohl eher abschreckend sind hingegen die Gerichte, die man aus Innereien zubereitet – etwa Involtini, also Stücke von Lunge, Herz und Leber sowie Hoden, mit Darm zusammengebunden und dann gegrillt. Ziege, Geflügel, Federwild und Lamm werden ebenfalls gegessen. Größter Beliebtheit aber erfreuen sich die apulischen Käsespezialitäten (siehe Seite 206).

Fisch spielt überall in der Region eine große Rolle, insbesondere aber an der Küste, wo Brodetti in zahlreichen Varianten mit gemischten Fischen und Meeresfrüchten aus dem Meer aufgetischt werden. Kalmare, Kraken (manchmal roh serviert) und die äußerlich den Scampi ähnlichen Heuschreckenkrebse – hier in Apulien als Caratieddi bekannt – bereichern das Speisenangebot. Vor allem an der Ostküste werden auch Seeigel gegessen, während auf der dem Ionischen Meer zugewandten Seite, vor allem um Tarent, Miesmuscheln (und Austern) stärker verbreitet sind. Hier werden Meeresfrüchte und Gemüse auf interessante Art kombiniert und manchmal mit Pasta serviert, etwa als Orecchiette, broccoli e cozze (Öhrchennudeln mit Brokkoli und Miesmuscheln).

Die meisten jährlich organisierten kulinarischen Veranstaltungen drehen sich um den Wein. Ende Mai öffnen in vielen Weinbaugemeinden Kellereien für Besucher ihre Pforten, und bis in den Winter hinein stehen etliche Feste auf dem Programm. Eines ist im März in Cisternino den Gnumarieddi gewidmet, ein anderes im August in Brindisi den Melonen, und gleich mehrere Orte feiern im September die Traubenlese. In Fasano finden um Weihnachten verschiedene gastronomische Ausstellungen statt.

Tiella di patate e funghi
Kartoffel-Pilz-Auflauf

Für 6 Personen

- 2 große Kartoffeln (insgesamt etwa 600 g), geschält
- 300 g Cardoncelli (Austernpilze) oder frische Steinpilze
- 1 große Zwiebel (etwa 300 g)
- 120 ml Olivenöl
- 3 EL glatte Petersilie, grob gehackt
- Salz und Pfeffer
- 50 g Semmelbrösel

Die *tiella,* auch als *tegame* bekannt, ist dem französischen *tian* vergleichbar, allerdings geht das Gericht selbst auf die Zeit der spanischen Herrschaft zurück. Als Vorspeise schmeckt es ebenso delikat wie als Beilage. Für eine üppigere Variante gießen Sie vor dem Backen zusätzlich etwas Sahne in die Form. Mir persönlich schmeckt allerdings die schlichte Version besser.

Den Backofen auf 200 °C vorheizen. Die Kartoffeln und Pilze in Scheiben, die Zwiebel in feine Ringe schneiden. Eine flache Gratinform mit Öl ausstreichen.

Die Kartoffeln, Pilze und Zwiebelringe abwechselnd in die Form füllen. Jede Lage mit etwas Olivenöl beträufeln, mit Petersilie bestreuen, salzen und pfeffern. Den Auflauf zuletzt mit den Semmelbröseln bestreuen und nochmals großzügig Olivenöl darüber träufeln. Den Auflauf für 40–50 Minuten in den Ofen schieben, bis er goldbraun überkrustet ist.

Vor dem Servieren noch einige Minuten ruhen lassen.

Peperoni arrotolati — Gefüllte Paprikaröllchen

Für 4–8 Personen

4 große, fleischige rote und/ oder gelbe Paprikaschoten
20 g Semmelbrösel
Olivenöl

Für die Füllung:
1 EL Pinienkerne
4 EL frische Semmelbrösel
1 EL glatte Petersilie, fein gehackt
1 TL Kapern
3 TL Rosinen
8 Sardellenfilets, fein gehackt
2 EL Olivenöl
Salz und Pfeffer

Neben Auberginen gehören Paprikaschoten zu den unumstrittenen Protagonisten der apulischen Küche. Sie werden gebraten, getrocknet, im Ofen gegart, mit Tomaten geschmort, gefüllt, gegrillt, in Essig eingelegt … den vielfältigen Möglichkeiten sind kaum Grenzen gesetzt. Die hier vorgestellte Zubereitung lernte ich in einer Trattoria in Lecce kennen, und ich war so angetan, dass ich das Rezept nachkochte.

Den Backofen auf 200 °C vorheizen. Die Paprikaschoten etwa 10 Minuten rösten oder grillen, bis die Haut angekohlt ist und sich vom Fruchtfleisch löst.

Inzwischen alle Zutaten der Füllung vermengen.

Die Paprikaschoten enthäuten und je nach ihrer Größe längs halbieren oder vierteln. Die Samen entfernen.

Die Paprikahälften oder -viertel auf eine Arbeitsfläche legen und die Füllung darauf verteilen. Die Stücke aufrollen und die Röllchen mit Holzzahnstochern fixieren. Auf ein Backblech legen, mit den getrockneten Semmelbröseln bestreuen und mit etwas Olivenöl beträufeln. Für 15–20 Minuten in den Ofen schieben.

Warm oder kalt servieren. Nach Belieben dazu Oliven in einer kleinen Schale reichen.

Für 4 Personen

- 8 kleine Goldbrassen je 200 g, ausgenommen und gesäubert
- 2 Zitronen, in Scheiben geschnitten
- Salz und Pfeffer
- 2 Knoblauchzehen, geschält
- 2 EL glatte Petersilie, gehackt
- Olivenöl zum Beträufeln

Infanticelle di San Nicola in cartoccio
Goldbrassen in Folie gegart

Feinschmeckern ist die Goldbrasse als Dorade bekannt. In Italien nennt man sie Orata, kleine Exemplare heißen Infanticelle (übersetzt etwa »Kinder«). Der heilige Nikolaus ist der Schutzpatron von Bari, woher dieses Gericht stammt. Es kann auch mit vier größeren Fischen von etwa 300–400 g zubereitet werden, also mit zwei Fischen pro Paket.

Den Backofen auf 200 °C vorheizen. Auf zwei Backbleche jeweils ein großes Stück Alufolie legen. Die Fische abspülen und trockentupfen.

In der Mitte eines Folienstücks die Scheiben einer Zitrone arrangieren und darauf 4 Fische legen. Salzen und pfeffern, 1 Knoblauchzehe dazugeben, die Hälfte der Petersilie darüber streuen und das Ganze mit etwas Olivenöl beträufeln. Die oberen und dann die seitlichen Folienränder zusammenfalten. Das zweite Blech genauso vorbereiten.

Die Fische 20–25 Minuten im Ofen garen – größere Exemplare brauchen etwas länger – und heiß servieren.

Weitere regionale Spezialitäten

Agnellone al ragù Fleisch vom Jungschaf, in Tomatensauce geschmort; mit Pasta serviert

Bracioline Rouladen (Rind, Lamm, Schwein oder Pferd) werden mit Füllung (Prosciutto, Petersilie, Pfeffer und Pecorino, manchmal dazu Pinienkerne und Sultaninen) in Tomatensauce geschmort

Brodetto Suppe mit Stücken von geschmortem Zicklein und Spargel, in die zuletzt verquirltes Ei und Pecorino eingerührt werden

Caldariello In Milch und Öl mit Knoblauch und wildem Fenchel langsam gegartes Lammfleisch

Cappello da gendarme Pizza in Form eines »Polizistenhuts«, gefüllt mit gekochten Zucchini, Auberginen, Fleisch, Eiern und Mozzarella

Carteddate Weihnachtsgebäck, in der Pfanne gebraten, in Honig getaucht und mit Zimtzucker bestreut oder aber im Ofen gebacken, mit Vino cotto beträufelt und mit Zimt bestaubt

Cazzmarre Päckchen aus Lamminnereien, mit Darm verschnürt und im Ofen gegart

Ciceri e tria Traditionsgericht aus Kichererbsen und Pasta, angereichert mit gebräunten Zwiebeln

Cozze arrecanate Die unteren Schalenhälften von Miesmuscheln mit Semmelbröseln, Knoblauch und Oregano bestreut, mit Tomatensaft und Olivenöl beträufelt und im Ofen überbacken

Fenecchiedde Blanchierter wilder Fenchel, mit Knoblauch und Sardellenfilets in Öl gebraten; ein Weihnachtsessen aus Bari

Melanzane alla campagnola Gegrillte Auberginenscheiben, 6 Stunden in Olivenöl mit Knoblauch, Minze, Basilikum und Petersilie mariniert

Minestra maritata Die Suppe »vermählt« blanchierte Endivien, wilden Fenchel, Bleichsellerie, Pancetta und Pecorino; das Ganze wird mit Rindfleischbrühe aufgefüllt und überbacken

'Ncapriata di favi e foggi Püree von gekochten getrockneten Dicken Bohnen, mit gekochten Endivien angerichtet und mit Olivenöl beträufelt

Peperoni verdi Im Ganzen gebratene und nur gesalzene kleine grüne Paprikaschoten

Recchie a ruchetta e patate Rucola, geviertelte Kartoffeln und Orecchiette, gewürzt mit in Olivenöl gebratenem Knoblauch und Peperoncino

Sgombro all'aceto Blanchierte und für 1 Stunde in Essig eingelegte Makrelenfilets, mit Olivenöl beträufelt und mit Knoblauch und Minze bestreut ... ein Genuss!

Zuppa di pesce alla gallipolina Üppige Suppe mit gemischten Fischen und Meeresfrüchten wie Drachenkopf, Garnelen, Miesmuscheln und Kalmar, dazu Tomaten, Öl, etwas Essig und Zwiebeln

Regionale Erzeugnisse

BROT UND ANDERE BACKWAREN Geschmacklich wie auch in seiner Konsistenz ist das Brot aus Apulien in ganz Italien fast unübertroffen. Es wird auch als Fresella gegessen. Dafür werden Scheiben ein zweites Mal gebacken, sodass sie eine zwiebackartige Konsistenz erhalten. Dieses haltbare Brot aus der bäuerlichen Küche wird im Sommer gern mit Tomatensaft oder Wasser beträufelt und, sobald es etwas aufgeweicht ist, mit Tomatenscheiben belegt; etwas Olivenöl, dazu Knoblauch und Oregano oder Basilikum runden den Genuss ab. Taralli sind eine weitere apulische Brotspezialität und gewissermaßen ein Pendant der Grissini aus Turin. Die kleinen, mit Fenchelsamen aromatisierten Kringel werden erst in sprudelndem Wasser gekocht, bis sie wieder an die Oberfläche steigen, und anschließend knusprig gebacken.

OLIVENÖL Apulien erzeugt mehr Olivenöl als jede andere Region Italiens. Viel davon wird in der einheimischen Küche verbraucht, ein Teil fließt auch in die Olivenölproduktion anderer Regionen ein. Ganz gleich, ob aus Oliven der Sorten Corantina, Frantoio, Oliarola Barese oder Leccino gewonnen, ist das hiesige Öl meist hochwertig und schmeckt nicht so herb oder pfefferig wie das Olivenöl aus der Toskana, wo die Früchte in weniger reifem Zustand geerntet werden.

KÄSE Nur in Apulien findet man den Burrata mit einer Hülle aus Filata-Käse und einer delikaten Füllung aus Mozzarellastückchen und cremiger Sahne – eine unwiderstehliche Köstlichkeit aus Kuhmilch, die ganz frisch gegessen werden muss. Zu den bekannten Käsesorten Apuliens gehören außer Mozzarella auch Caciocavallo, Provolone und natürlich der Pecorino aus Schafmilch. Es gibt ihn in mehreren Varianten: Die jüngste, der aromatische Marzuolo, entsteht im März, wenn die Tiere die frisch sprießenden Kräuter fressen. Weiterhin gibt es Caciotta (jung und weich), Pecorino fresco (leicht gereift, aber immer noch weich) und schließlich den harten, da lange gelagerten Pecorino stagionato mit kräftigem Duft und Geschmack, der anstelle von Parmesan als Reibkäse verwendet wird. Exquisit schmeckt der apulische frische Schafmilchricotta, der auch als Ricotta salata, also in einer gesalzenen und gereiften Version, als Reibkäse angeboten wird.

PRODUKTE AUS SCHWEINEFLEISCH Das Angebot umfasst Soppressata – hierfür wird das Fleisch nicht durch den Wolf gedreht, sondern *a punta di coltello* (mit der Spitze eines Messers) klein geschnitten –, Pancetta, Coppa, Salame und Schinken. Sehr schmackhaft ist auch die Salsiccia di Lecce.

WEIN UND SABA Noch vor wenigen Jahren waren die Weine Apuliens als alkoholstarke Massenerzeugnisse verschrien, verwendet vor allem, um Verschnitten im Norden des Landes Kraft einzuhauchen. Inzwischen wurden die Erträge begrenzt, die Weine präsentieren sich in einem leichteren Stil, und unter dem Strich kann sich die Region jetzt auf dem internationalen Markt durchaus sehen lassen. Salice Salentino, Copertino, Castel del Monte und Primitivo di Maduria sind einige der Weißweine, die aus Traubensorten wie Negroamaro, Bombino bianco, Trebbiano, Primitivo, Bianco d'Alessandro, Verdeca, Locorotondo und Aleatico di Puglia erzeugt werden. Eine Besonderheit ist der Cacce' mmite di Lucera, ein mit der Methode der Hülsenmaischung bereiteter Rosé. Weitere Namen, die man sich merken sollte, sind etwa Gioia del Colle, Gravina, Martina Franca Moscato (süß) aus Trani, Nardo', Rosso Barletta, San Severo und Squinzano. Saba ist ein *vino cotto,* also ein eingekochter Traubenmost, der in Süditalien süßes Gebäck aromatisiert.

Calzone pugliese — Teigtasche mit Zwiebelfüllung

Für 4–6 Personen

Für den Teig:

- **400 g Weizenmehl**
- **100 ml Olivenöl, dazu mehr für das Blech**
- **1 Ei, verquirlt**
- **100 ml trockener Weißwein**
- **Salz**

Für die Füllung:

- **3 EL Olivenöl**
- **1 kg rote Zwiebeln, in Scheiben geschnitten**
- **150 g gesalzener Ricotta**
- **50 g Pecorino, frisch gerieben**
- **4 Eier, verquirlt**

Mit der wohl fast jedem vertrauten Calzone aus Neapel, bei der es sich im Grunde um eine zusammengeklappte Pizza handelt, hat diese apulische Spezialität nichts zu tun. Sie sieht eher wie eine überdimensionierte Pastete aus. Ich habe sie schon oft mit den vorzüglichen roten Zwiebeln aus Acquaviva delle Fonti zubereitet, und traditionsgemäß wird sie an den Tagen gegessen, an denen die beiden Heiligen Cosimo und Damiano gefeiert werden.

Das Mehl in eine Schüssel häufen, in die Mitte eine Mulde drücken und das Olivenöl, das Ei und den Wein hineingeben. Allmählich das umgebende Mehl einarbeiten und dabei 1 Prise Salz sowie nach Bedarf Wasser hinzufügen, sodass schließlich ein geschmeidiger Teig entsteht. In Klarsichtfolie wickeln und vor dem Ausrollen 30 Minuten kalt stellen. Inzwischen den Backofen auf 200 °C vorheizen.

Für die Füllung das Olivenöl in einem Topf erhitzen und die Zwiebeln weich dünsten. Abkühlen lassen und dann mit dem Ricotta, dem Pecorino und dem Großteil der verquirlten Eier vermengen (eine kleine Menge Ei reservieren Sie, um die Teigtasche später damit zu bestreichen).

Den Teig zu einem 3 mm dicken Kreis ausrollen und auf ein eingeöltes Backblech legen. Die Füllung in die Mitte häufen und das Teigstück einmal zusammenfalten. Die Ränder sorgfältig zusammendrücken und den Teig mit dem zurückbehaltenen Ei einpinseln. Die Calzone etwa 20 Minuten backen. Sie schmeckt warm und kalt gleichermaßen gut.

Cutturidde — Lamm- oder Hammelragout

Für 4 Personen

- **1 kg gemischte Stücke von Lamm oder Hammel (mittelfett und teils nicht ausgelöst)**
- **300 g Pomodorini (am Strauch gereifte Kirschtomaten), halbiert**
- **1 Zwiebel, fein gehackt**
- **200 g gereifter Pecorino, gewürfelt**
- **2 EL glatte Petersilie, fein gehackt**
- **Salz und Pfeffer**

Originelle und weniger bekannte Rezepte sprechen mich immer an, und dieses reizte mich ganz besonders. Übrigens erlebt Hammelfleisch dank seines kräftigen Geschmacks derzeit wieder eine Renaissance. Auch in diesem deftigen Gericht macht es sich ausgezeichnet.

Das Fleisch mit den Tomaten und der Zwiebel in einen Topf füllen. Mit Wasser bedecken und zugedeckt bei sehr sanfter Hitze 1 Stunde garen.

Den Pecorino und die Petersilie untermischen und das Gericht noch 1 Stunde weitergaren, bis das Fleisch schön zart ist. Zuletzt mit Salz und Pfeffer abschmecken.

Zu diesem Gericht gehört auf jeden Fall kräftiges italienisches Weißbrot, um auch die köstliche Sauce auftunken zu können.

Calabria

Berge, die steil zum Meer abfallen, beherrschen die Region an der Spitze des italienischen Stiefels, die aber auch weiße Sandstrände sowie fruchtbare Ebenen zu bieten hat. Zitrusgewächse und Gemüse werden angebaut, und im Herbst gibt es beste Wildpilze und Maronen. Peperoncino würzt fast alle Zubereitungen aus Fleisch wie aus den Früchten des Meeres, die vor den Küsten gefischt werden und ein wichtiger Exportartikel sind.

Kalabrien bildet die Spitze des italienischen Stiefels. Ganz unten liegt die Provinzhauptstadt Reggio di Calabria, von der aus man in einer halben Stunde mit dem *traghetto,* der Fähre, nach Sizilien übersetzen kann. Einzig mit der Basilikata teilt sich die Region im Norden einen kurzen Grenzabschnitt, im Westen und Osten ist sie dagegen vom Tyrrhenischen beziehungsweise Ionischen Meer umgeben. Kalabrien ist eine geschichtsträchtige Region, die im Laufe der Jahrhunderte mit einer ganzen Reihe von Invasoren und entsprechenden Fremdeinflüssen konfrontiert war. Dass die Griechen hier waren, wissen wir von Homer, der über Skylla und Charybdis schrieb, die als Schrecken aller Seeleute in der Straße von Messina lauerten.

Der Appennino Calabrese, das Ende des großen italienischen Gebirgszugs, nimmt den größten Teil der Region ein. Ebenen finden sich nur in Küstennähe bei Trebisacce im Nordosten sowie auf den großen Plateaus des Silagebirges und des Aspromonte. Allein schon seines extremen Geländeprofils wegen galt Kalabrien lange als Sonderfall. Es war schwierig, Handel zu treiben, und Ackerbau und Viehzucht sicherten seinen Bewohnern nur das nackte Überleben. Viele Jahre wurde Kalabrien wie andere südliche Landesteile von den industrialisierten Regionen im Norden finanziell unterstützt. Inzwischen kann die Landwirtschaft große Erfolge vorweisen, und der Aufschwung ist – dank des fruchtbaren Bodens und überaus günstigen Klimas – geschafft.

Die Zeiten, in denen die Bewohner der Region massenweise ihr Auskommen in Norditalien oder gar im Ausland suchten, sind glücklicherweise passé. Gern erinnere ich mich an eine Gruppe von Arbeitern, die Zwiebeln ernteten und dabei fröhlich *Calabresella Mia* sangen, ein populäres Liebeslied. Das war in Tropea, unweit vom Capo Vaticano, und am Horizont zeichnete sich die Silhouette der Vulkaninsel Stromboli ab ... ein unvergesslicher Anblick.

Kulinarische Traditionen und Spezialitäten

Wie überall im Süden Italiens wurden in Kalabrien die Essgewohnheiten durch die geographischen und klimatischen Gegebenheiten, aber auch durch fremde Kulturen geprägt. Da die Region fast komplett vom Meer umschlossen ist, bilden Fische und Meeresfrüchte eine wichtige Zutat der hiesigen Küche. Das mediterrane Klima begünstigt den Obst- und Gemüseanbau.

Wie in der Basilikata halten viele Familien hier noch ein Schwein. Wenn seine Zeit gekommen ist, ruft man einen *norcino* (Schweinemetzger) und lädt die Nachbarn und Freunde zu einem Fest, bei dem alles verspeist wird, was sich nicht zu Salamis und dergleichen (siehe Seite 217) verarbeiten lässt. Aus den Innereien vom Schwein, manchmal auch von Zicklein und Lamm, werden mit einem Stück Darm kleine Päckchen geschnürt und auf dem Grill gegart. In Kalabrien sind diese Involtini als Gnunerieddi oder Gnunerielli bekannt. Kutteln und andere Innereien vom Schwein, langsam in Rotwein geschmort, bilden zudem die Grundlage eines traditionellen Frühstücks namens Murseddu. In ein Fladenbrot gefüllt, gehörten sie einst in den Trattorien zum morgendlichen Standardangebot. Heute ziehen die meisten Kalabresen eine Brioche mit einem Cappuccino vor.

In den Bergen erlegen die Jäger Wildschweine, und überall in der Region werden Schafe und Ziegen gehalten, die, bevor sie im Kochtopf landen, Milch für die Käseproduktion liefern (siehe Seite 217). Zweitwichtigster Proteinlieferant nach Schweinefleisch sind die Früchte des Meeres. In den Gewässern rund um Kalabrien und Sizilien wimmelt es insbesondere von Thunfischen und Schwertfischen. Vom Frühjahr bis in den Spätsommer fahren entlang der Südwestküste Männer mit *lontre*, speziellen langen Booten, hinaus. Ganz oben auf dem Hauptmast thront der Ausguck und gibt dem Harpunier, der auf einer über den Bug hinausragenden Brücke Stellung bezogen hat, Anweisungen, wohin er seine tödliche Waffe richten soll. In der Regel schwimmen die Fische in Paaren, und die Jäger versuchen, zunächst das Weibchen zu erlegen. Anstatt zu fliehen, bleibt das Männchen in der Nähe seiner Partnerin. Wird dagegen das Männchen zuerst getötet, sucht das Weibchen sein Heil in der Flucht. Die kalabrische Küche kennt zahllose Rezepte für Schwertfisch,

KALABRIEN 213

die oft auch in Sizilien populär sind und in vielen Fällen arabische Einflüsse offenbaren – etwa wenn sie Rosinen, Pinienkerne und Orangensaft verlangen.

Thunfisch wird im Mai und Juni im Golfo di Sant'Eufemia zwischen Pizzo Calabro und Tropea gejagt, und sowohl in Pizzo Calabro als auch in Vibo Valentia blüht das Geschäft mit Thunfisch in Öl. Gepresster und eingesalzener Rogen kommt als Bottarga in den Handel. Weitere für die Kalabresen bedeutende Beutefische sind Bonitos, Makrelen, Sardinen und Sardellen. Eine Spezialität aus Cirò an der Ostküste heißt Mustica oder Rosamarina, die junge Brut von Sardellen und Sardinen, die in Italien als Neonato oder Bianchetti bekannt ist und hier gesalzen, getrocknet und mit Peperoncino in Öl eingelegt wird. Die pikante Mischung wird, auf Brot gestrichen, als Antipasto gegessen.

Obwohl Kalabrien so weit im Süden liegt, ist es alles andere als ein Dürregebiet. Vielmehr erscheint dort, wo kein goldgelber Weizen wogt, alles in üppigem Grün. Allerorten erblickt man Pflanzungen von Orangen, Zitronen, Zedratzitronen und Bergamotten. Letztere, die recht bitter im Geschmack sind, liefern ein in der Nahrungsmittel- und Getränkeindustrie begehrtes ätherisches Öl, das unter anderem den Earl-Grey-Tee aromatisiert. Ihre Schale wird wie die der quittenförmigen Zedratzitrone *(cedro)* kandiert als Orangeat beziehungsweise Zitronat in Desserts verwendet, wie sie ähnlich auch in Sizilien populär sind.

Auf jedem freien Fleck wird in Kalabrien Gemüse angebaut. Brokkoli gedeiht bestens hier – nicht von ungefähr ist er in Italien ebenso als Calabrese bekannt –, und auch Kartoffeln, Kirschtomaten sowie Bleichsellerie kommen gut zurecht. Eine wichtige Rolle spielen – ähnlich wie in Sizilien – die Auberginen, für die es eine Fülle von Rezepten gibt. Die kalabrische Version der Parmigiana di melanzane ist absolut probierenswert. Übertroffen werden die Auberginen in ihrer Bedeutung nur durch die roten Zwiebeln aus Tropea, die so süß sind, dass man sie fast wie einen Apfel essen kann. Sie kommen auch als junge so genannte Cipollotti in den Handel, die aussehen wie große Frühlingszwiebeln.

In den Bergen und insbesondere auf den Hochebenen des Silagebirges im Norden sprießen Maronen und Wildpilze. Neben anderen Arten findet man hier zwei Sorten von Steinpilzen, außerdem schwarze und weiße Trüffeln und den Echten Reizker. Um Saracena im südlich gelegenen Aspromonte werden Pilze auf einer Art porösem Tuffstein kultiviert, der feucht gehalten wird und so den Sporen eine ideale Unterlage bietet. Eine der ungewöhnlichsten Nutzpflanzen ist das Süßholz, das zu violetten Schmetterlingsblüten erbsenähnliche Hülsen bildet. Wirtschaftlich von Interesse sind die Wurzeln. Sie werden in Italien, in feine Streifen geschnitten, als Näscherei für Kinder verkauft. Hauptabnehmer ist die Süßwarenindustrie, aber in Kampanien wird aus der Pflanze auch ein köstlicher Likör namens Liquirizia gebraut. Intensiv kultiviert und frisch wie getrocknet gleichermaßen geschätzt wird in der Region schließlich die Feige. Unter anderem werden die Früchte mit Orangenblütenhonig gebacken, mit Walnüssen gefüllt oder in Zedratzitronen-, Orangen- oder Edelkastanienblätter eingehüllt. Viele süße Zubereitungen gibt es nicht in der Küche der Region, aber die Kalabresen lieben Kekse, die mit Vino cotto und Zimt – ein Vermächtnis der Araber – aromatisiert sind.

Volksfeste finden das ganze Jahr über in Kalabrien statt. Im Februar erklären Castrovillari und Acri Salsiccia und Polpette zu ihrem kulinarischen Leitmotiv. Aireta und Spilinga locken im August mit Prosciutto beziehungsweise mit 'Nduja Besucher an. Im März werden in Reggio di Calabria Öle und Essenzen, im Mai in Trebisacce die Orangen und im Juli in Tropea Pesce azzurro (»Blaufisch«) sowie die roten Zwiebeln gefeiert. Die kalabrische Küche in ihrer Gesamtheit würdigt Crotone im September. Kulinarische Programmpunkte im Oktober sind in Acri, Cellar und Bianchi die wilden Maronen und in Camigliatella und Silo die Wildpilze.

Brodo pieno — Brühe mit Einlage

Für 4 Personen

- 800 ml gute Hühner- oder Gemüsebrühe (siehe Seite 250/251)
- 3 Eier, verquirlt
- 4 EL Semmelbrösel
- 2 EL glatte Petersilie, fein gehackt
- 1 Prise Muskatnuss, frisch gerieben
- 6 EL Parmesan oder gereifter Pecorino, fein gerieben
- Salz und Pfeffer

Wirklich kalt wird es in Kalabrien höchstens im Silagebirge, aber bekanntlich sind ja die gefühlten Temperaturen maßgebend. Und so mag, was dem Mitteleuropäer noch lau erscheint, den Südländer zum Frösteln bringen. Dann kommt diese Suppe, die den Körper sanft von innen erwärmt, gerade recht.

Die Brühe in einem Topf zum Kochen bringen.

Die Eier mit den Semmelbröseln, der Petersilie, der Muskatnuss, dem Käse und Salz und Pfeffer nach Geschmack verquirlen.

Von der Mischung teelöffelgroße Klößchen abstechen und in die heiße Brühe gleiten lassen. Köcheln lassen, bis sie an die Oberfläche steigen. Sofort servieren.

Cipolle di Tropea e pecorino — Gebackene rote Zwiebeln mit Pecorinofüllung

Für 4 Personen

- 4 große Zwiebeln aus Tropea (oder andere milde Zwiebeln)
- Salz und Pfeffer
- 4 EL Olivenöl, dazu mehr zum Beträufeln
- 50 g geräucherter Bauchspeck (Pancetta), sehr fein gehackt
- 100 g junger Pecorino, gewürfelt

Die Zwiebeln aus Tropea sind so mild, dass man sie wunderbar roh in Salaten essen kann. Hier fülle ich sie mit einer anderen köstlichen Zutat Kalabriens, dem Pecorino, und backe sie im Ofen.

Den Backofen auf 200 °C vorheizen. Von den Zwiebeln die papierartige Schale abziehen und oben einen Deckel abschneiden. Nun die Zwiebeln mit einem Melonenausstecher so weit aushöhlen, dass eine Wand aus 3–4 Schichten stehen bleibt. Das Fruchtfleisch beiseite legen. Die Zwiebelhüllen in Salzwasser 10–12 Minuten kochen, abseihen und abkühlen lassen.

Inzwischen das Zwiebelfleisch fein hacken. Mit dem Speck und reichlich schwarzem Pfeffer im Olivenöl weich dünsten.

Die Zwiebelmischung mit dem Käse vermengen und die Zwiebeln damit füllen. In eine ofenfeste Form setzen, mit Olivenöl beträufeln und 20 Minuten im Ofen backen. Als Vorspeise servieren.

Regionale Erzeugnisse

PRODUKTE AUS SCHWEINEFLEISCH In Kalabrien gehören neben Salamis, Capocollo, also haltbar gemachtem Schweinskamm, Schinken und Soppressata (eine kurze, grobe Salami) eine ganze Reihe weiterer Fleischerzeugnisse zum Angebot. Zumeist entstehen sie noch in Handarbeit und sind alle kräftig gewürzt, wobei Peperoncino und Fenchelsamen den Ton angeben. Vorzüglich schmecken auch die frischen Salsiccie calabresi. Eine Besonderheit ist die aus Innereien und Fett vom Schwein gemischte, mit roten Paprikaschoten und Peperoncini angereicherte, in Darm gefüllte und eine Weile abgehängte weiche Salami namens 'Nduja oder 'Ndugghia. Sie wird auf Brot gestrichen, findet sich aber auch auf einem typischen Antipasto-Teller. Außerdem ist sie mitunter an einer Pastasauce beteiligt.

KÄSE Kalabriens bedeutendstes Käseerzeugnis ist der Pecorino, wobei der beste angeblich aus Crotone stammt. Aus Kuhmilch wird der Caciocavallo bereitet, der zum Reifen paarweise rittlings über Gestelle gehängt wird (ital. *cavallo* = Pferd) und so zu seinem Namen kam. Frisch dient er als Tafelkäse, im gereiften Zustand wird er gerieben. Aus dem Silagebirge und aus Crotone kommt ein gesalzener Ricotta namens Abbespata, der meist als Reibkäse dient. Der Ricotta calabrese condita verdankt seinen pikanten Geschmack dem Zusatz von Peperoncino. Ebenfalls in der Sila entsteht der Giuncata, der in aus Binsen *(giunco)* geflochtenen Körbchen abtropft. Der Butirro erinnert in der Form an den Scamorza und in seiner Außenschicht, die eine leicht faserige Struktur besitzt, an den Caciocavallo. Er ist mit reiner Butter gefüllt und diente ursprünglich dazu, diese im heißen südlichen Klima zu konservieren. Schließlich wird in Kalabrien auch Büffelmozzarella produziert.

WEIN Der berühmteste Wein Kalabriens ist der Cirò DOC. Vorzüglich ist der rote Cirò, bereitet aus Gaglioppo mit Zusätzen von Trebbiano toscano und Greco bianco. Weiterhin gibt es eine Rosé-Version und einen weißen Cirò, der aus Greco bianco und Trebbiano toscano gekeltert wird. Der Greco di Bianco DOC entsteht aus Greco-Trauben, die in der Gemeinde Bianco, ganz im Süden der Region, auf Terrassen in Meeresnähe reifen. Sie werden vorgetrocknet und ergeben einen goldgelben Dessertwein mit ziemlich vollem, süßem Geschmack.

Insalata di bosco silano — Steinpilz-Trüffel-Salat

Für 4 Personen

- 10 makellose, junge und feste Steinpilze (Porcini)
- 5 schwarze Sommertrüffeln (insgesamt etwa 100 g), dünn abgeschält
- 6 EL natives Olivenöl extra
- Saft von 1 Zitrone
- Salz und Pfeffer
- 3 EL glatte Petersilie, fein gehackt

Zum Servieren:
Zitronenspalten

Die besten Steinpilze und Trüffeln kommen aus dem Gebirgsteil Kalabriens, der als La Sila bekannt ist und fast an die Schweiz erinnert. Dieses Rezept widme ich allen Gesinnungsgenossen, die Wildpilze genauso lieben wie ich.

Die Steinpilze sorgsam auf etwaige »Mitesser« hin untersuchen, putzen und in hauchdünne Scheiben schneiden. Auf einzelnen Tellern kreisförmig so arrangieren, dass in der Mitte noch Platz bleibt.

Die Trüffeln ebenfalls in sehr feine Scheiben schneiden und in der Mitte der Teller anrichten. Das Olivenöl mit dem Zitronensaft verrühren und die Pilzscheiben damit bestreichen. Den Salat mit Salz und Pfeffer und zuletzt noch mit der Petersilie bestreuen und, von Zitronenspalten begleitet, servieren. Mit Röstbrotscheiben und einem guten Wein der perfekte Genuss!

Linguine alla mollica

Linguine mit Sardellen, Kapern, Oliven und Semmelbröseln

Für 4 Personen

300 g Linguine (auch als Lingue di passero im Handel)
12 EL Olivenöl
60 g entsteinte schwarze Oliven, gehackt
2 kleine rote Peperoncini, fein gehackt
1 EL Kapern in Salz, abgespült
6 Sardellenfilets
60 g frische Semmelbrösel
Salz und Pfeffer

Der italienische Komponist Ruggiero Leoncavallo, der unter anderem die Oper »Der Bajazzo« schrieb, liebte dieses Gericht. In Kalabrien isst man es am Heiligen Abend.

Die Linguine in einen Topf mit kochendem Salzwasser geben und knapp al dente garen.

Inzwischen die Hälfte des Olivenöls in einem großen Topf erhitzen. Die Oliven, Peperoncini, Kapern und Sardellen zufügen und rühren, bis die Sardellen zerfallen. Die Linguine abseihen und im Topf mit der Sauce vermischen.

Gleichzeitig das restliche Öl in einer großen beschichteten Pfanne erhitzen und die Semmelbrösel braten, bis sie etwas Farbe annehmen.

Die Pasta mit der Sauce in die Pfanne geben, mit den Semmelbröseln vermischen und noch einige Minuten braten, bis sich auf der Unterseite eine Kruste bildet. Auf eine vorgewärmte Platte stürzen, mit einem Messer in Portionsstücke schneiden und servieren.

Pesce spada a ghiotta
Schwertfischrouladen in Tomatensauce

Für 4 Personen

- 8 dünne frische Schwertfischscheiben (je etwa 60 g)
- 4 EL Olivenöl
- 1 Zwiebel, fein gehackt
- 500 g pürierte oder gehackte Tomaten (Konserve)
- Salz und Pfeffer

Für die Füllung:
- 5 EL frische Semmelbrösel
- 30 g Kapern in Salz, abgespült und gehackt
- 50 g entsteinte schwarze Oliven, gehackt
- 2 EL Olivenöl
- 4 EL Orangensaft

Nirgends in Italien kann man so guten Schwertfisch essen wie in Kalabrien. In Bagnara wird er in der hier vorgestellten Version häufig aufgetischt. Dass die in einer dicken Tomatensauce geschmorten Rouladen besonders gut schmecken, verrät schon der Rezepttitel (ital. *ghiotto* = naschhaft).

Für die Füllung die angegebenen Zutaten vermengen. Mit frisch gemahlenem schwarzem Pfeffer abschmecken.

Die Fischscheiben auf einer Arbeitsfläche auslegen und die Füllung darauf verteilen. Die Scheiben fest aufrollen, wobei die Füllung komplett eingeschlossen werden soll, und die Rouladen mit Holzzahnstochern fixieren.

In einer großen Pfanne 3 Esslöffel Olivenöl erhitzen. Die Rouladen bei niedriger Temperatur anbraten und dabei vorsichtig immer wieder drehen, damit sie gleichmäßig bräunen. Herausnehmen.

Etwas mehr Öl in die Pfanne gießen und die Zwiebel weich dünsten. Die Tomaten hinzufügen und 20 Minuten leise köcheln lassen. Die Rouladen in die Sauce einlegen und 5 Minuten sanft schmoren, bis sie durchgewärmt und die Aromen schön verschmolzen sind.

Sofort servieren. Gut passen dazu als Beilage grüne Bohnen.

Capretto farcito Ein Milchkitz von der Ziege, ausgelöst, mit Pasta und Sauce gefüllt und gebraten

Ciambrotta Eintopf aus Paprikaschoten und Auberginen, ähnlich der Ratatouille und der Cianfotta Kampaniens

Ghiotta della vigilia Fisch (meist Schwertfisch oder Baccalà) in einer Sauce aus Zwiebeln, Rosinen, Kapern usw.; der Name des traditionellen Weihnachtsessens leitet sich vom arabischen *ghatta* ab

Maccaruni di casa Hausgemachte Maccheroni, serviert mit einem üppigen Fleischragout; auch als Scivateddi infirrittati bekannt

Mariola Aus Eiern, Käse, Kräutern, Peperoncino und Brot wird ein Eierkuchen zubereitet, in feine Streifen geschnitten und in einer Suppe serviert

Melanzane sott'olio Auberginenscheiben, in einer Essigmarinade gebeizt und in Öl eingelegt; beliebt als Antipasto

Parmigiana di melanzane Auberginenauflauf mit Mozzarellascheiben und Tomatensauce, manchmal zusätzlich angereichert mit hart gekochten Eiern und Hackfleischbällchen

Pasta con l'uovo fritto Mit reichlich geriebenem Pecorino und Peperoncino bestreute Pasta, auf der gebratenes Ei angerichtet wird

Polpettoni in agrodolce Klöße aus gehacktem Kalb- und Schweinefleisch, angereichert mit Ei, Knoblauch und Petersilie, gebraten und in einer Sauce aus Tomatenmark und Vino cotto geschmort

Sardi arriganati Sardinen, vom Kopf befreit und mit Knoblauch, Essig und Oregano in Öl gebacken; nach dem gleichen Rezept werden Rotbarben zubereitet

Weitere regionale Spezialitäten

Ergibt 30 Stück

Saft von 2 Orangen
3 EL Honig
30 dicke, weiche getrocknete Feigen von guter Qualität
30 Walnusshälften oder blanchierte Mandeln
30 kleine Stücke kandierte Mandarinen- oder Orangenschalen oder Zitronat

Crucette di fichi al forno
Gebackene Feigen mit Honig

Zu meinen vielen erfreulichen Erinnerungen an Kalabrien gehören auch die gebackenen getrockneten Feigen. Sie wurden aufgeschnitten und paarweise kunstvoll so miteinander verschlungen, dass sie wie kleine Kreuze aussahen. Daher hießen sie Crucette. Mir fehlt die nötige Geduld, weshalb ich hier eine simplere Version präsentiere.

Den Orangensaft mit etwa 75 ml Wasser und dem Honig in einem Topf verrühren und zum Kochen bringen. Die Feigen hineinlegen und sanft köcheln lassen, bis sie nach etwa 15 Minuten anschwellen. Abseihen, dabei die verbliebene Flüssigkeit auffangen. Die Feigen auf einem Backblech 1 Tag lang trocknen lassen.

Den Backofen auf 200 °C vorheizen. Die Feigen einschneiden und jeweils mit einer Walnusshälfte oder Mandel sowie einem Stück kandierter Zitrusschale oder Zitronat füllen. Wieder behutsam verschließen und etwa 25 Minuten backen, bis sie gebräunt und karamellisiert sind.

Vor dem Servieren beträufle ich die Feigen noch mit dem aufgefangenen Orangen-Honig-Sirup. Ein Gedicht!

Sicilia

Unter allen Regionen Italiens nimmt die Insel kulinarisch eine Sonderstellung ein. Im Verlauf ihrer wechselvollen Geschichte war sie unterschiedlichsten Einflüssen ausgesetzt. Tiefe Spuren hinterließen die Araber und Griechen, die etwa die Oliven, Mandeln und Zitrusfrüchte einführten. Pasta und Gemüse bilden die Grundlage der sizilianischen Küche, und Fisch hat einen weit höheren Stellenwert als Fleisch. Süße Zubereitungen wie Cassata, Cannoli, Sorbets und Eiscremes sind überaus beliebt.

Der »Fußball« vor der Spitze des italienischen Stiefels ist die größte Insel im Mittelmeer (dicht gefolgt vom nordwestlich gelegenen Sardinien). Immer wieder hatte Sizilien aufgrund seiner zentralen Lage im Mittelmeerraum Eroberer angelockt, so die Phöniker, Karthager, Griechen, Araber, Spanier, Normannen und Franzosen, und vom italienischen Festland aus waren unter anderem die Etrusker und Römer auf die Insel vorgedrungen.

Von wechselnden Machthabern unterschiedlicher Herkunft hat die sizilianische Küche immens profitiert. Dass Gemüse und Fisch ihre Grundlagen bilden, ist wohl den Griechen zuzuschreiben, die auch den Olivenbaum und die Weinrebe auf der Insel heimisch machten. Dagegen brachten die ursprünglich aus Skandinavien stammenden Normannen Baccalà und Stoccafisso mit – gesalzenen und getrockneten beziehungsweise nur getrockneten Kabeljau – und wiesen die Sizilianer in die Kunst des Backens ein. Die wichtigsten Impulse gingen jedoch von den Arabern aus, die von der Iberischen Halbinsel und aus Nordafrika nach Sizilien kamen und jahrhundertelang blieben. Sie siedelten Schafe und Ziegen an, die auf dem trockeneren Terrain gut zurechtkamen, und brachten den Sizilianern bei, wie man Käse herstellt und Nahrungsmittel konserviert. Ihnen verdanken wir die durch Trocknung von Trauben gewonnenen Rosinen und Sultaninen. Mit den Arabern kamen neue Gemüse- und Obstsorten auf die Insel, und angeblich machten auch sie die Sizilianer mit der Pasta vertraut.

Obwohl die Insel nur durch die enge Straße von Messina vom italienischen Festland getrennt ist, besitzt sie eine ganz eigenständige Esskultur. Ich bin mir sicher, dass diese auch dann nicht in Gefahr wäre, wenn die Brücke zwischen Kalabrien und Sizilien, die seit Jahren schon als Idee im Raum schwebt, eines Tages tatsächlich realisiert würde.

Kulinarische Traditionen und Spezialitäten

Von Sizilien aus eroberte die Pasta ganz Süditalien, begeisterte dann auch die Norditaliener und nahm schließlich den Rest der Welt für sich ein. Maccheroni und Vermicelli waren die Urformen, aber auch die Anelli oder Anellini (Nudelringe) gewannen rasch viele Anhänger. Bis heute kommen sie in den für die Insel typischen Nudelauflauf namens Pasticcio oder Pasticciata. Ansonsten werden sizilianische Pastagerichte meist mit Saucen auf der Grundlage von Fisch und Gemüse angerichtet, die auch beides enthalten und durchaus üppig ausfallen können. Für Pasta con le sarde, eine Spezialität aus der Hauptstadt Palermo, werden kurze Röhrennudeln mit frischen Sardinen und wildem Fenchel sowie meist noch Pinienkernen und Sultaninen gemischt. Kräuter verleihen vielen Pastasaucen ein intensives Aroma, wobei die meisten mit Ausnahme von Oregano (Abbildung oben) als einer von wenigen Arten, die durch Trocknen an Geschmack noch gewinnen, frisch verwendet werden. In Sizilien wie in Kalabrien beliebt ist eine oft pikant mit Peperoncino gewürzte Sauce aus Thunfisch.

Der auf der Insel angebaute Hartweizen wird zu Pasta verarbeitet, dient aber auch als Getreide für das einheimische Brot und liefert die Grundzutat für den aus Nordafrika übernommenen Couscous. In Sizilien wird der Hartweizengrieß dafür mit Safran aromatisiert und als Beilage zu einem Fischtopf gereicht. Auch Reis wurde früher hier kultiviert, und aus jener Zeit sind einige interessante Reisgerichte erhalten. In Catania, der Provinz und Stadt im Schatten des Ätna, bekommt man Ripiddu nivicatu, einen schwarzen Risotto, der in Anspielung auf den Vulkan auf dem Teller kegelförmig aufgehäuft wird; eine Haube aus Ricotta deutet den Schnee auf dem Gipfel an, und seitlich läuft rote Chilisauce herunter. Ursprünglich eine sizilianische Erfindung sind die Arancini (gebratene Reisbällchen). Inzwischen sind sie landesweit ein Renner in Snackbars und Imbissbuden *(tavola calda)*.

Die sizilianischen Gewässer – das Ionische, das Tyrrhenische und das Mittelmeer – wimmeln von Fischen. Besonders zahlreich kommen Thunfisch, Schwertfisch und Sardine vor, die frisch aufgetischt, aber auch konserviert werden. Schwertfische werden zwischen Kalabrien und Sizilien mit der Harpune gejagt. Für Involtini di pesce spada wickelt man dünne Scheiben ihres Fleisches um eine Füllung und grillt die Rouladen oder gart sie in einer Tomatensauce. Gegrillte Schwert-

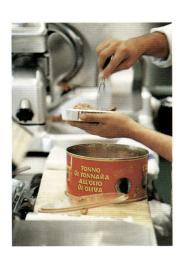

fischsteaks oder auch *spiedini* (Spießchen) mit Schwertfischstücken sind äußerst beliebt und werden oft mit Salmoriglio serviert, einer Sauce aus Olivenöl, Zitronensaft, Kräutern und Knoblauch. Ebenso genießt man hier Schwertfisch roh und hauchfein aufgeschnitten als Carpaccio oder auch geräuchert. Thunfisch wird wie Schwertfisch zubereitet und auch, wie in Sardinien, geräuchert als Mosciame serviert. Die Nummer eins unter den Fischen aber ist hier die Sardine. Ein berühmtes Gericht sind die Sardine alla beccafico oder Sarde a beccaficu, gebackene Sardinen, die vorher so aufgerollt wurden, dass sie ihre Schwanzflossen in die Höhe recken und aussehen wie kleine Vögel (ital. *beccafico* = Gartengrasmücke). Häufig werden Sardinen auch mit Rosinen und Pinienkernen gefüllt, im Ofen gegart und am Ende mit Orangensaft beträufelt.

Viele sizilianische Fabriken leben gut von der Produktion von Sardinen- und Thunfischkonserven, und ein weiteres berühmtes Erzeugnis der Insel ist Bottarga, luftgetrockneter und gesalzener Rogen von Thunfischen und Meeräschen. Üblicherweise wird er, dünn aufgeschnitten und mit Zitronensaft und Olivenöl beträufelt, als Antipasto serviert oder aber über Pasta oder Rührei gebröselt. Baccalà und Stoccafisso (in Sizilien als Pescestocco bekannt) sind verknüpft mit der Salzgewinnung in der Provinz Trapani. Dort wird in künstlich angelegten Becken Meerwasser eingedunstet, wobei ein Salz zurückbleibt, das zwar nicht makellos weiß aussieht, aber naturrein und sehr mineralstoffreich ist.

Fleisch wird in Sizilien nicht viel gegessen. Das eher zähe Rindfleisch wird bevorzugt zu Fleischbällchen und Rouladen verarbeitet, Ziegen- und Lammfleisch hingegen häufig im Eintopf serviert. Bei speziellen Anlässen kommt häufig Farsumagru (siehe Seite 229) auf den Tisch. In der Provinz Messina werden schwarze Schweine gezüchtet, und aus dem Fleisch des Borstenviehs entstehen neben Frischwürsten auch Schinken und andere Wurstwaren, namentlich die Salami aus Sant'Angelo di Brolo, die Fellata oder Salami di San Marco mit pikanter Peperoncinowürze und eine Supprissatu. Vor allem Kaninchen, aber auch anderes Wild lieben die Sizilianer, und wie in anderen südlichen Regionen des Landes stehen Innereien hoch im Kurs. Gern nimmt man die Innereien vom Milchlamm für die Stigghiole – kleine Päckchen (Involtini), die über Holzkohlenglut gegrillt werden.

Zwar ist Sizilien sehr bergig, dennoch gibt es hier äußerst fruchtbare Böden, die im Zusammenspiel mit der unermüdlichen Sonne Obst und Gemüse erster Güte hervorbringen. Vor allem Auberginen, Spinat und andere einst von den Arabern hier heimisch gemachte Arten werden intensiv angebaut. In großem Stil kultiviert werden auch Knoblauch, Brokkoli, Artischocken, Möhren, Zwiebeln, Tomaten, Dicke Bohnen, Bleichsellerie und Kürbisse. Das berühmteste Gemüsegericht Siziliens dürfte die Caponata sein (siehe Seite 230), die ausschließlich auf einheimischen Zutaten basiert, darunter auch Kapern. Die eingesalzenen Kapern aus Sizilien oder von den Nachbarinseln Lipari und Pantelleria sind unübertroffen. Aus Tomaten macht man in Sizilien Estratto (oder Strattu) di pomodoro, ein Konzentrat, das sechsmal so stark ist wie gewöhnliches Tomatenmark und Saucen geschmacklich auf die Sprünge hilft. Zu den zahlreichen köstlichen Auberginengerichten Siziliens gehört die Parmigiana di melanzane (siehe Seite 230).

Ihre große Auswahl an Frucht- und Samenobst verdanken die Sizilianer nicht zuletzt den Arabern, die sie mit Aprikosen, Zitrusfrüchten, Feigen, Mandeln, Haselnüssen, Walnüssen und Pistazien sowie Pinienkernen und sogar mit dem Zucker überhaupt erst vertraut machten. Heute ist Sizilien berühmt für seine Orangen- und Zitronenplantagen (90 Prozent der in ganz Italien geernteten Zitronen stammen von hier). Die Früchte sind an vielen süßen wie herzhaften Zubereitungen beteiligt, und kandierte Zitrusfruchtschalen, ebenfalls ein Vermächtnis der Araber, dürfen etwa in der Cassata auf keinen Fall fehlen. Von diesem sizilianischen Klassiker gibt es zwei Versionen: Die ältere ist ein Kuchen mit Marzipan, Ricotta und getrockneten sowie kandierten Früchten, die andere eine Eistorte, hergestellt mit denselben Zutaten (siehe Seite 236). Einst nur zu Weihnachten von Nonnen hergestellt, hat die Cassata heute ganzjährig Saison und wird auch als Cassatina, also im Kleinformat, in sizilianischen Bars und Cafés angeboten.

Die Araber schenkten den Sizilianern auch die Eiscreme, und es kursieren romantische Geschichten darüber, wie die ersten Granite und Sorbets aus dem Schnee vom Gipfel des Ätna und pürierten Früchten gemischt wurden. Die Erfindung sprach sich schnell in ganz Italien herum und kam insbesondere in Neapel gut an. Nach Frankreich gelangte das richtige Speiseeis durch einen Sizilianer namens Procopio Coltelli, der Anfang des 17. Jahrhunderts in Paris einen Laden eröffnete. Das Café Procope existiert bis heute, und nach wie vor gilt italienisches und speziell sizilianisches Eis als das beste.

Nüsse sind eine unverzichtbare Zutat in vielen Keksen und anderen Süßigkeiten Siziliens. Das gilt insbesondere für Mandeln, die überall auf der Insel reifen. Aus Marzipan, den Italienern als

Pasta di mandorla oder Pasta reale (Mandelpaste) bekannt, werden Früchte so detailgetreu modelliert und bemalt, dass sie von ihren Vorbildern kaum zu unterscheiden sind. Das berühmteste Gebäck der Insel, die Cannoli alla siciliana (siehe Seite 229), wurde ursprünglich anlässlich des *Carnevale* zubereitet. Zu den berühmten Spezialitäten Siziliens gehören auch ein herrlicher Zitronen- und Orangenblütenhonig und eine Mostarda aus Kaktusfeigen. Interessanterweise ist Sizilien die einzige Region, die Pistazien produziert – die Bäume gedeihen im nährstoffreichen Boden am Fuß des Ätna.

Da die Sizilianer gerne gut essen und feiern, finden natürlich auch die üblichen Volksfeste statt, die den saisonalen oder lokalen Spezialitäten – Wursterzeugnissen, Ricotta, Beeren, Maronen und Wein – gewidmet sind. Zu den etwas ungewöhnlichen Programmpunkten gehören die *sagra del mandorlo in fiore,* das Mandelblütenfest, das Agrigento im Februar veranstaltet, außerdem die *sagra delle nespole* (Loquat- bzw. Mispelfest) in Trabis bei Palermo im Mai und schließlich, im August, ein Eiscremefest in Noto sowie eine Couscous-*sagra* in Sanvito in Capo (Provinz Trapani).

Weitere regionale Spezialitäten

Arancini Reisbällchen, gefüllt mit einem Fleisch-*ragù* oder Butter und Käse, in Semmelbröseln gewälzt und frittiert

Cannoli alla siciliana Knusprig ausgebackene Teigröhren mit einer Füllung aus Ricotta, kandierten Früchten und Schokolade

Cuscusu Couscous aus Trapani, angereichert mit Meeresfrüchten

Farsumagru Eine große Rindfleischscheibe wird mit Schinken, Käse, Wurst, Eiern, Knoblauch, Zwiebeln und anderem mehr üppig belegt, aufgerollt und in einer Tomatensauce geschmort oder gebacken

Maccaruni di casa Hausgemachte Pasta ähnlich den Fusilli (Spiralnudeln), traditionsgemäß mit einer gehaltvollen Sauce serviert und mit geriebenem gesalzenem Ricotta bestreut

Maccu Püree von getrockneten Dicken Bohnen, mit Olivenöl beträufelt und als Beilage gereicht

M'panata Eine Art Calzone, gefüllt mit gekochtem Gemüse oder Fleisch und gebacken; der Name leitet sich von der spanischen Empanada ab

Pasta alla Norma Der Name dieses Spaghettigerichts mit Tomatensauce und Auberginenscheiben erinnert an den Komponisten der Oper *Norma*

Pasta con le sarde Pasta mit einer Sauce aus wildem Fenchel und gebratenen Sardinen

Pesce spada a ghiotta Mit Tomaten, Oliven und Kapern gegarter Schwertfisch, der in dieser Version auch in Kalabrien beliebt ist (siehe Seite 220)

Sarde a beccafico Gebackene Sardinen, gefüllt u. a. mit Pinienkernen, Knoblauch und Rosinen

SIZILIEN 229

Caponatina di melanzane
Sizilianisches Auberginengemüse

Für 4–6 Personen

- 600 g fleischige Auberginen
- Salz
- 6–8 EL Olivenöl
- 1 große Zwiebel, in Scheiben geschnitten
- 2 Bleichselleriestauden, nur die Herzen in kleine Stücke geschnitten
- 500 g reife Tomaten, gehackt
- 100 g entsteinte grüne Oliven
- 60 g Kapern in Salz, abgespült
- 100 g Mandelblättchen
- 2 reife, aber feste Birnen, vom Kerngehäuse befreit, geschält und in Scheiben geschnitten
- 1/2 TL Zimtpulver
- 1/2 TL gemahlene Gewürznelken
- 50 g extrafeiner Zucker
- 50 ml Weißweinessig

Nachfolgend das Originalrezept aus Palermo für eines der populärsten Auberginengerichte Siziliens. Genießen Sie es mit Brot als Vorspeise oder auch als Beilage mit warmem oder kaltem Fleisch oder Fisch. Eine Caponatina ist eine »kleine« Caponata. Besorgen Sie möglichst blassviolette Auberginen, deren Fruchtfleisch wenige Kerne enthält.

Die Auberginen in walnussgroße Würfel schneiden. Für 1 Stunde in Salzwasser einlegen, abseihen, ausdrücken und trockentupfen.

In einer Pfanne mit hohem Rand etwa 6 Esslöffel Olivenöl erhitzen und die Auberginen goldbraun braten. Mit einer Schaumkelle herausnehmen und beiseite legen. In derselben Pfanne die Zwiebel weich schwitzen, dafür bei Bedarf weiteres Öl hinzugießen. Alle übrigen Zutaten außer dem Zucker und dem Essig dazugeben und das Ganze etwa 20 Minuten köcheln lassen.

Die Auberginen mit dem Zucker und dem Essig in die Pfanne geben. Mit Salz abschmecken und noch 10–15 Minuten schmoren. Die Caponata schmeckt auch kalt vorzüglich.

Milinciani alla parmigiana
Auberginenauflauf mit Tomatensauce und Parmesan

Für 6 Personen

- 3 große, fleischige Auberginen
- 3 Eier, verquirlt
- Salz und Pfeffer
- Weizenmehl zum Bestauben
- Olivenöl zum Braten
- 15 Basilikumblätter
- 250 g Parmesan, frisch gerieben

Für die Sauce:
- 1 Knoblauchzehe, fein gehackt
- 5 EL Olivenöl
- 800 g pürierte oder gehackte Tomaten (Konserve)
- 4–5 Basilikumblätter, zerpflückt

Viele vermuten die Heimat dieses schlichten Gerichts in der Emilia-Romagna, tatsächlich aber stammt es aus Sizilien. Es wird in verschiedenen Varianten (oft unter dem Namen Parmigiana di melanzane) und gern als Vorspeise serviert.

Die Auberginen in 1 cm dicke Scheiben schneiden und für 1 Minute in kaltes Wasser einlegen. Abseihen und trockentupfen. Die Eier salzen.

Die Auberginen mit Mehl bestauben und durch das verquirlte Ei ziehen. In einer großen Pfanne wenig Olivenöl erhitzen und die Auberginen goldbraun braten, danach abtropfen lassen. Den Backofen auf 200 °C vorheizen.

Für die Sauce den Knoblauch im Öl anbraten. Die Tomaten mit dem Basilikum zufügen und 15–20 Minuten köcheln lassen, zuletzt salzen.

In einer ofenfesten Form 2–3 Esslöffel der Tomatensauce verstreichen. Darauf eine Lage Auberginen geben, mit etwas Sauce überziehen und mit Basilikum sowie Parmesan bestreuen. In dieser Reihenfolge die Zutaten einfüllen, bis sie aufgebraucht sind – eine Schicht Tomatensauce und Parmesan bilden den Abschluss. Den Auflauf in etwa 20 Minuten überbacken. Vor dem Servieren in Vierecke schneiden.

Für 4 Personen

Für die Panelle:

300 g Kichererbsenmehl

1 TL Anissamen

Salz und Pfeffer

3 EL glatte Petersilie, grob gehackt

Olivenöl zum Braten

Für die Frittella:

4 EL Olivenöl

200 g Zwiebeln, in dünne Scheiben geschnitten

300 g Herzen von frischen jungen und zarten Artischocken, halbiert

275 g frische, zarte Erbsen, enthülst

300 g Dicke Bohnen, enthülst

3 EL glatte Petersilie, gehackt

1 EL Kapern in Salz, abgespült

Panelle con frittella

Kichererbsenflecken mit Frühlingsgemüse

Panelle sind eine Spezialität Palermos, wo sie häufig in ein Panino (Brötchen) gefüllt werden. Dieses Rezept kombiniert sie hingegen mit einem Gemüseeintopf aus Artischocken, Erbsen und Dicken Bohnen.

Für die Panelle das Kichererbsenmehl in einem Topf mit den Anissamen, etwas Salz und Pfeffer sowie 500 ml Wasser gründlich verrühren. Langsam unter ständigem Rühren zum Kochen bringen und 8–10 Minuten köcheln lassen, bis die Mischung eindickt. Zuletzt die Petersilie unterziehen. Die Masse auf ein eingeöltes Backblech oder eine eingefettete Marmorfläche gießen und 1 cm dick ausstreichen. Erkalten und fest werden lassen.

Inzwischen für die Frittella das Olivenöl in einem großen Topf erhitzen und die Zwiebeln weich schwitzen. Die Artischockenherzen, Erbsen und Dicken Bohnen mit etwa 100 ml Wasser zufügen. Zugedeckt 15–20 Minuten köcheln lassen, bis das gesamte Gemüse gar ist. Die Petersilie und Kapern sowie Salz und Pfeffer nach Geschmack untermischen.

Aus der erstarrten Kichererbsenmasse Kreise oder Rhomben ausstechen. Die Stücke in reichlich Olivenöl von beiden Seiten goldbraun braten und abtropfen lassen.

Pasta n'casciata — Pasta-Torte mit üppiger Füllung

Für 8–10 Personen

Für das Ragout:
- 1 große Zwiebel, in Scheiben geschnitten
- 6 EL Olivenöl
- 150 g Pancetta (durchwachsener Bauchspeck), gewürfelt
- 600 g Hackfleisch vom Rind
- 100 ml Rotwein
- 1 kg pürierte oder gehackte Tomaten (Konserve)
- 100 g frische (oder tiefgefrorene) Erbsen, enthülst
- 5 Basilikumblätter, zerpflückt
- 2 EL Tomatenmark
- Salz und Pfeffer

Für die Fleischbällchen:
- 200 g Hackfleisch vom Schwein
- 200 g Hackfleisch vom Rind
- 1 Knoblauchzehe, gehackt
- 2 Eier, verquirlt
- 2 EL glatte Petersilie, gehackt
- 1 EL getrocknete Semmelbrösel
- 2 EL Parmesan, frisch gerieben
- Olivenöl zum Frittieren

Außerdem:
- 1 kg Candele oder Ziti (lange, dicke Maccheroni)
- 24 hart gekochte Wachteleier, gepellt
- 300 g Salami, in Scheiben geschnitten
- 200 g Caciocavallo oder Provolone dolce, in Scheiben geschnitten
- 20 g Erbsen, enthülst und kurz gedünstet
- 6 Eier, verquirlt
- 200 g Parmesan, frisch gerieben

Die Füllung dieses imposanten Pastagerichts besteht aus einer deftigen Tomatensauce, Polpette (Fleischbällchen), Caciocavallo oder einem anderen Käse, manchmal auch Mozzarella, Salamischeiben und noch weiteren kleinen Leckerbissen.

Als Erstes für das Ragout die Zwiebel im Olivenöl einige Minuten dünsten, dann den Pancetta noch kurz mitbraten. Das Hackfleisch zufügen und unter häufigem Rühren gleichmäßig Farbe annehmen lassen. Den Wein dazugießen und verdampfen lassen. Die Tomaten, die Erbsen und das Basilikum sowie das in 4 Esslöffeln Wasser verrührte Tomatenmark untermischen. Die Sauce 2 Stunden ganz sanft köcheln lassen. Zuletzt mit Salz und Pfeffer abschmecken.

Den Backofen auf 190 °C vorheizen. Für die Fleischbällchen die beiden Hackfleischsorten mit Knoblauch, Eiern, Petersilie, Semmelbröseln, Parmesan sowie Salz und Pfeffer nach Geschmack vermengen. Mit den Händen Bällchen von der Größe dicker Oliven formen. In einem Topf reichlich Olivenöl erhitzen und die Bällchen goldbraun frittieren. Abtropfen lassen.

Die Pasta in kochendem Salzwasser nur etwa 7–8 Minuten garen – sie soll noch Biss haben.

Eine hohe ofenfeste Schüssel mit einem oberen Durchmesser von etwa 25 cm mit einem Teil der Pasta komplett auskleiden. Die restliche Pasta mit einem Teil der Sauce mischen.

Die Wachteleier, Salami- und Käsescheiben, Erbsen, Fleischbällchen und mit Sauce vermischten Nudeln lagenweise in die Schüssel füllen. Das Ganze mit dem Rest der Sauce überziehen und gleichmäßig mit dem verquirlten Ei begießen. Mit dem Parmesan bestreuen, mit Alufolie abdecken und für 30 Minuten in den Ofen schieben. Die Folie abnehmen und die Torte in weiteren 30 Minuten goldbraun überbacken.

Außerhalb des Ofens etwa 40 Minuten ruhen lassen und dann auf eine Platte stürzen. Wie eine richtige Torte aufschneiden und servieren.

Regionale Erzeugnisse

KÄSE Der Schafkäse Siziliens mag weniger bekannt sein als der Pecorino sardo, toscano oder romano, dennoch braucht er sich hinter diesen gewiss nicht zu verstecken. Am Tag nach der Herstellung betört er durch cremige Frische; in diesem frischen Stadium heißt er Tuma. Mit zunehmender Reife entwickelt er eine kräftige Note und wird härter, bis er sich schließlich reiben lässt. Typisch für die in der Inselmitte gelegene Provinz Enna ist ein mit ganzen schwarzen Pfefferkörnern und Safran angereicherter Pecorino namens Piacentinu oder Piacintinu. Ricotta entsteht überall in der Region als Nebenprodukt der Pecorinoherstellung. Er kommt als Ricotta salata al sole (sonnengetrocknet) und als Ricotta salata al forno (im Ofen getrocknet) in den Handel, wird aber auch frisch verkauft, zumal er für zahlreiche sizilianische Süßspeisen unerlässlich ist. Aus Kuh- und Schafmilch wird der Canestrato erzeugt, ein halb gekochter Käse, dessen Teig zum Abtropfen in einen Korb *(canestro)* gefüllt wird, wobei sich das Flechtmuster dauerhaft einprägt.

BROT UND ANDERE BACKWAREN Die sizilianischen Brote sind auffallend schwer, denn sie basieren auf Hartweizen. Überall auf der Insel gibt es trockene Plätzchen, die man gern in einen Dessertwein wie Moscato oder Marsala (siehe unten) tunkt. Zwei gängige Sorten heißen Mustazzolo (andernorts als Mostacciolo bekannt) und Tarallo (auch Taralluccio oder Tarallino genannt).

WEIN Sizilien hat die Regel, dass kühles Klima ideal für Weißwein sei und Rote in heißeren Gebieten besser gerieten, Lügen gestraft: Die vornehmlich im Westen der Insel produzierten frischen Weißweine werden von Genießern geschätzt. Alcamo, Corvo, Etna, Regaleali, Terre di Ginestra und Vigna Gabri sind einige der Namen, nach denen man beim Kauf von Rot- wie auch Weißweinen Ausschau halten sollte. Besonders berühmt ist Sizilien für seinen Marsala, einen angereicherten Wein, der in mehreren Typen und Farben angeboten wird (empfehlenswert sind Vecchio Samperi und Joséphine Doré). Zu sizilianischem Gebäck bildet ein Passito, also ein Wein von rosinierten Trauben, die perfekte Ergänzung.

Für 4 Personen

1 Kaninchen (möglichst Wildkaninchen) von etwa 1,2 kg, küchenfertig vorbereitet
Weizenmehl zum Bestauben
6 EL Olivenöl
1 Zwiebel, fein gehackt
2 Knoblauchzehen, fein gehackt
2 EL Tomatenmark
4 EL Weißweinessig
100 g entsteinte grüne Oliven, größere Exemplare gehackt
100 ml Weißwein
1 Sellerieherz, fein gewürfelt
1 EL Kapern in Salz, abgespült
Salz und Pfeffer
2 EL glatte Petersilie, gehackt

Coniglio alla partuisa

Geschmortes Kaninchen aus Ragusa

Kaninchen wird in ganz Italien abwechslungsreich zubereitet. Dieses sizilianische Rezept stammt ursprünglich von der Iberischen Halbinsel. Besonders schmackhaft gerät es mit einem Wildkaninchen.

Das Kaninchen zerlegen – dabei einen Teil der Knochen auslösen – und die Stücke mit Mehl bestauben. Das Olivenöl in einem Topf erhitzen und die Fleischstücke ringsum braun anbraten. Die Zwiebel und den Knoblauch zufügen und einige Minuten weiterbraten.

Das Tomatenmark in etwa 6 Esslöffeln Wasser verrühren und mit dem Essig in den Topf gießen. Umrühren und das Fleisch 15 Minuten garen. Die Oliven, den Wein, den Sellerie, die Kapern sowie Salz und Pfeffer nach Geschmack zufügen. Einen Deckel auflegen und das Fleisch noch 30 Minuten sanft schmoren, bis es richtig zart ist. Dabei nach Bedarf Wasser hinzufügen.

Mit der Petersilie bestreuen und mit Polenta, Spätzle (siehe Seite 48) oder Kartoffelpüree und Spinat als Beilage servieren.

Für 4 Personen

- 2 große Orangen
- 4 dickschalige Zitronen
- Salz und Pfeffer
- 1 Hand voll Fenchelgrün oder Sellerieblätter, gehackt
- 2 EL Olivenöl

Insalata di limoni e arance
Orangen-Zitronen-Salat

Die Sizilianer lieben herzhafte Salate mit Zitrusfrüchten. Hier werden Zitronen verwendet, deren Schale fast so dick ist wie die von Cedri (Zedratzitronen) und die weniger sauer schmecken als die gängigen Zitronen. Blutorangen geben dem Salat, der vorzüglich zu Schweine- oder Kalbsbraten passt, eine attraktive Farbe.

Die Orangen und Zitronen schälen, dabei auch das Weiße mit einem scharfen Messer sorgfältig entfernen.

Die Früchte in Scheiben schneiden und auf einem Teller anrichten. Salzen und pfeffern, mit dem Fenchelgrün oder den Sellerieblättern bestreuen und mit dem Olivenöl beträufeln.

Für 8–10 Personen

- 200 g Eiweiß (etwa 4 Stück)
- 70 g extrafeiner Zucker
- 100 g Ricotta von bester Qualität
- 20 ml Milch, dazu nach Bedarf etwas mehr, um den Ricotta geschmeidig zu rühren
- 400 ml Sahne oder Crème double
- 100 g dünnflüssiger Honig, erwärmt
- 100 g gemischtes Zitronat und Orangeat
- 50 g Pinienkerne, geröstet
- 50 g Bitterschokolade, gehackt

Zum Servieren:
- 80 g Pistazien, enthäutet
- 8–10 Cocktailkirschen

Cassata semifredda — Sizilianisches Halbgefrorenes

In ihrer Urform ist die Cassata ein üppiger Biskuitkuchen, dessen Zubereitung einige Zeit erfordert. Daneben entwickelte sich die unkompliziertere Eistorte, deren Rezept mein Küchenchef Andrea Cavaliere zu einem zart schmelzenden Halbgefrorenen abgewandelt hat.

Die Eiweiße zu steifem Schnee schlagen. Langsam mit dem Schneebesen 50 g Zucker unterziehen. In einer zweiten Schüssel den Ricotta mit einer Gabel locker aufschlagen. Dabei, falls er zu fest ist, eventuell etwas Milch zufügen. In einer dritten Schüssel die Sahne steif schlagen.

Den Honig unter den Eischnee ziehen, gefolgt von Schlagsahne und Ricotta. Zuletzt das Zitronat und Orangeat, die Pinienkerne und die Schokolade unterheben. Die Mischung in eine Eisbombenform mit einem Fassungsvermögen von 1,2 l füllen und zugedeckt ins Gefrierfach stellen.

Vor dem Servieren die Pistazien mit 20 g Zucker und 20 ml Milch im Mixer zu einer Sauce verarbeiten.

Um die Cassata nach etwa 12 Stunden im Gefrierfach aus der Form zu lösen, diese nur einige Sekunden in heißes Wasser tauchen. Die Cassata auf einen Teller stürzen und wie eine Torte aufschneiden, wobei Sie das Messer immer wieder in heißes Wasser tauchen.

Auf einzelne Teller jeweils etwas Pistaziensauce gießen und in die Mitte ein Stück Cassata legen.

SARDEGNA

Die Küche der zweitgrößten Mittelmeerinsel genießt in Italien eine Sonderstellung. Sie hat sich über die Jahrhunderte unter dem Einfluss fremder Völker langsam in eine ganz eigene Richtung entwickelt. Schafe sind eine wichtige Stütze der sardischen Wirtschaft, und Pecorino ist ein bedeutender Handelsartikel. Im Binnenland wird Wild, aber auch das Fleisch von Lamm, Schwein und Ziege gegessen, während an den Küsten Fische und Meeresfrüchte dominieren.

Sardinien ist eine schöne und geheimnisvolle Insel mit stolzen, aber auch zurückhaltenden Menschen, die allem Anschein nach selbstbestimmt ihr Leben führen wollen, ohne dabei etwas von anderen zu erwarten. Begründet sind diese Wesensmerkmale in der stürmischen Vergangenheit der Insel, von der beispielsweise die Nuraghen bis heute Zeugnis ablegen. Die jahrtausendealten, turmartigen Gebilde, die an die Trulli Apuliens erinnern und vielleicht zum Schutz von Mensch und Vieh, möglicherweise auch als Kult- oder Grabstätten errichtet wurden, finden sich vor allem im Norden der Insel. Sie bestehen aus mächtigen Granitblöcken und erinnern an eine kulturell hoch stehende Gesellschaft. Über ihre Erbauer wissen wir wenig.

Seit damals kam Sardinien kaum zur Ruhe, das zeigen die Spuren, die Kolonialmächte und andere Eindringlinge in der hiesigen Esskultur, Sprache und Lebensart hinterließen, deutlich. Nacheinander beherrschten die Phönizier, Karthager und Römer die Insel. Die Byzantiner brachten den Sarden möglicherweise das Käsen bei. Später kamen, hauptsächlich vom italienischen Festland und von der Iberischen Halbinsel, die Araber und mit ihnen der Reis und die Mandelpaste. Auch Pisa und Genua sowie Spanien waren am Gerangel um die Insel beteiligt. So kommt es, dass noch heute verschiedene Gerichte unverkennbar katalanische Namen tragen.

Im Verlauf der Geschichte entwickelte sich eine »duale Gesellschaft«. Die Urbevölkerung zog sich ins Inselinnere zurück und überließ die Küstengebiete den Invasoren. In der Lebensweise beider Gruppen kristallisierten sich immer stärkere Unterschiede heraus. Viele ursprüngliche Sarden wurden Schäfer – noch heute weidet ein Drittel aller in Italien gehaltenen Schafe auf der Insel. Auch in der Küche zeigt sich diese Dualität. Die meisten traditionellen sardischen Speisen basieren auf Zutaten, die das Land hergibt, während Fisch eher von den Einwanderern bevorzugt wird.

Ob nun Sardinien den Tourismus für sich entdeckte oder von den Touristen entdeckt wurde, so hat es sich jedenfalls im vergangenen halben Jahrhundert enorm gewandelt. An der Nordküste der Insel, in der Provinz Sassari, erstrecken sich herrliche goldgelbe Strände, gesäumt von rosa schimmernden Granitfelsen, in die Wind und Wasser bizarre Formen gefressen haben. Das Meer zwischen Sardinien und Korsika ist kristallklar und schimmert in den schönsten Farben von tiefem Blau bis zu Smaragdgrün, was diesem Küstenstrich den Namen Costa Smeralda einbrachte. Prinz Aga Khan schuf hier eine exklusive Ferienwelt mit schicken Hotels und Luxusvillen.

Kulinarische Traditionen und Spezialitäten

Zu einem italienischen Essen wird stets Brot gereicht, und von diesem hat Sardinien wahrlich genug: angeblich über 500 verschiedene Sorten. Die bekannteste heißt Carta da musica, wohl deshalb, weil die ganz dünnen, trockenen Fladen knistern wie Notenpapier, oder auch Pani carasau. Entstanden ist dieses haltbare Brot ursprünglich als Proviant für die Schäfer, die es auf ihren Wanderungen in heißem Wasser einweichten und ergänzt mit dünnen Scheiben von frischem Pecorino aßen. Eine üppigere Version ist das Pane frattau, bei dem Eier und Tomaten hinzukommen. Das Civraxiu, das teilweise über dreieinhalb Kilogramm wiegt, gehört zu den größten Brotsorten des Landes.

Die Sarden ziehen generell Brot der Pasta vor, dennoch wird der angebaute Weizen auch für originelle pastaähnliche Zubereitungen verwendet. Die älteste dieser Spezialitäten, möglicherweise von den Römern eingeführt, sind die Fregula (oder Fregola) genannten dicken Grießkörner, die an groben Couscous erinnern. Beliebte Pastaformen sind die sardischen Ravioli namens Culurzones oder Culingiones (siehe Seite 243) und die Malloreddus (»kleine Stiere«) oder Gnocchetti sardi, die mit einem deftigen *ragù* oder einfach mit Tomatensauce angerichtet werden

(siehe Seite 244). Casca erinnert an den Cuscusu Siziliens, schmeckt aber würziger. Reis, von den Arabern eingeführt und nach wie vor hier angebaut, ist Grundzutat einiger Gerichte, die mit dem ebenfalls auf der Insel kultivierten Safran veredelt werden.

Im Binnenland beherrschen Lamm, Schwein und Ziege sowie Federwild, »Schwarzkittel« und anderes Wild den Speiseplan. Bevorzugt wird das Fleisch gebraten oder gegrillt oder aber erst gekocht und dann mariniert; sehr populär sind auch herzhafte Fleischsaucen, die man zu Pasta isst. Eine urtümliche, für Sardinien charakteristische Methode, um größere Tiere zu garen – angeblich von Wilderern entwickelt, die nicht entdeckt werden wollten –, ist unter dem Namen *caraxiu* bekannt. In die Erde wird ein großes Loch gegraben, und hinein kommt wohlriechendes Holz, etwa von der Eiche, das angezündet wird. Wenn es heruntergebrannt ist, legt man Myrtenzweige auf die Glut. Darauf wird das vorbereitete Tier gebettet und mit Myrte, Rosmarin und anderen Wildkräutern sowie zu guter Letzt mit einer Schicht Erde bedeckt. Über dem Ganzen entfacht man zuletzt ein kräftiges Feuer. Nach einigen Stunden ist der Braten perfekt gegart und besitzt einen unvergleichlichen Geschmack. Heute werden große Fleischstücke gern am Spieß gebraten, und das berühmteste Beispiel dafür ist wohl das Spanferkel (Porceddu), eine Spezialität aus der Barbagia.

Ganz andere Essgewohnheiten beobachtet man an der Küste, wo sich einst Genuesen, Neapolitaner, Sizilianer, Araber und Spanier ansiedelten. Der bekannteste Fischeintopf Sardiniens, die Burrida, ist offenkundig mit der gleichnamigen genuesischen Spezialität verwandt, und eine ähnliche Fischsuppe namens Cassola verweist auf die spanische Cazzuela. Überhaupt spielen Fisch und Meeresfrüchte hier eine Hauptrolle: Schwertfisch, Thunfisch und Sardinen, Kraken, Kalmare und Tintenfische, Venusmuscheln, Miesmuscheln, auch die selteneren Meerdatteln. Selbst Seeigel und Seeanemonen werden verwendet. Außer Sardinien gibt es nur wenige Plätze in Italien, an denen man guten Hummer bekommt. Aal findet sich ebenso auf den Speisekarten wie der in großen Tiefen gefischte Zackenbarsch (Cernia). Thunfisch wird frisch zubereitet, aber auch in Öl eingelegt, und geräuchert ergibt er eine lokale Spezialität namens Mosciame.

Buttarica e uova
Gesalzener Meeräschenrogen mit Rühreiern

Für 4 Personen

- 12 Eier
- 2 EL glatte Petersilie, fein gehackt
- 1 EL Mascarpone oder Crème double
- Salz und Pfeffer
- 2 EL Olivenöl
- 100 g Bottarga (Meeräschenrogen), in dünne Scheiben geschnitten

Bottarga, gesalzener und luftgetrockneter Rogen, ist eine kostspielige Spezialität Siziliens und Kalabriens, aber auch Sardiniens, wobei die Eier der Meeräsche delikater schmecken sollen als die des Thunfischs.

Die Eier in einer Schüssel verquirlen. Die Petersilie, den Mascarpone oder die Crème double sowie Pfeffer und nur ein wenig Salz einrühren – der Bottarga steuert später noch eine kräftige Salznote bei.

Das Olivenöl in einem Topf bei niedriger Temperatur erhitzen und die Eimischung hineingießen. Ständig rühren, bis sie leicht stockt. Vom Herd nehmen und kurz weiterrühren, bis die Eier eine cremige Konsistenz annehmen.

Das Rührei auf 4 vorgewärmten Tellern verteilen und den Bottarga darüber krümeln. Heiß servieren und Brot dazu reichen.

Der Inbegriff des sardischen Antipasto ist der Bottarga, der auch als Buttarica bekannte Rogen von Meeräsche und Thunfisch (Abbildung links). Die Technik des Einsalzens und Pressens mögen die Sarden zunächst von den Sizilianern übernommen haben, aber heute gilt ihr Bottarga als der beste überhaupt. Er wird, sehr fein aufgeschnitten und mit Olivenöl und Zitronensaft beträufelt, als Vorspeise serviert oder über Pasta, Reis und Rührei gekrümelt (Rezept siehe oben). Meeräschenfilets werden auch eingesalzen und mit Meerfenchel eingelegt.

Sardinien ist ein bedeutender Produzent von Obst und Gemüse. Hervorzuheben sind die Carciofi di Sardegna, besonders gute Artischocken, sowie die Pomodori di Sardegna aus dem Campidano. Das Olivenöl aus Cagliari ist exzellent, und in den Bergen in der Mitte und im Norden der Insel gewinnt man vorzüglichen Honig. Überall werden Reben, aber ebenso Pfirsiche, Orangen und Mandeln angebaut. Maronen, Feigen, Kaktusfeigen, Pilze und Fenchel werden in freier Natur gesammelt, genau wie die Zweige der Myrte, deren Verwendung als Küchenkraut einzig aus Sardinien bekannt ist. Der Strauch wächst wild auf der gesamten Insel, und seine Blätter werden um Fleischstücke gewickelt oder mit ihnen gegart. Sie kommen zudem seit jeher zum Einsatz, wenn ein Braten *a caraxiu* zubereitet wird (siehe Seite 241). Safran (siehe Seite 248) ist ein weiteres charakteristisches Gewürz Sardiniens, und das in der lokalen Küche verwendete Meersalz wird bei Cagliari gewonnen.

Süße Zubereitungen haben eine lange Tradition in Sardinien. Einst von den Arabern eingeführt, enthalten sie oftmals Mandeln und sind mit lokalen Würzzutaten wie Vanille, Safran und Honig angereichert. Eine Delikatesse sondergleichen sind die großen ausgebackenen Ravioli, gefüllt mit Pecorino und mit Honig beträufelt (siehe Seite 249), die hier Sebadas, Seadas oder Ravioli fritti sardi con miele heißen. Die Anicini (süße Anisplätzchen) mögen aus Umbrien stammen, sind aber ebenfalls zu einer sardischen Spezialität avanciert: Man tunkt sie gern in Rotwein.

Auf ihre Weinproduktion sind die Sarden recht stolz, und so finden im September allerorten – unter anderem in Calasetta, Magomadas, Monti, Tempio und Villasalto – Weinfeste statt. Im selben Monat gibt es in Monserrato ein Fest, das den süßen Leckereien gewidmet ist, und Quartu Sant'Elema organisiert im Oktober eine Ausstellung von Trauben, Broten und Süßigkeiten.

Culurzones Sardische Ravioli

Für 4 Personen

Für den Nudelteig:

300 g kräftiges italienisches Mehl (Tipo '00')
1 Eigelb
120 ml Wasser

Für die Füllung:

800 g gekochte Kartoffeln, abgetropft
200 g junger Pecorino, zerkrümelt
50 g gereifter Pecorino, gerieben
120 g Parmesan, frisch gerieben
3 EL Olivenöl
3 EL Minzeblätter, gehackt
Pfeffer

Zum Servieren:

50 g Butter
8–10 g Salbeiblätter, in Streifen geschnitten
10 g Safranfäden, in 1 EL warmem Wasser eingeweicht
Pecorino oder Parmesan, frisch gerieben

Culurzones, auch Culingiones genannt, sind raffiniert gefaltete Ravioli mit unterschiedlichen Füllungen. Mir schmeckt die Mischung aus Kartoffeln, reichlich Käse und frischer Minze besonders gut. Ebenfalls beliebt ist eine Kombination aus Spinat, Eiern und Pecorino, und gelegentlich werden die Culurzones auch mit Tomatensauce oder einem *ragù* serviert.

Für die Füllung die Kartoffeln in einer Schüssel fein zerstampfen. Beide Sorten Pecorino, Parmesan, Olivenöl, gehackte Minze und Pfeffer nach Geschmack zufügen. Gründlich vermengen.

Das Mehl mit dem Eigelb und dem Wasser zu einem glatten Teig verarbeiten. Zugedeckt 20–30 Minuten ruhen lassen.

Den Teig auf einer bemehlten Arbeitsfläche 2 mm dick ausrollen und 10 cm große Kreise ausstechen. Restliche Teigstücke verkneten und weitere Kreise ausstechen.

Die Ravioli einzeln wie folgt füllen und formen: Eine kleine Menge der Füllung (etwa von der Größe einer Kirsche) in die Mitte eines Teigkreises setzen. Die vordere Teigkante so über die Füllung legen, dass diese halb bedeckt ist. Nun mit der anderen Hand die untere linke Teigkante aufnehmen und über die Füllung legen, gefolgt von der unteren rechten Teigkante. Weiter abwechselnd die linke und die rechte Teigseite umfalten, bis schließlich ein kunstvoll »plissierter« Raviolo vor Ihnen liegt, dessen oberes Ende Sie zuletzt sorgfältig zusammendrücken. Den Rest des Teiges und der Füllung genauso verarbeiten.

Die Culurzones in einem großen Topf mit kochendem Salzwasser in 6–8 Minuten garen.

Inzwischen die Butter mit dem Salbei und Safran in einer Pfanne zerlassen. Die Culurzones abseihen und in der würzigen Butter schwenken. Vor dem Servieren mit Käse bestreuen.

Malloreddus Kleine Stiere

Keine Bange! Hier geht es keinem Stier an den Kragen, sondern um eine typisch sardische Pastaform namens Malloreddus, übersetzt »kleine Stiere«. Die Gnocchetti sardi, wie diese Nudeln auch heißen, werden in verschiedenen Größen hergestellt – ich verwende hier eine kleine Form – und sind oft mit dem Safran gewürzt, der auf der Insel angebaut wird.

In einem Topf den Knoblauch mit dem Peperoncino (sofern verwendet) im Olivenöl einige Minuten dünsten. Beide Tomatensorten zufügen und kurz rühren. Die Sauce zum Köcheln bringen und dann 15–20 Minuten auf kleiner Stufe simmern lassen. Das zerpflückte Basilikum einrühren und die Sauce mit Salz und Pfeffer abschmecken.

Gleichzeitig die Pasta in einem großen Topf mit kochendem Salzwasser al dente garen. Abseihen und mit der Sauce vermischen. Großzügig mit Pecorino bestreuen, mit einigen Basilikumblättern garnieren und servieren. Eine Wucht!

Für 4 Personen

- 2 Knoblauchzehen, fein gehackt
- 1–2 rote Peperoncini (nach Belieben, aber sehr zu empfehlen), gehackt
- 6 EL Olivenöl
- 500 g Kirschtomaten, halbiert
- 100 g pürierte oder gehackte Tomaten (Konserve)
- 5 Basilikumblätter, zerpflückt, dazu mehr zum Garnieren
- 300 g Malloreddus oder andere Safrannudeln
- Salz und Pfeffer
- 100 g Pecorino, gerieben

Für 4 Personen

- 8 Wachteln, küchenfertig vorbereitet
- Mehl zum Bestauben
- 50 g Butter
- 50 ml Olivenöl
- 1 große Zwiebel, fein gehackt
- 100 ml trockener Vernaccia oder ein anderer trockener Weißwein
- 100 ml Hühnerbrühe (siehe Seite 250)
- 1 Rosmarinzweig
- 6 Salbeiblätter
- Salz und Pfeffer
- Muskatnuss, frisch gerieben

Quaglie arrosto Im Ofen gebratene Wachteln

Bevorzugt werden die Vögel im Backofen oder aber im Freien am Spieß gebraten. Wachteln stehen inzwischen glücklicherweise unter Naturschutz, aber auch mit gezüchteten Tieren gelingt dieses Rezept vorzüglich.

Den Backofen auf 190 °C vorheizen. Die Wachteln mit Mehl bestauben. Die Butter mit dem Olivenöl in einer Pfanne mit schwerem Boden zerlassen und die Wachteln von beiden Seiten etwa 30 Sekunden anbraten. In einen Bräter legen. Nun in der Pfanne die Zwiebel bei mittlerer Temperatur unter häufigem Rühren weich dünsten und zu den Wachteln geben.

Die Wachteln mit dem Wein und der Brühe übergießen. Rosmarin und Salbei in den Bräter geben und die Wachteln leicht salzen und pfeffern. 20 Minuten im Ofen braten, anschließend auf einer vorgewärmten Platte beiseite stellen.

Die Kräuter aus dem Bräter entfernen und den Fond über einem Topf durchseihen. Erhitzen, mit etwas Muskatnuss würzen und nochmals mit Salz und Pfeffer abschmecken. Die Wachteln mit der Sauce übergießen und mit Brot und Salat servieren.

Pernice alla sarda — Rebhuhn auf sardische Art

Für 4–6 Personen

- 1 l Hühner- oder Gemüsebrühe (siehe Seite 250/251)
- 4 Rebhühner, küchenfertig vorbereitet
- 8 EL natives Olivenöl extra
- 4 EL Weißweinessig
- 3 EL glatte Petersilie, grob gehackt
- 3 EL Kapern in Salz, abgespült und gehackt
- Einige Rosmarinzweige
- Salz und Pfeffer

Die Sarden sind passionierte Jäger, die im Umgang mit Federwild geübt sind. Bei meiner ersten Begegnung mit diesem Gericht erschien es mir wie purer Luxus, Rebhühner auf diese Weise – kalt – zu essen. Falls Sie auf dem Markt keine Rebhühner bekommen, können Sie notfalls auf Wachteln ausweichen. Genießen Sie das Gericht als Vorspeise oder auch als kleinen Imbiss zwischendurch.

Die Brühe in einem großen Topf zum Kochen bringen. Die Rebhühner hineinlegen und in etwa 25 Minuten köchelnd garen. Abgießen, abkühlen lassen und jeweils in 4 Stücke zerlegen.

Das Olivenöl mit dem Essig, der Petersilie und den Kapern in einer flachen, weiten Schüssel verrühren und den Rosmarin zufügen. Die kalten Rebhuhnstücke in die Marinade legen und mehrmals wenden, bis sie gleichmäßig überzogen sind. Zugedeckt im Kühlschrank mindestens 6 Stunden marinieren und dabei noch mehrmals wenden.

Gesalzen und gepfeffert werden die Stücke erst beim Essen, das stilecht ohne Besteck vor sich geht. Die traditionelle Beigabe ist Carta da musica, das hauchdünne sardische Brot, das vor dem Servieren kurz in den Ofen kommt, damit es noch knuspriger wird. Beim Essen beträufelt man es mit der Marinade.

Risotto alla sarda — Sardischer Risotto

Für 4 Personen

- Etwa 800 ml Rindfleischbrühe (siehe Seite 250)
- 6 EL Olivenöl
- 1 kleine Zwiebel, fein gehackt
- 150 g mageres Hackfleisch vom Schwein
- 150 g mageres Hackfleisch vom Kalb
- 300 g Risottoreis
- 3 EL trockener Rotwein
- 200 g pürierte oder gehackte Tomaten (Konserve)
- 1 Prise Safranfäden (etwa 1 g)
- 40 g Butter
- Salz und Pfeffer
- 60 g gereifter Pecorino, frisch gerieben

Der herzhafte Risotto mit Hackfleisch vom Schwein und Kalb, Tomaten und, zur Abrundung, ein wenig von Sardiniens viel gepriesenem Safran war mir völlig neu. Und er hat mich absolut begeistert!

Die Brühe in einem Topf erhitzen und warm halten – sie sollte leicht simmern.

In einem großen Topf mit schwerem Boden das Olivenöl erhitzen und die Zwiebel weich dünsten. Das gesamte Hackfleisch hineingeben und unter gelegentlichem Rühren braten, bis es gar ist und Farbe angenommen hat.

Den Reis zufügen und 1–2 Minuten rühren, dann den Wein dazugießen und den Alkohol verdampfen lassen. Die Tomaten, den Safran und eine Schöpfkelle Brühe zugeben. Ständig rühren und, sobald der Reis die Flüssigkeit im Topf fast völlig aufgenommen hat, die nächste Kelle Brühe dazugießen. Auf diese Weise fortfahren, bis der Reis nach etwa 15 Minuten gar ist: außen weich, im Kern aber noch angenehm fest. Den Risotto, der keineswegs trocken, sondern schön saftig sein soll, mit Salz und Pfeffer abschmecken.

Vom Herd nehmen und die Butter unterziehen. Den Risotto zuletzt mit dem Pecorino bestreuen und servieren.

Regionale Erzeugnisse

KÄSE Der bekannteste Käse Sardiniens ist der aus Schafmilch bereitete Pecorino, der in verschiedenen Versionen in den Handel kommt. Hinter den Namen Fiore sardo beziehungsweise Cacio fiore verbirgt sich ein Hartkäse, der im Herzen der Insel entsteht. Der auf der gesamten Insel erzeugte Pecorino sardo ist kleiner als der Pecorino romano. Dieser wird nicht etwa, wie sein Name vorgibt, nur in Latium, sondern ebenso in den sardischen Provinzen Cagliari, Sassari und Nuoro produziert. Ziegenkäse runden, in frischen wie in gereiften Varianten, das hiesige Angebot ab.

SAFRAN Von den insgesamt 25 Hektar, auf denen landesweit Safran angebaut wird, liegen 19 Hektar in San Gavino Monreale, einer Gemeinde im Süden der Insel. Für mich gehören die langen, dunklen, intensiv duftenden Safranfäden aus Sardinien zu den besten der Welt.

WEINE UND ANDERE GETRÄNKE Seit Tausenden von Jahren entsteht in Sardinien Wein, und das Spektrum der auf der Insel kultivierten Reben unterscheidet sich deutlich von dem anderer Regionen Italiens. Beispielsweise sind Cannonau (in Spanien als Garnacha bekannt) und Torbato ursprünglich auf der Iberischen Halbinsel beheimatet, dort aber nahezu ausgestorben. Ein Vorzeigewein ist der strohgelbe Vermentino di Gallura, der aus dem Norden der Insel stammt und hier als einziger Weißer das DOCG-Prädikat führen darf. Weitere erwähnenswerte Weiße sind der Vernaccia di Oristano (sherryartig, ähnlich wie Marsala bereitet), Nuragus di Cagliari, Malvasia di Bosa und di Cagliari sowie diverse Moscato-Etiketten. Unter den Roten ist der Cannonau di Sardegna das Aushängeschild. Er ist in trockener, lieblicher und süßer Ausführung und sogar in einer Passito-Version erhältlich. Aus Traubenmost wird Sapa hergestellt, das sardische Pendant des Saba. Außerdem gibt es einen feinen Myrtenlikör, den Mirto, und einen guten Grappa namens Filu di Ferru.

Weitere regionale Spezialitäten

Angiulottus Ravioli mit einer Füllung aus Fleisch und Ricotta, mit Tomatensauce angerichtet

Aranzada Eine Art Torrone aus Orangeat, gemischt mit gerösteten Mandeln (Spezialität aus Nuoro)

Arrosto a caraxiu In einer Erdgrube gegartes Fleisch, aromatisiert mit Myrte

Burrida Fischsuppe, ursprünglich aus Ligurien stammend

Casca Gedämpfter Couscous mit Hackfleisch, Erbsen, Blumenkohl und kräftigen Gewürzen

Cassola Fischsuppe spanischen Ursprungs

Cordula Gekröse vom jungen Lamm oder Zicklein, mit Darm zusammengebunden und gebraten

Filatrotta cum sa zibba Mit Meerfenchel gegarter Aal

Gallina al mirto In Brühe gekochtes Huhn, anschließend 48 Stunden lang mit reichlich Myrte mariniert und kalt serviert

Impanadas Gebackene Teigtasche – ähnlich der Calzone – mit Füllung aus Salami, Artischocken, Erbsen und Oliven, manchmal auch Schweinefleisch oder Aal

Lasagna de isposus »Hochzeits«-Lasagne, gefüllt mit einem *ragù* aus Schweine- oder Kalbfleisch

Lepudrida Suppe aus Hülsenfrüchten und Rind- oder Schweinefleisch mit Schinkenstücken; eine Spezialität aus Cagliari

Pastu mistu Für die auch als Piocu a caraxiu bekannte Zubereitung wird ein großes mit einem kleineren Tier sowie Kräutern und Gewürzen gefüllt und in einer Erdgrube gebraten

Pisci scabecciau Gebratene und anschließend in Essig, Öl und Knoblauch marinierte Meeräsche

Sebadas — Riesenravioli mit Pecorino und Honig

Für 4 Personen

- **4 Scheiben junger Pecorino, 5 mm dick und in 10 cm große Kreise geschnitten**
- **Olivenöl zum Frittieren**
- **120 g Orangenblütenhonig, erwärmt**

Für den Nudelteig:
- **150 g kräftiges italienisches Mehl (Tipo '00')**
- **1 Ei**
- **1 Eigelb**
- **1 Prise Salz**
- **1 EL extrafeiner Zucker**

Sardinien hat viele wunderbare süße Zubereitungen zu bieten, aber diese auch als Sebadas bekannten süßen Ravioli sind ein ganz besonderer Leckerbissen – zumal sie zwei typische Erzeugnisse der Region, nämlich Pecorino und Orangenblütenhonig, aufs Köstlichste miteinander verbinden. Ein heimischer Rotwein wie Monica di Sardegna ist eine perfekte Ergänzung.

Für den Teig das Mehl auf eine Arbeitsfläche häufen und in die Mitte eine große Mulde drücken. Ei, Eigelb, Salz und Zucker hineingeben und die Zutaten leicht mit einer Gabel verquirlen. Nach und nach mit den Händen das umgebende Mehl untermengen, bis ein zusammenhängender Teig entsteht. Etwa 10 Minuten kneten, bis er glatt und elastisch ist, und, mit einem Tuch abgedeckt, 20 Minuten ruhen lassen.

Den Teig 2 mm dick ausrollen und 8 Kreise von 15 cm Durchmesser ausstechen. Auf 4 dieser Kreise jeweils eine Käsescheibe legen. Die Teigränder mit Wasser bestreichen, jeweils ein zweites Teigstück darüber breiten und die Ränder zusammendrücken.

Das Olivenöl in einem zum Frittieren geeigneten Topf erhitzen und die Ravioli in etwa 7–8 Minuten goldgelb ausbacken. Auf Küchenpapier abtropfen lassen und, mit Honig beträufelt, heiß servieren.

Basisrezepte

Eine gute Brühe kann ein Gericht geschmacklich immens aufwerten. Es lohnt sich daher unbedingt, sie selbst herzustellen und einzufrieren. Sollte Ihr Vorrat gerade aufgebraucht und keine Zeit sein, eine neue Brühe zu kochen, bieten Fischhändler, viele Metzger und gute Supermärkte einen brauchbaren Ersatz.

Auch hausgemachte Pasta schmeckt ganz besonders gut, weshalb ich auf der gegenüberliegenden Seite die Herstellung von frischem Nudelteig mit Ei beschreibe. Weitere Pastarezepte finden Sie an anderen Stellen in diesem Buch.

Brodo di pesce — Fischbrühe

Ergibt etwa 2,2 l

- 1,2 kg Köpfe und Karkassen von weißfleischigen Fischen
- Salz und Pfeffer
- 2–3 Stangen Bleichsellerie, grob gehackt
- 2 Möhren, in größere Stücke geschnitten
- 1 Bund glatte Petersilie
- 1 Zwiebel, halbiert
- 2 Knoblauchzehen, geschält
- 1 TL Fenchelsamen

Fischbrühe ist Grundlage der meisten Fischsuppen und Risottos mit Meeresfrüchten. Die Köpfe und Karkassen sollten von weißfleischigen, also eher mageren Fischen stammen – Ihr Händler überlässt Ihnen sicher gern die Köpfe größerer Fische, die normalerweise nicht mit verkauft werden.

Die Fischabfälle unter fließendem kaltem Wasser abspülen und mit 3 l Wasser in einen Topf füllen. Leicht salzen, zum Kochen bringen und abschäumen. Die restlichen Zutaten dazugeben und alles 40 Minuten leise köcheln lassen. Die Brühe über einer Schüssel abseihen, mit Salz und Pfeffer abschmecken und abkühlen lassen, wobei sie meist etwas geliert.

Für die Verwendung in den nächsten 1–2 Tagen kalt stellen, andernfalls einfrieren.

Brodo di gallina — Hühnerbrühe

Ergibt etwa 3 l

- 1 Huhn (etwa 2 kg)
- Salz
- 2 Möhren, in größere Stücke geschnitten
- 1 Zwiebel, halbiert
- 2–3 Stangen Bleichsellerie, grob gehackt
- 4 Lorbeerblätter
- 1 EL schwarze Pfefferkörner

Für viele Suppen und Risottos, aber auch andere Zubereitungen ist eine gute Hühnerbrühe eine unentbehrliche Grundzutat. Manche der italienischen Suppen bestehen sogar aus nicht viel mehr als einer solchen Brühe mit Nudel- oder, wie bei der berühmten Stracciatella Latiums, Eiereinlage. Versuchen Sie, ein älteres Suppenhuhn zu bekommen.

Das Huhn in einem großen Topf mit 4 l Wasser bedecken. Leicht salzen, zum Kochen bringen und abschäumen. Die übrigen Zutaten dazugeben und alles $1^{1}/_{2}$–2 Stunden köcheln lassen, dabei gelegentlich abschäumen. Die Brühe über einer Schüssel abseihen. Mit Salz und Pfeffer abschmecken und abkühlen lassen, anschließend das erstarrte Fett von der Oberfläche abnehmen.

Die Brühe für die Verwendung in den nächsten 4 Tagen kalt stellen oder aber einfrieren.

Brodo di carne — Fleischbrühe

Ergibt etwa 3 l

- 1 kg Rindfleisch zum Schmoren und einige Knochen
- Salz
- 2 Möhren, in Stücke geschnitten
- 1 Zwiebel, halbiert
- 2–3 Stangen Bleichsellerie, grob gehackt
- 4 Lorbeerblätter
- 1 EL schwarze Pfefferkörner

Fleisch von älteren Tieren gibt einen kräftigeren Geschmack, und das umso mehr, wenn es durch den Fleischwolf gedreht wurde. Durch das Mitkochen einiger Markknochen erhält die Brühe etwas mehr Substanz.

Das Fleisch und die Knochen in einem großen Topf mit 4 l Wasser bedecken. Leicht salzen, zum Kochen bringen und abschäumen. Die übrigen Zutaten dazugeben und alles 2–3 Stunden köcheln lassen, dabei gelegentlich abschäumen. Die Brühe über einer Schüssel abseihen. Mit Salz und Pfeffer abschmecken und abkühlen lassen, anschließend das erstarrte Fett von der Oberfläche abnehmen.

Die Brühe für die Verwendung in den nächsten 4–5 Tagen kalt stellen oder aber einfrieren.

Ergibt etwa 1,2 l

1,3 kg gemischtes Gemüse (Möhren, Knollen- und Bleichsellerie, Fenchelknollen, Zwiebeln, Pastinaken und dergleichen)
1 Knoblauchzehe, gehackt
1 Bund glatte Petersilie
2 Lorbeerblätter
Einige Thymianzweige (oder andere Kräuter)
Salz und Pfeffer

Brodo di vegetali Gemüsebrühe

Eine nahrhafte Gemüsebrühe ist eine gute Alternative zu einer Fleisch- oder Hühnerbrühe. Verwenden Sie Gemüse mit ausgeprägtem Aroma wie Sellerie oder Fenchel.

Das Gemüse putzen und grob hacken. Mit dem Knoblauch, den Kräutern, Salz und Pfeffer nach Geschmack und 1,7 l Wasser in einen Topf füllen (Sie können hier gut das vitaminreiche Kochwasser von grünem Gemüse verwerten). Zum Kochen bringen und etwa 20 Minuten köcheln lassen, bis das Gemüse gar ist.

Die Brühe über einer Schüssel abseihen und abkühlen lassen. Für die Verwendung in den nächsten 3 Tagen kalt stellen, andernfalls einfrieren.

Ergibt etwa 600 g

400 g kräftiges italienisches Mehl (Tipo '00'), dazu mehr zum Bestauben
1 kräftige Prise Salz
4 große, ganz frische Eier

Pasta all'uovo Nudelteig mit Ei

Eine Faustregel für die Herstellung von Nudelteig mit Ei lautet: 1 großes Ei pro 100 g Mehl. Schwankungen der Temperatur, Luftfeuchtigkeit und Saugfähigkeit des Mehls wirken sich jedoch auf die Beschaffenheit des Teigs aus, weshalb Sie die Mehlmenge unter Umständen etwas variieren müssen. Das Ergebnis sollte ein glatter, elastischer und zugleich griffiger Teig sein.

Das Mehl auf die Arbeitsfläche häufen und das Salz darüber streuen. In die Mitte eine Mulde drücken, die Eier hineinschlagen und zunächst mit einer Gabel ins Mehl einrühren. Dann mit den Händen fortfahren, bis ein zusammenhängender Teig entsteht. Falls er an den Fingern klebt, etwas mehr Mehl einarbeiten.

Nun wird der Teig geknetet, bis er geschmeidig ist – nicht zu weich und nicht zu fest. Dazu wird er mit dem Handballen unter Druck vom Körper weggeschoben, einmal zusammengeschlagen, wieder weggeschoben. 10–15 Minuten so fortfahren. Wenn der Teig die richtige Konsistenz hat, mit einem Tuch abdecken und 15–30 Minuten ruhen lassen.

Zum Ausrollen den Teig in 4 oder 5 Portionen teilen. Falls Sie mit der Nudelmaschine arbeiten, mit dem größten Walzenabstand beginnen und diesen immer weiter verringern, bis die erforderliche Teigstärke erreicht ist: 3–4 mm für Lasagne und Cannelloni; 1,5–2 mm für gefüllte Teigwaren; etwa 1 mm für feinere Pasta. Die Teigblätter nun entweder mittels entsprechender Vorsteckwalzen in Bänder der gewünschten Breite beziehungsweise für Lasagne von Hand in größere Vierecke schneiden. Falls Sie ohne Maschine arbeiten, die Teigportionen auf der eingemehlten Arbeitsfläche ausrollen, bis die erforderliche Stärke erreicht ist; dabei das Nudelholz immer vom Körper wegbewegen und das Teigstück nach jedem Durchgang um 90 Grad drehen. Für Bandnudeln die Teigblätter locker zusammenrollen und in Streifen der gewünschten Breite schneiden.

Für gefüllte Pasta wie Ravioli die Teigblätter sofort weiterverarbeiten. Lasagne oder Bandnudeln vor der Zubereitung auf einem bemehlten Tuch etwa 10 Minuten trocknen lassen.

Pro 100 g Pasta 1 l Wasser in einem großen Topf zum Kochen bringen und 2 TL Salz zugeben. Nach dem Zufügen der Pasta kurz rühren, damit sie nicht zusammenklebt. (Nur bei Lasagne, die man Blatt für Blatt ins Wasser gleiten lässt, gibt man einige Tropfen Öl hinzu.) Die Garzeit richtet sich nach der Art der Pasta, der Stärke des Teigs und danach, ob sie gefüllt ist. Hausgemachte Bandnudeln brauchen etwa 3 Minuten. Während des Garens mehrmals umrühren.

Probieren Sie, wenn die Pasta beinahe fertig ist, ein Stück: Sie sollte al dente sein, also noch etwas Biss haben. Kurz bevor die perfekte Konsistenz erreicht ist, den Topf vom Herd nehmen, ein Glas kaltes Wasser hineingießen und die Pasta abseihen (eventuell etwas Kochwasser auffangen, um bei Bedarf die Sauce damit zu verlängern). Die Pasta zurück in den Topf oder in eine vorgewärmte Schüssel füllen. Mit der Sauce und nach Belieben etwas geriebenem Käse vermischen und sofort servieren.

Register

Rezepte sind durch Kursivierung hervorgehoben.

A

Aale 9, 26, 90, 108, 144
    Anguilla alla trentina 48
    Anguille alla bisentina 149
    Anguille alla fiorentina 112
    Bisato sul'ara 64
    Filatrotta cum sa zibba 248
    Insalata di Gianchetti 81
Abbespapa (Käse) 217
Aceto Balsamico 91, 97
Acquacotta 112, 146
Agnello all'arrabbiata 169
Agnello alla cacciatora 141
Agnello cacio e ova 178
Agnello uovo e limone 169
Agnellone al ragù 205
Agnolini dei gonzaga 36
Agnolini con ripieno di riso 21
Agnolotti in tovagliolo 18
Agoni al comasca 36
Amaretti-Kekse 26
Anatra col pien lessa 67
Anchovis 14, 78, 176
    Bagna cauda 14, 17
    Insalata di gianchetti 81
    Tortiera di acciughe 176
Angiulottus 248
Anguilla alla trentina 48
Anguille alla bisentina 149
Anguille alla fiorentina 112
Animelle al prosciutto 148
Anolini in brodo 98
Antipasti 14, 82, 178
    Antipasto di culatello e prosciutto 98
Anucia (Käse) 54
Arancini 229
Aranzada 248
Arista di maiale 112
Arrosto a caraxiu 248
Arrosto di capriolo al pino 55
Artischocken 146, 228, 242
    Bracioline di abbacchio e carciofi 157
    Carciofi alla giudia 149
    Carciofi alla romana 146, 147
    Zuppa di carciofi 109
Asiago (Käse) 65
Auberginen 214
    Caponatina di melanzane 230
    Ciabrotta 222
    Melanzane alla campagnola 205
    Melanzane sott'olio 222
    Milinciani alla parmigiana 230
    Parmigiana di melanzane 222

B

Babba al rum 179
Baccalà 40, 78, 225, 228
    Baccalà alla napoletana 178
    Baccalà alla vicentina 67
    Baccalà con peperoni 188
    Baccalà e peperoni cruschi 190
    Baccalà mantecato 67
    Ghiotta della vigilia 222
Baci perugina 123, 129
Bagna cauda 14, 17
Bagolino (Käse) 35
Bagoss/Bagosso (Käse) 35
Barbozza 125
Basilikum 76, 84
Batsoa 21
Bigoli col'anara 67
Bigoli in salsa 62, 67
Birnen
    perette al vino 21
    timballo di pere martine 21
Bisato sul'ara 64
Bistecca alla fiorentina 104, 112
Bitto (Käse) 35
Boghe in scabecio 82
Bohnen 65
    Paniscia di Novara 21
    Tofeja 21
    siehe auch borlotti; Dicke Bohnen; Cannellini
Bollito misto 12, 21, 26, 65
Bomba di riso con tartufo 96
Bondiola 70
Bondole 65
Bônet 21
Borlotti-Bohnen 104, 189
    Fagioli con osso di prosciutto e cotiche 157
    Pasta e fagioli 68
Bottarga 228, 242
    Buttarica e uova 242
Boudin noir 21
Bra (Käse) 15
Bracettone 90
Braciola alla urbinate 138
Bracioline 205
Bracioline di abbacchio e carciofi 157
Brasato al Barolo 21
Brasse: *Infanticelle di San Nicola in cartoccio* 205
Bris (Käse) 15
Broade 52, 57
Broccoletti strascinati 14
Brodettato 144
Brodetto 205
Brodetto all'anconetana 132, 136
Brodetto di pesce 93, 132, 136
Brodo pieno 216
Brot 52, 104, 113, 186, 198, 206, 234, 240
Brühen (brodi) 250
Bruschetta 113, 122, 129
Bucatini all'amatriciana 146, 149
Bucatini alla marchigiana 138
Buccellato lucchese 113
Buchweizen 24, 41
Burrata (Käse) 206
Burrida 241, 248
Busecca 36
Butirro (Käse) 217
Buttarica e uova 242

C

Cacciucco 78, 108, 112
Cacio fiore (Käse) 248
Caciocavallo (Käse) 161, 192, 206, 217, 234
Cacioricotta (Käse) 192
Caciotta (Käse) 140, 152
Caffè corretto 70
Caffè valdostana 21
Calamaretti crudi 169
Calamari ripieni di gamberi 165
Calamari ripieni di granchio 56
Caldariello 205
Calzone 179
Calzone pugliese 209
Canederli 46, 48, 52
    Canederli con prugne 58
Canestrato (Käse) 192, 234
Cannellini-Bohnen 104, 189
    Fagioli al fiasco 104
    Jota triestina 52, 53
    Riso e fagioli 112
    Vellutata di funghi cardoncelli 193
Cannelloni 93
Cannoli alla siciliana 229
Capicollo 206, 217
Caponatina di melanzane 230
Caponet 21
Caporino 152
Cappelletti alla pesarese 138
Cappello da gendarme 205
Cappon magro 82
Capretto con piselli all'uovo 182
Capretto farcito 222
Caprini (Käse) 15, 24
Carbonnade 21
Carciofi alla giudia 146, 149
Carciofi alla romana 147
Carne all'albese 21
Carnia dolce (Käse) 65
Carpaccio 65, 67
Carteddate 205
Casatiello/Casatello 179
Casca 248
Casolet (Käse) 44
Casonsei 36
Casonziei 62
Cassata 228
Cassata semifredda 236
Cassola 248
Castagnaccio 112
Castelmagno (Käse) 15
Cazzimperio 148
Cazzmarre 205
Cazzoeula alla milanese 26, 27
Ceci e castagne 169
Cenci 112
Certosino (Käse) 35
Cevapcici 57
Chiancarelle con cima di rapa 199
Chicorée: Cicoria in brodo di carne 190
Chifel 48
Cialzons 52, 57
Ciambrotta 222
Ciauscolo 140
Cibreo 107
Ciccioli 186
Ciceri e tria 205
Cicheti 65
Cicoria in brodo di carne 190
Cinghiale in agrodolce 155
Cipolle di Tropea e pecorino 216
Ciriole 144
Ciriole alla ternana 129
Coda alla vaccinara 149
Coda di bue all'Andrea 154
Codeghin in camisa 33
Comelico (Käse) 65
Composta di marroni 21
Coniglio alla partuisa 235
Coniglio in umido 82
Coniglio in porchetta 138
Coppa 65, 70, 95, 133, 140
Coppiette (Brötchen) 91
Coppiette (Räucherfleisch) 144
Coppiette ciociare 152
Coratella di abbacchio 149
Cordula 248
Costata alla pizzaiola 178
Costoletta alla milanese 24, 36
Costoletta alla valdostana 21
Costoletta del curato, La 126
Cotechinata 190
Cotechino-Würste 32, 70, 95
    Codegin in camisa 33
Couscous 226, 229, 248
Cozze arrecanate 205
Crema all panna 19
Crescenza (Käse) 35, 84
Crocette 133
Crostata di ricotta 149
Crostini alla toscana 104, 112, 113
Crostini di tartufo alla spoletina 121
Crucette di fichi al forno 223
Cuccette al forno 161
Culatello 95
    Antipasto di culatello 98
Culurzones 243
Cuscusu 229
Cutturidde 209

D

Dicke Bohnen
    Fave al guanciale 149

Maccu 229
'Ncapriata di favi e foggi 205
Dolcelatte (Käse) 35

E

Eis 66, 228
Cassata semifredda 236
Eisacktaler Weinsuppe 48
Endivie: *Scarolai imbuttunata* 176
Ente: Anatra col pien lessa 67

F

Fagiano tartufato/fagiano al tartufo di Norcia 107, 129
Fagioli al fiasco 104
Fagioli con osso di prosciutto e cotiche 157
Faraona con la peverada 67
Farinata 84
Farro 108, 121, 146
Farsumagru 229
Fasan 120; siehe fagiano
Fave al guanciale 149
Fegatelli alla cortonese 110
Fegato alla veneziano 73
Fegato grasso al balsamico 100
Feigen 66, 214
Crucette di fichi al forno 223
Vino cotto di fichi 192
Felino 95
Fenecchiedde 205
Filatrotta cum sa zibba 248
Finanziera di pollo 21
Finocchiona 113
Fiore sardo (Käse) 24
Fiori di zucca fritti 149
Fisch 26, 40, 41, 51, 62, 90, 108, 121, 132, 144, 161, 202 241; siehe auch unter Fischarten
Flusskrebse
Gamberi in salsa 124
Focaccia 76, 84
Foie gras: al balsamico 100
Fonduta valdostana con tartufi 21
Fontal (Käse) 15
Fontina (Käse) 15, 20
Forelle (trota) 26, 65
Trota al tartufo 129
Trota alla trentina 48
Trota al vino 21
Fresella 206
Fricassea d'agnello e carciofi 82
Frico 57
Frisceu 82
Frisella 179
Frittate
Erbazzone 93
Frittata alla menta 152
Frittata alla tartufo 129
Frittata di carciofi e funghi 83
Frittelle valtellinesi di grano saraceno 24
Fritto di bianchi d'uovo 169
Fritto misto 21, 93, 138
Fritto misto alla fiorentina 110

Frösche/Froschschenkel 90
Rane in padella 21
Risotto con acetosa e rane 30
Funghi al funghetto 82
Funghi sott'olio 93

G

Gallina al mirto 248
Gallina ubriaca 121, 129
Gamberi in salsa 124
Garnelen
Calamari ripieni di gamberi 165
Gattò di patate 178
Ghiotta della vigilia 222
Giandujotti 14
Gnocchetti alle erbe di monte 191
Gnocchi (Knödeln) 21, 39, 48, 52, 57
Gnocchi alla romana 146, 151
Gnocchi di ricotta con sugo di porcini 43
'Gnumaridd 186, 191
Gorgonzola (Käse) 35
Gran bollito misto 12
Grana padano (Käse) 35, 97
Grano al sugo 187
Grano saraceno 24, 41
Grappa 44, 54, 66, 70
Guanciale 152, 168
Guazzetto alla marinara 169
Gubana 52, 57
Gulasch 52
Gulasch mit Spätzle 40, 48
Gulasch di pesce 57

H

Hase siehe lepre
Hering Hausfrauenart 45
Himbeeren: *Lamponi e more al limone* 49
Huhn 104, 107, 144
Brodo di gallina (Brühe) 250
Gallina al mirto 248
Gallina ubriaca 121, 129
Pollo all'arrabbiata 128
Pollo alla buranea 72
Hühnerleber: *Tajarin all'albese* 17

I

Impanadas 248
Infanticelle di San Nicola 205
Insalate (Salate)
Insalata all'abruzzese 164
Insalata di bosco silano 218
Insalata di carne cruda 11
Insalata di fagioli 104
Insalata di gianchetti 81
Insalata di limoni e arance 236
Insalata di rinforzo 178
Involtini 202, 213, 228

J

Jambon de bosses 21
Jota triestina 52, 53

K

Kabeljau, getrocknet, siehe baccalà
Kaffee 176; siehe caffè
Kalbfleisch 90
Codeghin in camisa 33
Costoletta alla milanese 36
Costoletta alla valdostana 21
La costoletta del curato 126
Ossobuco 36
Polpettoni in agrodolce 222
Risotto alla sarda 247
Saltimbocca alla romana 144, 149
Vitello tonato 21
siehe auch Insalata di carne cruda
Kalbsbries: *Polpette di borraggine* 76
Kalbsfüße: nervitt 36
Kalmar
Calamaretti crudi 169
Calamari ripieni di gamberi 165
Calamari ripieni di granchio 56
Kaninchen
Coniglio alla partuisa 235
Coniglio in umido 82
Coniglio in porchetta 138
Tagliatelle al ragù di coniglio 99
Karden 123, 133
Cardi alla grifo 123, 129
Parmigiana di gobbi 138
Kastanien 14, 62, 108
Castagnaccio 112, 113
Ceci e castagne 169
Composta di marroni 21
Kastanientorte 48
Kekse 26, 113, 186, 234, 242
Kichererbsen 104, 189
Ceci e castagne 169
Ciceri e tria 205
Lagane e ceci 191
Panelle con frittella 232
Panzarotti 191
Knödeln siehe canederli; gnocchi
Kohl 14
Caponet 21
Cazzoeula alla milanese 26, 27
Valigini 36
zuppa alla valpelleuneentze 21
siehe auch polpette di borraggine 76
Kraken: Polpi affogati 176, 177
Krapfen 48
Krauti con Speck e canederli 46
Kutteln (trippa)
Trippa alla milanese 36
Trippa alla parmigiana 91
Trippa alla pignata 138
Trippe alla trasteverina 149
Zuppa di trippa 108

L

Lagane e ceci 191
Laianelle 161
Lamm 90, 144, 160
Agnello all'arrabbiata 169

Agnello alla cacciatora 141
Agnello cacio e ova 178
Agnello uovo e limone 169
Agnellone al ragù 205
Braciolino di abbacchio e carciofi 157
Brodettato 144
Caldariello 205
Capretto con piselli all'uovo 182
Cuccette al forno 161
Cutturidde 209
Fricassea d'agnello e carciofi 82
Fritto misto all'ascolana 138
Grano al sugo 187
La pigneti 191
Pridole sulla grena 67
Turcinelli arrostiti 160, 161
Lamponi e more al limone 49
Lardo di arnaz 21
Lardo di colonnata 113
Lasagne 93
Lasagna ai semi di papavero 57
Lasagna de isposus 248
Leber
Fegatelli alla cortonese con funghi 110
Fegato alla veneziana 73
Mortadella de fegato 32
Leccarda 120, 121
Lepre
Lepre alle olive 121, 129
Lepre in agrodolce 112
Lepre in salmi 21
Lepudrida 248
Limoncello 179
Lingua in salsa 73
Lingua in salsa verde 21
Linguine alla mollica 219
Linsen (lenticchie) 161
Castelluccio-Linsen 119, 121, 125
Lenticchie e fagiano 112
Lenticchie e salsicce di cinghiale 126
Liptauer condito 57
Lucanica 192
Luccio in salsa 25
Luganega 70
Lumache alla friulana 57

M

Maccaruni ciociari 147
Maccaruni di casa 222, 229
Maccheroni alla chitarra 161, 167
Maccheroni al ferretto 186
Maccu 229
Maiale e peperoni 195
Makrele siehe sgombro all'aceto
Malloreddus 244
Manilli de sea 79
Manteca o butirro (Käse) 192
Mariola 222
Maritozzi 149
Marzolino (Käse) 113
Mascarpone (Käse) 35
Torta paradiso con mascarpone 36
Mazzafegato 113

REGISTER 253

Meeresfrüchte
    Uccelletti di mare allo spiedo 135
    siehe Tintenfisch; Oktopus; Kalmar
Melanzane alla campagnola 205
Melanzane sott'olio 222
Miesmuscheln 62, 78, 132, 202
    cozze arrecanate 205
Milinciani alla parmigiana 230
Minestre 24, 138, 178, 205
Minestrone 24, 76, 82, 112, 160
Misseltit 26
Misticanza 148
Mistigriglia 93
Misto di funghi 48
Moleche alla muranese 65, 67
Mondeghili 36
Montasio (Käse) 54
Monte Bianco 21
Mortadella 32, 88, 95, 152, 168
    Mortadella di fegato 32
Mostarda 90
Mostarda di Cremona 26
Mozzarella, Büffel (Käse) 152, 161, 171, 175, 179, 206, 217
    Mozzarella in carrozza 178
M'panata 229
Mucetta 21
Murazzano (Käse) 15
Murseddu 213
Musetto 52, 54
Myrte 242

N

'Ncapriata di favi e foggi 205
'Ndocca 'ndocca 169
'Nduja/'Ndugghia 217
Nervetti 65, 67, 144, 175
Nervitt 36
Nocino 92, 97
Nostrano (Käse) 44, 65
Nüsse 92, 175, 228, 229;
    siehe auch Kastanien

O

Ochsenschwanz
    Coda di bue all'Andrea 154
    Coda alla vaccinara 149
Olive farcite all'ascolana 134
Olivenöl 84, 104, 113, 122, 134, 206
Orangen: *Insalata di limoni e arance* 236
Ossobuco 26, 36

P

Pagliarina (Käse) 15
Pagliata 149
Pagnotta maremmana 113
Pajata 149
Palombacci alla todina 129
Pan de mei 36
Pancetta 95
    Strascinate di Cascia 128
Pandolce genovese 84, 85
Pane con l'uva 26
Panelle con frittella 232

Panerone/Pannarone (Käse) 35
Panettone 26
Panforte di Siena 113, 115
Paniscia di Novara 21
Panissa 76
Pannacotta see crema alla panna
Pansôti al preboggion 76, 82
Panzanella 112
Panzarotti 191
Paparot 57
Pappa al pomodoro 112
Pappardelle con l'anatra/cinghiale/lepre 104, 112
Paprikaschoten 189
    Baccalà con peperoni alla griglia 188
    Ciambrotta 222
    Maiale e peperoni 195
    Peperonata alla carne di maiale 191
    Peperoni arrotolati 203
    Peperoni mandorlati 195
    Peperoni verdi 205
Parmesan (Parmigiano reggiano) (Käse) 35, 88, 97
Parmigiana di gobbi 138
Parmigiana di melanzane 222
Passatelli 90, 93
    Passatelli al sugo di vongole 132, 138
Pasta 78, 90, 104, 133, 172–173, 186, 189, 198, 226, 240
    Agnolini dei gonzaga 36
    Anolini in brodo 98
    Bigoli col'anara 67
    Bigoli in salsa 62, 67
    Bucatini all'amatriciana 144, 149
    Bucatini alla marchigiana 138
    Cannelloni 93
    Cappelletti alla pescarese 138
    Casonsei 36
    Casonziei 62
    Chiancarelle con cima di rapa 199
    Cialzons 52
    Ciriole alla ternana 129
    Linguine alla mollica 219
    Maccaruni ciociari 147
    Maccaruni di casa 222, 229
    Maccheroni alla chitarra alla molisana 161, 167
    Maccheroni al ferretto 186
    Malloreddus 244
    Manilli de sea 79
    Pasta alla Norma 229
    Pasta all'uovo (Pastateig) 251
    Pasta con le sarde 229
    Pasta con l'uovo fritto 222
    Pasta e fagioli 68
    Pasta fritta 178
    Pasta n'casciata 233
    Picagge tagliatelle 82
    Pici o Pinci al ragù di maiale 114
    Pizzoccheri (Buchweizen) 24
    Pizzoccheri della valtellina 30
    Ragù alla napoletana con fusilli di Lina 180
    Spaghetti aglio e olio 169

    Spaghetti carbonara 149
    Strascinate di Cascia 128
    Tagliatelle al ragù di coniglio 99
    Tajarin all'albese 17
    Tortellini al ragù 93
    Trenette/Trofie al pesto 82
    Vincisgrassi 139
    siehe auch Lasagne; Ravioli
Pastiera alla napoletana 178
Pastu mistu 248
Pecorino (Käse) 65, 84, 97, 113, 123, 140, 152, 206, 217, 234, 248
    Sebadas 242, 249
Perette al vino 21
Perlhuhn 120
    Faraona con la peverada 65, 67
Pernice alla sarda 247
Pesce in saor 66
Pesce spada a ghiotta 220, 229
Pesto 76, 78, 79
Pestolato della val lagarina 48
Pezzenta 186, 192
Pferdefleisch 65, 133, 202
Pflaume: *Canederli con prugne* 58
Piadina 91, 93
Picagge tagliatelle 82
Piccione al sugo 191
Pici o Pinci al ragù di maiale 114
Pigneti, la 191
Pilze 40, 62, 65, 76, 90, 107, 133, 201, 214
    Frittata di carciofi e funghi 83
    Funghi al funghetto 82
    Funghi sott'olio 93
    Gnocchi di ricotta con sugo di porcini 43
    Insalata di bosco silano 218
    Misto di funghi 48
    Schwammerlsuppe 43
    Tiella di patate e funghi 202
    Vellutata di funghi cardoncelli 193
    Vincisgrassi 139
Pinocchiate 123, 129
Pinzimonio 104, 112
Pisci scabecciau 248
Pissaladeira/Pissalandrea 76
Pizza 173, 175
    Pizza Margherita 178
Pizza rustica 161, 167
Pizzoccheri 24
    Pizzoccheri della valtellina 30
Poina enfumegado (Käse) 44
Polenta 41, 52, 62, 67
    Polenta alla carbonara 138
    Polenta alla spianatora 161, 162
    Polenta concia 21
    Polenta e osei 67
    Polenta nera 41
    Polenta taragna 24
    Smacafam 48
Pollo all'arrabbiata 128
Pollo alla buranea 72

Polpette di borraggine 76
Polpettone di tacchino 90
Polpettoni in agrodolce 222
Polpi affogati 177
Pomodori farciti al forno 151
Porchetta 120, 121, 123, 129, 133, 138
Porcini siehe Pilze
Potacchio 138
Presniz 58
Prosciutto 32, 54, 95, 113, 125
Prosciutto d'oca 90
Provatura (Käse) 152
Provolone (Käse) 97, 206
Puira (Käse) 65
Puttanesca-Sauce 146
Puzzone di moena (Käse) 44

Q

Quartirolo (Käse) 35

R

Radicchio 65
Ragù alla napoletana con fusilli di Lina 173, 180
Rane in padella 21
Rape: *Chiancarelle con cima di rapa* 199
Ravioli
    Agnolotti in tovagliolo 18
    Agnolotti con ripieno di riso 21
    Angiulottus 248
    Culurzones 243
    Laianelle 161
    Pansôti al preboggion 82
    Ravioli di Genova 82
    Sebadas 249
    Tortelli alle erbette 9
    Tortelli di zucca 90, 93
Rebhuhn: *Pernice alla sarda* 247
Recchie a ruchetta e patate 205
Reis 24, 226, 241
    Arancini 226, 229
    Bomba di riso con tartufo 96
    Risi e bisi 62, 67
    Riso e fagioli 112
    Riso e preboggion 82
    siehe auch Risotti
Ribollita 112
Ricotta (Käse) 15, 20, 152, 185, 192, 206, 217, 234
    Gnocchi di ricotta 48
    Gnocchi di ricotta con sugo di porcini 43
Rindfleisch 21, 26, 32, 104, 120, 133
    Bistecca alla fiorentina 104, 112
    Braciola alla urbinate 138
    Brasato al barolo 21
    Brodo di carne (Brühe) 250
    Carbonade 21
    Carpaccio 67
    Costata alla pizzaiola 178
    Farsumagru 229
    Gulasch mit Spätzle 48
    Insalata di carne cruda 11

Ragù alla napoletana 180
Tagliata 104, 120, 129
Risi e bisi 62, 67
Riso e preboggion 82
Riso e fagioli 112
Risotti 51, 62
    Ripiddu nivicatu 226
    Risotto alla norcina (Trüffeln) 129
    Risotto alla milanese (Safran) 24, 36
    Risotto alla piemontese (Trüffeln) 21
    Risotto alla sarda (Schwein und Kalb) 247
    Risotto al tajo (Fischbrühe) 62
    Risotto con acetosa e rane (Sauerampfer und Froschschenkel) 30
    Risotto primavera (Frühlingsgemüse) 68
    siehe auch risi e bisi
Robiola (Käse) 15, 35
Robiola piccante (Käse) 90, 97
Rogen siehe bottarga
Rosamarina 214
Rotbarben 144
    pisci scabecciau 248
    Triglie alla livornese 109
    Triglie fritte 165
Rucola: Recchie a ruchetta 205
Rüben, weiße: broade 52, 57

S

Safran 24, 160, 168, 248
Salate siehe insalate
Salama da sugo 95
Salame di noci 169
Salami 32, 40, 65, 70, 104, 113, 120, 125, 140, 152, 168, 175, 186, 192, 217, 226
Salandro (Käse) 44
Salsa verde 12
Saltimbocca alla romana 144, 149
Sanguinaccio 21, 57, 169
Sardinen 226, 228
    Insalata di gianchetti 81
    Pasta con le sarde 229
    Pesce in saor 66
    Sarde a beccafico 229
    Sardi arriganati 222
Sartù 178
Sauerkraut
    Jota triestina 52, 53
    Krauti con Speck e canederli 46
Sautissa 21
Scarola imbuttunata 176
Schiacciata 93, 113
Schinken, Parma 87, 88, 95
Schwammerlsuppe 43
Schweinefleisch 144, 186, 213
    Arista di maiale 112
    Grano al sugo 187
    Krauti con Speck e canederli 46
    Maiale e peperoni 195
    'Ndocca 'ndocca 169
    Paniscia di Novara 21
    Peperonata alla carne di maiale 191

Pici o Pinci al ragù di maiale 114
Polenta alla spianatora 161, 162
Polpettoni in agrodolce 222
Porchetta 129, 138, 144
Risotto alla sarda 247
Stracotto alla parmigiana 93
Schweinsfüße
    Batsoa 21
    Cazzoeula alla milanese 26, 27
    Nervetti 65, 67
    Zampone di capodanno 88, 95
Schwertfisch 213, 214, 226
    Ghiotta della vigilia 222
    Pesce spada a ghiotta 220, 229
Sciatt 24
Sebadas 242, 249
Seppie ripiene 138
Seppiette ripieni di granchio 56
Seppioline 62, 65
Sfilacci 65
Sfogliatella 179
Sgrombro all'aceto 205
Smacafam 48
Schnecken 90, 133, 176
    Lumache alla friulana 57
Sopa coada 65
Soppressa 70
Soppressata 192, 206, 217
Spaghetti aglio e olio 169
Spaghetti carbonara 149
Spätzle 48
Speck 39, 40, 44, 52
Spressa (Käse) 44
Steak siehe unter Rindfleisch
Stoccafisso 40, 41, 78, 133, 225, 228
    Baccalà mantecato 67
Stocco alla genovese 82
Stracciatella 146
Stracotta alla parmigiana 93
Stracotto d'asino 65
Strascinate di Cascia 128
Strudel 48
Struffoli 179
Sugna 186
Suppen (siehe auch Minestre; Minestrone)
    Acquacotta 112, 146
    Brodo pieno 216
    Burrida 248
    Cacciucco 78, 108, 112
    Cassola 248
    Eisacktaler Weinsuppe 48
    Guazzetto alla marinara 169
    Jota triestina 52, 53
    Lenticchie e fagiano 112
    Paparot 57
    Pappa al pomodoro 112
    Pasta e fagioli 68
    Ribollita 112
    Riso e fagioli 112
    Schwammerlsuppe 43
    Sopa coada 65
    Stracciatella 146

T

Tagliata/Tagliata di manzo 104, 120, 129
Tagliatelle al ragù di coniglio 99
Tajarin all'albese 17
Taleggio (Käse) 35
Taralli 206
Taube 65, 120
    Bomba di riso con tartufo 96
    Palombacci alla todina 129
    Piccione al sugo 191
    Sopa coada 65
    Timballo di piccione 36
    Torresano allo spiedo 65
Thunfisch 214, 226, 228, 241
    Insalata all'abruzzese 164
    Vitello tonnato 21
Tiella di patate e funghi 202
Tigella 93
Timballo di pere martine 21
Timballo di piccione 36
Tinca all lariana 36
Tintenfisch 51, 62, 65
    Seppie ripiene 138
    Seppiette ripieni di granchio 56
Tiramisù 66, 67
Tofeja 21
Toffee, Pinienkerne 129
Toma (Käse) 15, 20
Tomaten 171, 175, 179, 201, 228
    Pomodori farciti al forno 151
Tomino (Käse) 15, 84
Torresano allo spiedo 65
Torrone 179
Torta con i ciccioli, la 93
Torta di San Gaudenzio (Käse) 35
Torta nociata 138
Torta paradiso con mascarpone 36
Torta pasqualina 82
Tortelli alle erbette 93
Tortelli di zucca 90, 93
Tortellini al ragù 93
Tortiera di acciughe 176
Trenette/Trofie al pesto 82
Triglie alla livornese 109
Triglie fritte 165
Truthahn: polpettone di tacchino 90
Trüffeln 62, 65, 90, 107, 119, 121, 132, 133, 161
    Bomba di riso con tartufo 96
    Crostini di tartufo alla spoletina 121
    Insalata di bosco silano 218
    Risotto alla piemontese 21
    siehe auch Fasan
Turcinelli arrostiti 160, 161

U

Uccelletti di mare allo spiedo 135

V

Valigini 36
Vellutata di funghi cardoncelli 193
Venusmuscheln: Passatelli al sugo vongole 132, 138

Vincisgrassi 133, 139
Vino cotto 192, 206
Vino cotto di fichi 192
Violino di chiavenna 32
Vitello tonnato 21

W

Wachteln 120
    Bomba di riso con tartufo 96
    Quaglie arrosto 246
Walnüsse 92
Weine 20, 32, 41, 44, 54, 70, 71, 78, 92, 97, 113, 117, 125, 140, 152, 168, 179, 192, 206, 217, 234, 242, 248
Wildbret siehe arrosto di capriolo
Wildschwein 107, 120, 213
    Cinghiale in agrodolce 155
    Lenticchie e salsicce di cinghiale 126
Würste
    Bondiola 70
    Bondole 65
    Lenticchie e salsicce di cinghiale 126
    Lucanica 192
    Musetto 52, 54
    Salama da sugo 95
    Sautissa 21
    siehe auch Cotechino; Mortadella

Z

Zabaione (Zabaglione) 19
Zampone 95
    Zampone di capodanno 88
Zelten 48
Zeppole di San Giuseppe 178
Ziege/Zicklein
    Capretto con piselli all'uovo 182
    Capretto farcito 222
Zitronen: Insalata di limoni e arance 236
Zucchini alla scapece 178
Zuccotto 112
Zunge siehe lingua
Zuppa inglese (Biskuitdessert) 93
Zuppe (Suppen)
    Zuppa alla valpelleuneentze 21
    Zuppa di carciofi 109
    Zuppa di fagioli e porcini 129
    Zuppa di pesce alla gallipolina 205
    Zuppa di soffritto 182
    Zuppa di trippa 108
Zwiebeln 91, 122, 214
    Calzone pugliese 209
    Cipolle di tropea e pecorino 216

Danksagung und Bildnachweis

Mein uneingeschränkter Dank gilt
meiner Frau Priscilla für ihre wertvollen Anregungen zum Layout und Stil; Alastair Hendy, der mit mir durch Italien reiste, für seine herausragenden Fotos; Tanya Marzola, meiner persönlichen Assistentin, die in endlosen Stunden meine Texte erfasste; Susan Fleming dafür, dass sie mein Englisch »geradebog«; meinem Herausgeber Quadrille und denen, die das Buch ermöglicht haben: Alison Cathie, Jane O'Shea, Mary Evans, Janet Illsley und Clare Lattin.

Für Inspiration und Motivation
danke ich ganz besonders Pellegrino Artusi, dem dieses Buch gewidmet ist. Erst vor zehn Jahren stieß ich auf sein 1891 erschienenes Werk *La Scienza in Cucina e L'Arte di Magiar Bene* (»Von der Wissenschaft des Kochens und der Kunst des Genießens«) und stellte fest, dass wir dieselbe Philosophie vertreten. Dies beflügelte mich, dieses Buch zu schreiben und den Lesern zu vermitteln, was ich an der Küche Italiens und den Bräuchen des Landes so liebe und schätze.

Darüber hinaus danke ich
bmi für die bequemen Direktflüge von London Heathrow nach Mailand und Neapel;
Albino Barberis von Alba Gold für die exzellente Organisation meiner Reisen durch Italien;
Enzo Zaccarini für all das Gemüse und Obst aus Italien;
Giuseppe von Enotria Wines Ltd. für die beim Kochen verwendeten Weine;
Marco Vineis von Gastronomica Ltd. für die Käse und Salamis;
Wild Harvest für die Pilze;
Southbank für den Fisch;
Yorkshire Game für das Fleisch und Wild;
Carluccio's für sonstige Zutaten;
Andrea Cavaliere, meinem langjährigen Chefkoch in The Neal Street Restaurant, für seine verschiedenen Einsätze als Verkoster;
den Führern des Touring Club of Italy für ihre hervorragenden Reisetipps;
den Veröffentlichungen von Slow Food für wertvolle Informationen.

Dank gebührt auch den nachfolgend genannten Freunden in den verschiedenen Regionen für ihre Gastfreundschaft, Unterstützung bei der Suche nach Erzeugnissen und ihre nützlichen Hinweise:
Carlo, Rosalba und Anna Carluccio, Ivrea;
Familie Bava, Cocconato;
Fabrizio, Inhaber der Trattoria del Ponte, Cocconato;
Sandrino und Birba von Sandrino Tartufi, Asti;
Giulio Gallo, Turin;
Giulia Riberi und Luisa, Turin;
Associazione Pescatori del Garda, Garda;
Gabriele Ferron (Reis), Verona;
Giorgio Gioco, meinem Freund aus dem Ristorante 12 Apostoli, Verona;
Giovanni Gregoletto (Weine), Conegliano;
Antonio und Servilia Alzetta, Pordenone;
Pinuccia vom Ristorante San Giovanni, Casarza Ligure;
Gian Paolo Belloni von Zeffirino, Genua;
Miriam vom Restaurant La Buca, Zibello;
Hotel Locanda del Lupo, Soragna;
Massimo vom Culatello, Diolo;
Ferrari Prosciutti, Felino;
Claudio Basler von Altesino Montalcino (Weine);
Marchese Leonardo Frescobaldi (Weine), Florenz;
Benedetto Franchi von Gastronomia, Rom;
Ristorante Sabatini, Rom;
Donatella Limentani vom Pavoncello, Rom;
Mario Fortunato, Rom;
Maria Maresca von Espresso, Rom;
Sonia und Carla Gentile, Avellino;
Lina Fasula, meinem einstigen Kindermädchen, Prata P. U.;
Mastroberardino (Kellerei), Avellino;
Baldo, Inhaber des Restaurants La Cambusa, Positano;
Caffè Gambrinus, Neapel;
Antonio und Silvia Accilo, Malera;
Donna Maria Pignatelli, Grottaglie;
Franco Fasano, Grottaglie;
Familie Cantore, Gioia del Colle;
Francesco Carluccio, Lecce;
Familie Rallo (Donnafugata), Marsala;
Luigi vom Albergo su Gologone, Oliena;
Laura und Nardo Cacciatore Sicari von Santa Rita;
Pino Medaglia, Vibo Valenzia.

Bildnachweis:
Alle Fotos von Alastair Hendy mit Ausnahme von: S. 10 André Martin; Seiten 112 und 116 mit freundlicher Genehmigung von © Altesino; Seite 234 © Donnafugata/Pasquale Modica; Seite 240 (links) PUBLIPHOTO/Roberto Moro.